U0580128

# 木棉以前

〔日〕柳田国男 著
彭伟文 译

柳田国男文集
YANAGITA KUNIO

北京师范大学出版集团
BEIJING NORMAL UNIVERSITY PUBLISHING GROUP
北京师范大学出版社

# 体例

1. 本丛书中，原文民俗词汇以日文假名书写时全部以日语罗马字表示。

2. 为尽量接近日语原来的发音，用日语罗马字表示时采用“黑本式”注音方式，与键盘输入时使用的“训令式”相比，以下假名较为特殊：しshi、ちchi、つtsu、ふfu、じji、しゃsha、しゅshu、しょsho、ちゃcha、ちゅchu、ちょcho、じゃja、じゅju、じょjo。

3. 拨音んn、促音为子音双写（如にっきnikki），长音不加u（如とうきょうtokyo）。

4. 作助词时はwa、へe、をwo。

5. 原文中的旧假名写法，改为新假名写法后注音：如なほらひnaorai。

6. 单词中分节较为明确时，适当采取空格的形式分段，避免日语罗马字表音过长：如“yaki meshi（烧饭）”。

7. 本丛书中，原文民俗词汇使用汉字时全部以简体字表示。

8. 本丛书中，原文中有特殊意义的词语、民俗词汇、引用内容，均以引号标注。

9. 本丛书中，所有的注释均为译者注，在注释时不再另外标明。另为柳田国男原注的，在注解中用“【原注】”标明。

10. 本丛书中出现的日本历史时代及分期（如江户、中世等）与公历纪年的对应关系，请参照书后的附录一。

11. 本丛书中出现的日本古国名及其略称（如萨摩、信州等）与现代都道府县的对应关系，请参照书后的附录二。

王　京

# 中文版序

柳田国男在日本可谓家喻户晓，不仅作为历史人物被记录，出现于历史书上，而且也是鲜活的存在，向我们提示着思考现代社会的视点、框架与方法。他关注日本社会与文化的历史，开拓了民俗学这门崭新的学问，在长达半个世纪的学术活动中，留下了数目浩繁的论著。这些研究将从未被思考、也从未被知晓的普通人生活文化的历史，呈现在我们眼前，人们对日本社会及文化的认识也为之一新。如今，在思考日本的社会与文化时，从柳田的著作中学习已是必不可少的一个步骤。不仅在日本国内如此，对于世界各地的日本研究而言，这也已成为基本的方法。

世界各地凡是懂得日语、可以阅读日语书籍的日本研究者，毫无疑问，都是柳田国男著作的读者。而无法阅读日语的人们，则缺少接触和了解柳田国男的机会。柳田的文章文体甚为独特，被翻译成他国语言的难度很大，所以，尝试翻译者众多，但实际出版者寥寥。包括英语在内，译为各国语言公开发行的柳田著作，数量并不多，且翻译对象又往往限定于极少几本著作；中文世界的情况也同样如此。至今，除了日语以外，尚没有以其他语言刊行，并能够帮助理解柳田学问整体面貌的著作集问世。本次出版的《柳田国男文集》(以下简称《文集》)在此方面是一次有益的尝试，可谓意义深远。

1875 年，柳田国男出生于西日本中心城市大坂(今大阪)以西约 70 千米的农村地区。旧时的交通要道由此通过，略有一些“町场”(城镇)的气氛。柳田的父亲并非农民，而是居住于农村的知识分子，靠着在私塾教授汉学为生。家中贫苦，生活也不稳定。柳田国男排行第六，有好几个哥哥，大都勤奋读书，之后赴东京继续求学。大哥成为医生后没有回乡，而是在东京西北 40 多千米的农村地区开业行医。柳田小学毕业之后就来到大哥身边，受其照顾。柳田从小生长的故乡，与后来移居的土地，虽然都是农村，但无论景观还是人们的生活，都迥然不同。这一体验，对他日后的学问形成产生了巨大的影响。

随后柳田来到东京，进入社会精英的摇篮——东京帝国大学，在相当于今天法学部的地方学习，专业是农政学。1900 年，柳田和当时东京帝国大学的大多数毕业生一样，成为了明治政府的一名官员，最初供职于农商务省农务局。1908 年，柳田因公前往九州地区，进行了为期 2 个月的巡视。在此期间他探访了深山之中的地区，接触到还在进行刀耕火种和狩猎的村落，感到惊讶，也深为感动。当时日本农业政策的主要对象是在平原地区种植稻米的农民，柳田得知在此之外，还有立足于不同的生产劳动，有着不同文化背景的人们时，产生了浓厚的兴趣。这是他迈向民俗学的第一步。之后，柳田白天作为官员任职于政府部门，晚上及休假时间则用以研究深山之中的“山人”的生活文化，发表了一系列文章。1919 年，柳田辞去了官职。

1929 年 10 月开始的世界经济危机首先在美国爆发，不久就挟着巨大的破坏力席卷了日本。城市里工厂工人大量失业，纷纷回到家乡农村。而承受着沉重经济打击的农村，还要接收这些归乡者，状况更为悲惨。面对农村的惨状，柳田以回答“农民因何而贫”作为最重要的课题，开始了新的研究，确立了之后被称为“经世济民之学”的民俗学。其研究对象不再是居于深山的人们，而是生活在日本列岛的占人口大多数的农民。他将作为民俗承担者的、以稻米种植为生活基础的农民，称为“常民”。为了调查常民的生活文化，弄清常民的历史，柳田对包括家庭与生产劳动、衣食住行、婚丧嫁娶、节日与信仰等在内的常民生活的各个方面展开了研究，并探索和树立了与之相应的研究方法。

1945年，日本战败，开始建设新社会。柳田认识到第二次世界大战后日本人自我认识的重要性，大力推动这方面的研究。柳田提出了“海上之路”这一假说，主张日本人的祖先是从冲绳出发，乘着“黑潮”(日本暖流)沿岛北上，最后扩散到日本列岛各处的。柳田逝于1962年8月8日。半个世纪在民俗学领域的长期开拓，以及从历史维度理解日本社会及文化的不懈努力，凝结成其身后的庞大著述。伴随着上述使命感的变化，其民俗学著作的涉及面也甚广。本《文集》是从柳田国男卷帙浩繁的著述中精选了有助理解日本社会及文化的不可或缺的篇目而成。相信读者若能将本《文集》置于左右，必要时阅读或参照，一定能对柳田有深入的理解。

在阅读柳田时需要注意以下几个问题。

柳田民俗学，是收集与比较日本各地现行或尚有传承的民俗现象，通过其相互差异来阐明历史变迁过程的比较研究。比较研究虽然是所有学问均会采用的方法，但柳田的比较研究，在将变迁过程作为其结果这一点上较为特殊。柳田将这种具有限定性的比较研究法称为“重出立证法”。比较的标准是地区差异，其假说是离中央较近处的民俗较新，距离中央越远处的民俗较古老，即新文化产生于中央，并向四面八方扩散，因为到离中央较远处需要花费较长时间，抵达较迟，所以古老的状态被保留在了远方，这便是“周圈论”。在柳田的著作中，常常会列举大量日本列岛各地的类似事例，甚至令人颇感倦烦。但这些各地事例之间的相同及不同之处，正是他导出答案的线索，也是其研究不可或缺的步骤。

在提示各地的民俗之时，柳田十分重视指示这一现象或事物的词语。日语虽然是与中文完全不同的语言，但一直以来，有着使用学自中国的汉字来表记现象或事物的传统。一般而言，人们也习惯从汉字入手来理解词语的含义。但柳田重视的并非汉字。他认为，通过外来的汉字及其意思是无法理解日本普通民众生活背后的文化的，因此非常重视这些词语的日语发音。他将各地表现民俗现象及事物的日语称为“民俗词汇”，以记录和比较日本各地的民俗词汇为基本方法。以语言为切入点进行比较研究是柳田民俗学的一大特色。但正因为他运用了这种方法，从而使得将柳田的著作被介绍到世界的工作变得十分困难。本次中文版《文集》的出版，翻译工作中最大的难关正在于此。担任翻译任务的译者们想方设法地使日本的民俗词汇在中文语境中能够得以体现。读者阅读时或许觉得文章记述颇有繁冗之处，其原因也在于此。

中文版《柳田国男文集》得以刊行的首要意义在于可以通过这些著作增进读者对日本社会及文化的理解；能够凭借遍布日本列岛的

日常生活文化的种种内容，帮助读者理解日本人的生活文化。作为知识分子的思想家或文学家笔下的日本，往往容易偏于表面，而柳田民俗学则试图从内部把握日本人的生活，是一种内在理解。这种理解并不停留于表面，而是潜入日本人的内心，关注他们的意识、观念，以及作为其外在表现的行为、态度，并将这些与作为其结果的秩序与制度综合起来，从而诠释日本社会、日本文化的内涵。读者通过阅读柳田的著作，一定能够了解日本社会及文化的特色，同时也注意到与中国社会、文化的不同。

第二个意义在于读者可以通过对柳田民俗学方法的理解和批判性讨论，获得重新思考中国同类学问的方法论的契机。民俗学形成于 19 世纪的欧洲，之后传播到世界各地，在各自国家和地区都经历了一条充满个性的发展道路。中国也形成了具有中国特色的民俗学，与同样受到欧洲影响的柳田民俗学可谓大相径庭。在加强各自特色，谋求学问的深化与发展之际，参照或批判性地思考其他国家和地区的民俗学，充分吸收其成果，借以充实自身的学问内容，是不可欠缺的工作。中文版《文集》的出版，为之奠定了基础。可以说，中文版《文集》的出版，使得对柳田民俗学，乃至对日本民俗学理论及方法论的批判性讨论，成为可能。本《文集》必将对中国民俗学的进一步发展做出重要贡献。

最后，请允许我作为日本的一名民俗学者，衷心地感谢勇敢挑战这一困难重重的翻译工作，并出色完成任务的译者们；同时，向积极策划、出版本《文集》的北京师范大学出版社致以崇高的敬意。真切希望本《文集》能够拥有广大受众，得到大家的喜爱！

福田亚细男

2018 年 2 月

# 目录

# 序

女性与俳谐[①]，一直以来都被认为没有任何关系。但是，自古以来在日本流传下来的文学作品当中，像俳谐这样自由地对各种各样的女性进行观察、描写，并且寄予同情的，再无其他。虽然说无论古今都很难找到无视女性的文学作品，但这些都是以一流的佳人和才子，至少也是以经过精挑细选的某些男女之间的关系为叙述对象的。与此相反，俳谐的描写对象则是平平无奇的普通人，极度平凡地生活着的主妇，甚至是乞丐、盗贼的妻子。正因为俳谐，人们才会去尝试关心这些人的事情。在历史上，虽然甚为稀少，但也有

---

① 俳谐，日本文学的一种形式。“俳谐”一词据说来自中文，表示“滑稽”之意。广义上包含“俳谐之连歌”、发句、俳文、俳谐纪行、和诗等具有俳谐特色的文学形式，狭义上则仅指“俳谐之连歌”，即带有滑稽意味的连歌。本书中的俳谐，主要指狭义上的俳谐。

过尼将军①、淀夫人②之类的女性现身人前发挥作用，左右一国之幸福的事。但是，很少有女性会将此类女性当作自己的同类，并由此对历史产生兴趣，这是情非得已的状况。女性在和历史擦肩而过的时候，并不会产生回过头去眺望它的背影的想法。她们前代的所有人，作为个人，甚至在小说里都没有被流传下来。只有俳谐才会将她们无一遗漏地、对目之所及者咏之叹之。然而，通常情况下，只要是与自己有关的事，女性都不会不闻不问，但对俳谐却表现出令人难解的冷淡。究其原因，正如众所周知的那样，是俳谐这种文体继承了连歌③的体例，最初起头的六句尽量不涉及女性，尤其是不以恋爱为对象，加之今日作为俳谐被鉴赏的，又仅限于其中的第一句。好比看到一家店门口，进出的都是道貌岸然的老年男性，很

---

① 尼将军，即北条政子(1157—1225)。平安时代末期到镰仓时代初期的女性，镰仓幕府初代将军源赖朝正妻，源赖朝殁后受戒出家。继任将军长子赖家、次子实朝相继被暗杀后，从京都招来傀儡将军藤原赖经，政子作为其监护人，掌握幕府实权，世称“尼将军”。

② 淀夫人，即茶茶(1567—1615)，战国时代末期到江户时代初期的女性，丰臣秀吉侧室，丰臣秀赖之母。

③ 连歌，由和歌派生的诗歌形态之一，在5·7·5的发句和7·7的胁句以下，由长短句交替接续而成。连歌的形式以由一百句连成的“百韵”为基本，此外还有千句(百韵十卷)、万句(千句十卷)、五十韵、世吉(四十四句)、歌仙(三十六句)等。在作者方面，多由两人以上共同咏作，多者十数人，亦有一个人全部咏完的。在本书所引俳谐中，每句后面的人名即该句作者。

多人就会认为这家店跟女性没有什么关系，连里面有些什么都不看一眼就直接走过去了，这也并非没有道理。然而，它的“门帘”后面，实际上却描绘着多姿多彩的女性世界。历史上的两千年间，有无数无名的母亲和姐妹默默无闻地参与其中，对相信这一点的人而言，也必须要引用俳谐才能说明个中情形。而且，我把这个令人意外的知识揭示出来，去诱使读者产生新的好奇心，坦白说也是从俳谐学来的策略。

《七部集》①是我三十余年来所爱读的书。以此为契机，对近来作为印刷品出版的当代俳谐，也陆陆续续读了一些。最近，将读这些俳谐作品时偶尔记录下来的心得体会拿出来整理了一下，对其中大部分都是与女性相关的问题这一点，自己也觉得甚是有趣。因此，将几篇有关联的文章凑在一起，编成这本册子。这些大体上是和谁谈话或者在什么集会上发言时手头上的发言稿，根据听者的类型和年龄，表现形式会有少许变化，行文也很不统一。这也是本书不以《女性读本》为题的理由之一。

---

① 《俳谐七部集》的略称，江户时代中期的俳谐集，共12册，由佐久间柳居(1686—1748)编辑，完成于1732年。该集将松尾芭蕉一代所撰的代表性俳谐作品编集为《冬日》《春日》《阿罗野》《葫芦》《猿蓑》《炭俵》《续猿蓑》七部，被视为蕉风经典，蕉风俳谐的变化轨迹基本上可以由此窥知。

也许会有人批评我，作为一个男人却关心这些问题，但实际上我有四个女儿，还有孙辈四人，也都是女孩子。有必要和她们一起，又或者是站在她们的立场上，对将来的时代进行思考。以前我就这样想过，现在也经常这样想。如果这是只适用于一个人、一个家庭的问题的话，这样的研究就无法成为学问。所幸我们的境遇，似乎代表着很多同时代的人。有的说法，此处人之所欲，彼处却为人之害；在某一处是智慧而使人有所启发，在他方也许会将犹疑迷惘的人们引入歧途，但如果把各自身边的情况比较一下，我相信本书的内容完全不存在这种可能性。正是这样的经验，才必须要分享。因此，我们不仅不认为从各自的疑问出发的研究是自说自话，而且还对那些只把对眼前毫无用处的事物向别人宣讲的职业表示蔑视。对现在日本必须有属于自己国家的学问这一点，我们就是这样理解的。虽然俳谐所记录的是很小的人生，但它首先是没有得到关注的事物。这些事物虽然属于过去，但依然是新的知识，同时也是现在的疑问的种子。我所希望做的，正是向要在将来的日本生活下去的人们，献上这些并非古董的知识。

柳田国男

昭和十四年四月

# 木棉[①]以前

一

《七部集》的连接句当中，有三处是以棉花的风情成句的。此外，虽然没有说到棉花，下面题为《炭俵》的一节，我想也是与此有关的。

| | |
|---|---|
| 将要分家的次子新妇身上的夹衣 | 利牛 |
| 精雅艳丽的朱纹晕在郁金色 | 桃邻 |
| 手持长枪身影浮现映月暮空下 | 野坡[②] |

① 木棉，即棉花，日文作“木绵”。为与中文常指的木棉科木棉属木棉相区别，便于读者理解，本书译文中除此处以外，主要采用“棉花”一词。

② 在本书所引俳谐、和歌、歌谣等引文中，翻译时原则上原文有标点者加标点，无标点者不加。

词句真是艳丽。不久将要分家出去的次子那里，一位年轻美丽的新娘嫁入门来。俳谐里说她今天穿着郁金色底色，上有红色花纹的夹衣之类的衣服，嫁过来应该已经有一些日子，身上的衣服应该是日常穿的新做的棉布衣裳。后面连接的一句，变成了常见的俳谐，描写了在一个晴天的夕阳西下之际，月亮已经升起，天空还呈现红色，在这个天空的背景映衬之下，迎面而来的长枪和拿着长枪的人清晰浮现的场景，看起来就像是“精雅艳丽的朱纹晕在郁金色”。与这节刚好相反，同样是关于恋情的文句却用了清寂的表现方式的，在《葫芦》的龟甲一章中有收录。

薄云轻阴里天色沉浊降寒霜　　乙州

托钵初学羞于放声呼唤　　珍硕

特意染就初冬新夹衣却是鼠灰色　　里东

愈发鲜明空寂的寒冷曙色晨光里　　探志

这一节的前两句说的是，刚刚受度入佛门的年轻男子，冬天里到市镇上托钵化缘，因为尚不习惯，无法大声喊出“托钵托钵”的叫声。似乎背后有什么故事，这位原本应该是好人家的青年，特意染棉布做了当年冬天的新夹衣，却在那么多颜色里选择了染成鼠灰色，对他年纪轻轻却空身入佛门的无奈感之叹之。其后连接的一句，马上转移到那个时代游方卖唱的比丘尼令人哀叹的境遇上。棉花在我国流布开来，已有很长的岁月。但是，即便在芭蕉翁①在世的元禄初年，当江户的人们说起棉布，仍然保留着马上想起如此优雅情境的习惯。

## 二

认真想象一下就可以知道，棉花给我们的生活带来的影响，比毛衣以及在此之前的所谓细平布要伟大得多。现在衣服种类的变化已然无限，没有必要再拘泥于一个品目，不断地从这种变到另一种已经是很普遍的现象。但是，过去单纯的日本人，如果不用棉布，那就除了麻布以外，再没有其他能够覆盖肌肤之物。棉布为年轻人所喜爱之处，除了新近流行且少见以外，至少还有两点。第一是触感。对在山野劳动的男女来说，丝织物不仅是遥远的存在，而且太过顺滑和清凉。若论柔软性及与皮肤摩擦时的舒适感，棉布无疑在

---

① 芭蕉翁，松尾芭蕉（1644—1694），江户时代中期俳人，伊贺（今属三重县）人，名宗房，芭蕉为其俳号。芭蕉先后随藤堂良忠、北村季吟等学习俳谐，接受过贞门、谈林等当时著名门派的教育，其后经过数度旅行，确立自己的俳谐流派蕉风。其作品在其殁后被结集成为《七部集》。

其之上。第二是容易被染成各种各样的颜色。这一点此前一直被认为似乎是丝织物的特权，但是棉布也可以做到随着我们的喜好，被染成任何一种华丽的颜色。就这样，随着第二次棉种的输入①，棉花以加工方式远比麻简单，只要稍作变化就可以在各家各户以手工织布机纺织出来的优势得到了普及。正因为这样，在政府对是否希望如此尚未有定议之时，无论是在伊势还是在大和、河内、濑户内海沿岸，宽广的平地都变成了棉田，棉桃绽开的时节，令人感到月夜也变得美丽起来。两千年来与麻线相关的各种工具失去用处，再后来，甚至连名字也为人忘却。其后，村庄里染坊也多了起来，各家各户将布样册子命以"缟帐"之名，竞相收集珍奇的图案布样，人们与棉布生产有关的审美和技艺，在很短的时间内有了令人瞩目的进步。而且，在有纹样的棉布发达起来之前，将染成各种各样单色的布高高兴兴地穿在身上的时代，似乎也同样持续了比较长的时间。

## 三

不仅色彩，穿棉布衣物的人们的姿态，整体上也发生了很大的

① 第二次棉种的输入，指16世纪棉种输入日本。传说在8世纪末，棉种已经输入日本，但棉花种植并未普及。详见《以前穿什么》中的"昆仑人"注。

变化。由棉布衣物勾勒出来的女性的轮廓，与无论是绢还是麻都有不同的特征。加之，穿着多层夹衣的做法逐渐消失，可以做出絮入大量棉花的衣服以后，肩和腰部线条又呈现出不同以往的圆润感。整体的伸缩变得自由起来，身体的线条比过去更为明显地表现出来。只是，夏天的单衣上的浆厚一些，又或者是在砧木上敲打以使其柔顺的做法，还略为遗留了一点过去麻布衣物的感觉。但是，最近这些工夫也逐渐变得马虎了。我们的所谓保守主义，说起来不过是模仿六七十年前的审美罢了。在这个过程中，过去麻布支棱着的轮廓全部消失，所谓削肩和柳腰之类，现在已经成为极普遍的现象。与这些相比，更为隐蔽的变化在我们的身体里也发生着。这就是轻柔的布料带来的令人愉悦的触感，使常人的皮肤变得敏感起来。胸毛和背后的体毛的发育变得不再必要，身体和衣服之间的亲密感增加了。由此，我们对裸露身体的不安感变强了。另一方面，此前一直被当作只能用眼睛观赏的红色、绿色、紫色等，从天然之物走来，成为各人身上所属之物。心之所动，便即成形，无论是歌唱还是哭泣，人看起来都更加美丽。简单地说，由于棉布的使用，生活的味道在不知不觉中变得浓郁起来。对曾经穿着粗麻布的我们来说，对披着毛皮的西洋人来说，都是一样的。

此外，日本现在还有一样事物在促使变化发生，那就是陶瓷器的力量。白木做的碗形状不正，从开始使用那天起就变脏，即使用水洗也不过是心理上稍获安慰罢了。小户人家里颇显寒寂的气味，追本溯源，就是这些木器的“叹息”。在这当中，加入了一些价钱相当于白米两三合①的、静静地泛着白色亮光的物品。以前只属于宗教领域的真正的圆形，由于有了茶碗这样的物品而得以被人朝夕拿在手上观赏。这没有道理不对平民的文化有所贡献。就像过去的贵人公子欣赏佩玉的声音一样，陶器轻轻触碰门牙时发出的清幽声响，确是一种令人连描画着仙鹤与青松的美丽漆杯也要忘记的感觉。哪怕是破败晦暗的贫家，几乎不需要任何代价都能很容易获得新幸福，亦是时势使然。在这一点上，与麻布因棉布而见弃相比，我等更是无条件得益。而且，因为这并非受惠于某个具体的人，我们连它带来的欢喜也都忘记了。这些只是偶然出现的，然而甚至还有人将今天这种建立于以上明确基础之上的新文明，当作佩里船长②带来的礼物。

---

① 合，容积单位。日本传统计量法“尺贯法”中，每十合为一升。“尺贯法”为日本古代模仿中国度量衡制定的计量法，701 年依“大宝律令”正式形成。

② 佩里船长，佩里（Matthew Calbraith Perry，1794—1858）。美国海军军官，1852 年任东印度舰队司令，同年 3 月被任命为以胁迫日本开港为目的的远征舰队司令，于 1853 年 7 月携美国前总统米勒德·菲尔莫尔（1800—1874）国书率军舰 4 艘到达今东京湾，武力胁迫日本开港，翌年再次到达江户，缔结《日美和亲条约》。以此为契机，日本开放箱馆、下田两港，日美贸易开始，日本长达 200 余年的锁国时代结束。

## 四

棉花威力之难以抵挡，某种意义上与红薯的恩惠颇为相似。若无此薯，则国内的食物很快就会耗尽，像如今这样人口充溢之前，人们不得不到外面去寻求维系生活的方法。对食物的需要会使农民鼓起勇气出海，死在海上或在海上谋求发展的人应该远比现在多。但是，既然有了红薯，人们便会种植并以之为食物，吃了以后暂时得以果腹而又觉得这里还可一住，贫穷也变得容易忍受了。虽然这样做的结果是延长了子孙的艰辛，但是能够计算到遥远的未来整体的幸或不幸，因而拒绝眼前这甘甜柔软的食物的诱惑，即便他们是神也是无法做到的。棉花所带来的幸福并没有如此大的影响，但是假如它有如此作用，我们恐怕也会欣然从之。这也是各自生活着的人们极为自然的选择。在经过很久的岁月以后，假如出现难以忍受的坏结果，也无法因此而责怪祖先没有深思熟虑。只是，我们可以从他们的经验中学到的一点就是，这样由各种各样的偶然所支配的人类世界，是不能安心地以为其前进之路总是朝着好的方向的。万人滔滔同往之处，没有任何东西可以阻挡的强大流行趋势也好，如树成长、如水流淌般，无阻无滞逐渐显现的一国的变化也罢，静下心来想想，既有损也有益。过去，人们因没有注意到其损害而不觉后悔，认为后悔也没有用而听之任之，其长长脉络的这一端，便是我们目前的现实。总而言之，这些变化会令我们纠结其中，演变成如今这样凭个人的力量已无法收拾的局面。

## 五

茶碗、小菜碟之类为灰暗的厨房增添色彩，教会人们白色是清洁的颜色，其功甚伟。但是另一方面，它们又告诉人们物事易碎的缺点。至于棉花的罪责，则可能比这还要略重一些。第一，它使世间的灰尘变多了。奇怪的是，无疑是棉花以前的日本人，留下了颇多在天地之间受灰尘之苦而埋怨，为得以避免而欢喜之类的诗歌。与此相反，这样的哭诉已经不再流行之后，反过来却有多得吓人的灰尘向我等袭来。在震灾[①]将这个大都城变成临时住宅之前，徒具其形的大路只供风穿过之用，就像药碾一般，车

① 震灾，即 1923 年 9 月 1 日发生的关东大地震。本次地震给以东京都和神奈川县为中心的南关东地区带来巨大灾害。由于地震发生时正值做午饭，当时以木造房屋为主的东京受灾极为严重。

轮将泥土和马粪研成粉末。仅仅外面的这些灰尘已经够令人头疼，家里的角角落落更是被绵密的棉屑所占领，它们被扫出去以后，很快又跟其他灰尘纠结着回到屋里来。即使有些被雨水冲刷流入海川，但恐怕也不过是一天天积攒起来的若干分之一而已，无论如何习惯，也难以不为身心之累。在越前的西谷，有男人们到远方的矿山去，女人们无聊之余，年轻的便有约着一起到大阪的纺织工厂去工作的习俗。大约十年前我经过那里看见，几乎每三户人家就有一位面色青绿的姑娘从纺织工厂回来闲在家中。灰尘即使不造成直接危害，但无疑会使肺部变弱，令人因此变得容易患病。而且，只有像人从山村到工厂工作这样急剧的变化，灰尘才会被引起注意，人们若只是待在家中，便会以为从五百年、上千年前起，世间就已经像如今这样遍布尘埃，很多人就会默默忍受起来。即使毯子、细平布又带来了新的尘埃，人们仍然是像过去那样在家里铺满榻榻米，并在上面拍打棉团、碎布之类，从而带来更多尘埃。

## 六

但是，这些尘埃现在已经到了必须要想办法处理掉的程度。在此之外，棉布还有一个难以解决的问题，那就是妨碍散热。之所以说不能认为我们对这一点已经习惯，原因是直到最近之前，我们夏天还在使用麻布，即使用棉布也是粗布，纺织的疏密方面也因为手织而不太细密，仍然比较容易与外部空气流通。但是，这一点以后将会如何变化呢？本来，流汗无疑是为了蒸发时可以带来凉爽感。在高湿度的岛国盛夏，即使是赤膊，汗液也很难蒸发，我们为什么要去模仿这种用细密的提花织物紧紧地裹住身体，把水分包裹起来的习惯呢？从这里逐渐往南，不管哪座岛屿，夏天都像日本一样，在干燥的北欧大陆成长起来的人，在这里大都因难以忍受高温而无法工作。只有生活在这种环境中的我们，以前还算是能够一直维持着有活力的生活，但如果习惯了现在这种杂乱的着装，即便好不容易有机会到向往的常夏之国去，也会败于漫长的炎热之下。

## 七

政府大臣所提倡的质实刚健的气质，不知需要何种修养才能获得，若其意思是无条件地即刻回到有棉花以前的日本人的生活的话，这种说法至少是忘记了这期间漫长的历史。在东京的市街上，三十余年前不要说是赤身裸体，连赤足也是被禁止的。而且，其后一段时间里，草鞋尚在使用，禁止赤足令不过是为防止脚底被扎伤罢了。而今则人人都穿上了胶鞋，若非如此，也穿上了橡胶底的分趾布袜。全国也建起了数十所分趾布袜的工场，每年制作发售布袜几千万双。站在炎热的水田里，让泥水直没膝盖除草的情形也越来越少了。偶尔有人将一片狗皮搭在肩上拉车，又或是像从越后来卖药的姑娘那样，腰上高高地围起围裙在东京的大街上阔步行走，只要这些情形没有人在其前后左右醉心观赏，那么它们就只不过是逝去时代留下的稀少的痕迹罢了，没有现代的意义。能够为将来的时代带来幸福的新风潮，到底还是必须以国民的心理为依据，去试着寻找其他的新方法的。难道只有我们才会认为，更适合我们的新的生活方式还没有被发现吗？

（大正十三年十月 《女性》）

# 以前穿什么

## 一

朝廷官僚和武士的生活常常会在政治层面显现出来，作为历史流传下来之处甚多，即便如此，其中还是有一些难以想象的地方。我们为数众多而又籍籍无名的祖先，他们每天的习惯在当时是最为普遍的，虽然很想了解却难以知其一鳞半爪，也确是无可奈何之事。当中也有像服装和住宅等，偶然会在画卷和画册上见到的写生式的资料，然而由于笔画简素，其材质还是无法确认，人们只能震惊于形式与现今大为不同这一点。虽然百年的岁月并不太长，但是仅看看文化、文政年间风俗画里的市街风情，已经可以发现与今日的显著不同。再看看“职人对歌”①等的画，不由感叹在外形变化如此之大中，想法和对事物的看法竟能保持古今一贯。是因为物质对于心灵的支配力，过去较今日更强大吗？还是说前代的选择，又或是自然所供与之物，即便不去计算即已是至幸了吗？我以为，要搞明白这些问题，不能依赖其外形或制式，而是要设法知道其材质的变化。虽然住宅被认为和食物一样，古往今来所用材料是相同的，所变化的只是其使用方法而已，但是其材料组合却似乎有很多不同之处。服装方面尤其是这样，即使就在目前，也一个接一个发生着新变化。即使不知道我们十代、十五代之前的同胞，是穿着什么样的衣服劳作或者休息的，也没有人会怀疑当时之物与今日不同。到底是不是完全没有办法了解呢？我正在思考这个问题。确实，直接对这些加以记录流传下来的资料很少。但是，所幸日本各个地方的情况并非一致，某地已经变化的事物，仍然暂时在其他地方留存下来的例子甚多。将这些情况收集起来一点点进行整理，所谓改良的顺序便略可明了，再将它与零星模糊地流传下来的前代记录进行比

---

① 职人对歌，对歌（日文称“歌合/utaawase”）的一种，即对歌者分为左右两方，各假托某种职业的从业者吟咏和歌，以此互相比拼，通常配有将两种职人分别绘于画面左右的配图。这种对歌形式从中世开始流行，最初的形式为绘卷，除手工业者、加工业者外，艺人、宗教人士等也成为描绘对象。江户时代，“职人对歌”也以“职人尽绘”的方式得到继承。

较和对照，不就可以更加确定了吗？我想尝试一点点地介绍推广这样做的方法。对像最近的布料这类在短时间内发生变化的情况，这个方法是并不适用的，但是所幸前代的变迁非常缓慢，国人遵守各自亲长留下的规矩之念也仍然很牢固，即所谓未开之世的模样，因而仍然有只鳞片爪的遗存。而现在，这些正要消失殆尽。

## 二

在这二三十年间，人们对衣服的偏好发生着显著的变化。在普通人的生活当中，被称为手织物的不精细却结实的纺织品，在都市里几乎都敛去了身影，只剩下所谓机纺的棉纱所织成的泛着光泽的棉布，这种棉布甚至蔓延到乡间。这是国内各个地方棉花种植衰败以后，平常农家已经不再从事用纺锤和纺车纺线的手工业的结果。

此外，在我国，棉絮本身的历史是很短的。在有记载的历史中能看到，千年以前昆仑人①的船漂流到三河的海岸之时，在其船上

① 昆仑人，传说中最初将棉种带到日本的人。《日本后纪》记载，延历十八年(799)有一人乘船漂流至三河国，言语不通，唐人见之皆称之为“昆仑人”。后该人习得中国语，自称“天竺人”，其所携带之物中有棉种。这是棉花最初到达日本的传说，今在爱知县西尾市天竹町有“天竹神社”拜祭棉神新波陀神。

有棉花的种子的说法，但似乎当时棉花尚未在全国普及。实际上，棉花在各地开始种植是在三百年前，没有理由认为其发生早于日本与欧洲的交流。而在当时，据说日本的人口已有近两千万。虽然其中一小部分有财力的人，在丝织品所制的小袖①里絮入丝绵穿在身上，但丝织品在我国古来即已有之，与今日的出口时代相比，其产量很可能不到现在的百分之一。实际上，江户初期的长崎贸易主要是以从中国购入熟丝为目的的，而关于土井大炊头和断丝线头的传闻②，甚至被记载在传奇小说上，妇孺皆知。除此之外，丝织品无论从哪方面看，都绝不适合劳动者所穿。

那么，如果说大多数日本人过去穿的是什么的话，主要的材料无疑是麻。直到明治初年为止，麻仍然广为种植。然而其种植

---

① 小袖，日本传统服装之一，现在日本广泛穿着的和服的原型。袖口广大，整个袖口全部敞开的服装被称为“大袖”，与此相对的，“小袖”则缝合部分袖口，使开口较为狭窄。小袖原为穿在大袖下的衬衣，镰仓、室町时代起逐渐被作为外衣。

② 土井大炊头即江户初期江户幕府老中(江户幕府职位名称，统管将军直属政务的幕府最高常人职位)土井利胜。土井以俭约著称，时人谓之“吝啬”。某次土井看到起居室地上有一长约十厘米的断丝线头，即叫来手下仁兵卫将其捡起收好。在相邻房间的手下听闻此事，嘲笑其身为大名(江户时代指直属将军，俸禄一万石以上的武士)却如此吝啬。三年后，土井令仁兵卫取出线头，将断掉的短腰刀挂绳重新系好，并因仁兵卫坚守命令而加封其俸禄三百石。根据土井的解释，此丝线头是经中国人种桑、养蚕、制丝，再由商人渡海运到日本售与长崎人，其后京都、大阪商人购入转售到江户，经过多人之手，极为珍贵，视作废物丢弃恐遭天谴。

面积逐渐缩小一事，却并不像棉花那样引起世人的注意。都市的居民即使在夏天也穿着棉布单衣，全年都不用麻布的人越来越多，但是在地方，仍然有人穿着麻质的衣服，这一点稍微注意一下就会明白。

不久前，我到熊本县的九州制纸公司参观的时候，试着询问了制纸原料的供应地。草秆等当然是从附近的农村一带收集上来的，破旧衣服则大多经由大阪而来，尤其是旧麻布主要来自日本东北的寒冷地区。听闻此事，我甚感吃惊，因为我并没有想到在奥羽①一带麻布还有如此之多的消费。再试着进一步深入询问后，得知在这些地方，居民一般冬天还穿着麻布的衣服。在九州，我听说在寒冷的地方因为无法种植棉花，另一方面又从关西输入大量棉布的旧衣服作为日常穿着之用，居民有冬天反过来在棉布衣服外面披上麻布外套的做法。因为麻布作为内衣，触感比较冷，被认为不适于防寒之用，但是在下雪地方，穿着水气容易渗透的棉布衣服又反而更加不便。换言之，麻布衣服在当地是用来防雪的。

① 奥羽，日本令制国中的陆奥国（奥州）和出羽国（羽州）的合称，亦称奥羽地区，基本相当于现在的日本东北地区。

## 三

但是，最近这些麻布越来越少，因而也越来越难以得到，又或者是价格越来越高。作为其替代品，出现了将多层旧碎棉布叠在一起，用比缝抹布更加细密结实的针脚缝起来，代替麻布作为外披穿在身上的现象。我在访问羽后由利郡的山村时，也见到过当地小学的学生们都穿着这种棉布对襟外套。而这些外套，原本应该是以穿旧了的麻布为材料缝制而成的。

若说到麻布，我们只会想到一反[①]需价二十元的细布。然而，虽然作为礼品或商品时用的是这种细布，但是在日本东北等地，冬天的日常衣服从一开始就不是这样的奢华之物。精巧而少量的产品是专为销售而织的，各人所穿的则是粗重的，接近于蚊帐、榻榻米包边之类所用之物，是非常结实的东西，这就是通常所说的“布”。用棉花织成的布仍然被称为“棉”，棉线在这些地方则被称为“金”，而不会被称为“线”。也就是说，只有麻才是普通的布或者线。在

① 反，布帛的单位，长度和幅宽因材质和时代而异，大约相当于一个人缝制一身衣服所需布料的大小。

《万叶集》①里，有这样一首歌：

穿上麻布衣便想起，令人怀恋的纪伊国妹山上播撒麻种的，我的爱人

这是一首感人的歌，对旅途客居之人每当穿上麻布衣服，就会想起在家乡的山村里种麻的家人咏之叹之，另一方面也意味着跟麻有关的工作，从播种之时起就已经是女性的职责。同时，从这一首歌明确提到麻布衣这一点，可以推知当时在麻之外还有别的什么衣服原料存在。

过去在土佐到阿波之间的山村旅行时，我注意到当地使用粗麻布远较东国为盛，并问当地人这种染成茶色的布叫作什么，据说现在一般称之为tafu。在与肥后的五箇庄齐名的、作为山间隐秘村庄而著称的阿波的祖谷山等地，小户人家皆以竹席铺地，据说当时仍然是无论冬夏，人们都穿着这种tafu住在这种屋子里面。也有人将tafu写作“太布”，然而实际上，时至今日我还不知它正确的汉字写

① 《万叶集》，编纂于7世纪后半叶到8世纪后半叶的日本现存最古和歌集，收录了从天皇、贵族到下级官员、防人、农民等不同身份的人所咏和歌4500余首。编者不明，成书时间被认为是奈良时代末期，平安时代可能曾被修改。

法。但是，我想有可能是栲衾的栲。栲这个词在过去指的不是麻，而是别的布料。即使和麻同样是由植物皮纤维取得的，但栲应该是另一种木本植物。成书于弘化年间的《骏河国新风土记》①上记载，在府中，即现在的静冈市的物产中，有一种栲布，它“在安倍山中织成，是一种用构树皮制成的丝所织成的布，也有用藤织成的”。无法确定上面的栲布到底是应该训读为 taku，还是同样读为 tafu，但是至少在棉和麻之外，以其他纤维织布的例子，在当时当地也存在这点是显而易见的。

## 四

以藤蔓的皮织布做常服，在山村是常见的生活技术。若要举两三例，同样是在骏河国，志太郡川东根村大字②梅村一带，织藤布

① 《骏河国新风土记》，新庄道雄（1776—1835）于 1834 年完成的地方志，耗时 5 年，共 25 卷，江户时代的代表性地方志之一。在此之前已有《骏河风土记》，故称《骏河国新风土记》。

② 大字，“市町村”行政区划的“字”之一种。“字”的起源已无法追溯，相当于一般意义上的“村”。“大字”是 1889 年施行的市町村合并中，原本的村名被保留而形成的一种区划。例如，A 村与其他村合并成为 B 村，其新地址即被写作“B 村大字 A”。“东根村大字梅村”即“梅村”与其他村合并为“东根村”的地址表记方式。

做衣服套在棉布旧衣外面的事,《骏河志料》[①]也有记载。此外，在安倍川和蒿科川上游的村子里，藤布也曾被普遍使用。另外，在吉田桃树天明八年的纪行《槊游余录》[②]中可以看到，大和的十津川亦是如此，当地由于不适合种麻，故人们穿着用藤织的粗糙的布。《周防风土记》[③]记载，在山口县的玖珂郡秋中村大字秋掛，也“将藤捣碎，纺之如丝，织成布，以之制成细腿裤”。又,《伯耆志》[④]关于西伯郡东长田村等山村产物的记载中，也记有藤布。成书于文化四年的《北游记》[⑤]中写道，在现今的福岛县的平和汤本之间，也曾有织藤布以为产业者。这些藤布不是作为衣服的材料，而是主要做榻榻米的包边之用。该书还记述道，制藤布是春天里女性的工作，其制法是将藤蔓的皮剥下来，在水里泡四五天以后，加上硬质木材的灰煮一段时间，拿到河边漂洗和揉搓，其过程与制麻相同。

fuji 原来是葛藤类的总称，不一定限于紫花低垂开放的紫藤一

---

① 《骏河志料》，1861 年由新宫高平（1794—1873）所著地方志，耗时 6 年，共 108 卷。

② 《槊游余录》，江户时代后期纪行文，吉田桃树（1737—1802）作。

③ 《周防风土记》，周防国地方志，编纂于 1841 年。

④ 《伯耆志》，幕末编纂的伯耆国地方志，因明治维新期间混乱散佚，现仅存一部分。

⑤ 《北游记》，江户时代后期地理学者秋叶东丛（1765—1738）作。

种。正如众所周知的那样，河内的葛井寺是读作 fujiidera 的。过去的藤布中可能也有不以紫藤为原料的，如贵人丧服所用的藤衣等，就是用其他种类的藤蔓纤维织成的。读《北越杂记》①可见，北蒲原郡的加地庄附近，被称为藤布的都是由葛，也就在秋天开深红色花朵的葛的皮做的，主要是用于袴或套装的下身等的制作。在玩蹴鞠的时候所穿的袴，必定是用葛布做的，自古以来远州的掛川地区就以其产地著称。现在，仍然在唐纸、隔扇、屏风的装饰上，可以看到一些葛布，但是作为衣服布料的葛布则逐渐不再使用。

## 五

我对植物的问题非常欠缺，却知道榀树皮也可以织布。榀树在日本东北一般被称为 madanoki，用它织成的布被称为 madanuno。在《虾夷产业图说》②中，阿伊努人以裂叶榆的树皮制成被称为 atsu-toshi 的衣服以供穿着，与奥州③的农家采榀树皮织成椴布，在进行

① 《北越杂记》，长沼宽之辅（？—1859）所著越后国地方志。

② 《虾夷产业图说》，村上岛之允（1760—1808）所撰关于阿伊努的风俗、习惯、生产技术等的详细资料和图示，近世阿伊努史料之一。

③ 奥州，日本古令制国之一陆奥国的别称。

农业等力气活时的穿着一样，这些地方的人们应该都传承了用榀树皮织布的风俗。信州①的山村里装谷物的袋子中，有织造的像葛布这样粗疏的布料，它们被做成棕榈一般的红黑色的袋子使用，其材料就是这个榀树皮。而《舳舻训》②称在别处无此例的说法也不可靠，盛米的袋子在他处也有被称为榀袋的。但是，同书中指出布的名称是由作为材料的树名而来的,《延喜式》③所记礼物名中可见的信浓布④等，也是这种布的说法，这种观点值得一听。虽然汉字也写作榀或级，但是所谓 shina，简言之是以此树树皮强韧且柔顺而得名的，自古以来就有信浓这一国名也是由此而来的说法。据说，在信州已经不以此布供衣服之用，但是直至近年，木曾⑤的福岛还有牙行向关西地区大量输送太布。即便如今太布已经只限于木曾的麻布，但从其名称来由，也可看出曾以其他植物纤维织布，由此足以推测曾经有过椴布不仅仅供袋子和包袱布之类所用的时代。

---

① 信州，日本古令制国之一信浓国的别称，今属长野县。

② 《舳舻训》，江户时代中期随笔，伊势贞丈(1717—1784)著。

③ 《延喜式》，平安时代中期编撰的法令集，50 卷。延喜是年号(901—923)。

④ 信浓布，即信浓生产的布。“信浓(shina)”一说来自于榀树(shina no ki)，因古代有大量榀树自生而得名的。信浓布原指以榀树纤维织成的粗糙而强韧的榀布，但除此以外，信浓所产的布还包括由在旱地种植的苎麻等制成的高级布料。

⑤ 木曾，长野县西南部，木曾川上流一带，木曾郡所在区域。

实际上，在同一个地方确实曾以一种名为“ira”的植物的纤维作为衣服的材料，文化年间成书的《信浓奇胜录》①对此有所记述。ira 就是“苎”，写作荨麻，是在山野里野生的植物，与最近人们常说的 Ramie 同属。苎在秋彼岸②以后收割，和麻一样，人们把苎的皮剥下来拉出丝，而在木曾，人们则认为秋分之前会有山神作祟，故不去收割。不仅在木曾的山村，在信州北角的越后境内山间极深之处一条叫秋山的村子，曾经也将苎作为唯一的布料来源。据说，这种草在秋山不称为 ira 而称为 oro，主要用来织造无袖短外套式的衣服，冬天披在旧衣服之上，夏天则直接贴身穿着。《北越雪谱》③的秋山一条上记载，这条村子有被子的人家只有两户，而被子也是用 oro 织成的布做的，里面絮入的是 oro 的碎屑，而且只在客人来时才拿出来使用。据说，自家人是钻进草编的袋子里睡在火塘边的，作者还将这个情景画下来作为插图放进书里。

---

① 《信浓奇胜录》，江户时代末期，信浓国佐久郡臼田町神官井出道贞(1756—1839)，在对信浓国各地进行数十年反复实地调查的基础上，将见闻记录下来编纂而成的地方志，5 卷。

② 彼岸，即以春分、秋分为中，加上前后各三日合共七日而成的杂节(历法上的二十四节气、五节供等节日以外设置的其他节日)，分别被称为春彼岸和秋彼岸。

③ 《北越雪谱》，记录江户时代后期越后鱼沼的雪国生活的书籍，铃木牧之(1771—1842)著，前篇 3 卷，后篇 4 卷，共 2 篇 7 卷。

# 六

关于太布绝不仅仅是麻布的名称这一点，通过以上事实基本已经明了，但还有一些其他方面的证据。在阿波的三好、美马、海部等诸郡，各处山村都在生产太布。一本题为《阿波志》①的书上记载，这是以构树皮或是葛藤、紫藤的皮织成的粗布。

被错看成穿着荒栲的藤江岸边渔夫的，旅途中的我

从这首古歌的存在，即可知道在上古②的语言里写作“和布麁布”的 nigitae、aratae 的麁布是以 fuji 织成的。又或者有“栲衾新罗国”等说法，在“白色”这样的枕词③上使用栲做的衾，可见这恐怕是没有染过色的，应该是与现今所谓生麻相同，其纤维的性质本来

---

① 《阿波志》，德岛藩儒学者佐野山阴（1751—1818）受藩命所作阿波国地方志，完成于 1815 年，12 卷。

② 上古，将古代分为上古、中古、近古三个时代的三分式时代区分中，历史上最早有文献记载的时代到苏我氏灭亡，大化改新为止的时代。

③ 枕词，主要见于和歌修辞法，指在特定词语前用于调节语调或表达某种情绪的词。

就不适合制成染色织物。

又或是在《神代卷》[①]的须势理姬命的御歌中，有“麻衾触肤柔顺在身下，栲衾触肤粗糙在身下”之句，与麻衾这种柔和地接触肌肤的寝具相比，栲衾则粗糙刺人，换作今天的话讲，就像是浆上得又厚又硬的棉布寝具，又或者是更甚于此的东西。但是，即使是被认为与此相比感觉柔软的麻衾，如果是以荨麻所制的话，应该也是相当粗硬的。从歌中说栲衾比荨麻布更为粗糙可以推知，上古的贵人的生活，是如何与柔弱一说背道而驰的。这正可以说明我们的远祖身体结实，不知感冒为何物。

## 七

旧时人对于寒暑的天然抵抗力之强，是为今人所难以想象的，因此，他们贴身穿上麻布衣度过寒冬也并非不可思议，很可能还会在上面加上兽皮之类，又可能是穿上很多层的麻衣或藤衣。像信州秋山的所谓布子那样，过去曾将这些纤维的碎屑像棉絮一样

① 《神代卷》，即《日本书纪·神代卷》。《日本书纪》为奈良时代编撰成的日本历史书，日本最早的正史，汉文，编年体，30卷。

弄松絮入夹布当中的做法，从现在将麻线的线头称为 oguso，并且如今仍然充作上述用途就可以想象得到。秋田县等地还偶尔有 yubushima，也就是夜衾的遗留，其外面是藤布，中间所絮之物即为麻线的线头。又或者有中国的闵子骞①为继母所恨，给他穿的衣服里面所絮的是芦苇花之类的例子。至少当时完全没有棉花，被称为筑紫绵的丝绵，对一般家庭来说是难以企及的。

藤葛或荨麻等之外，还有一种被用作衣服原料的就是楮。《阿波志》中记载的称作 kaji 的太布原料谷皮，也可能就是现在的 himekauzo，若非如此也可能是其属中的一种。这是我们最应该注意的一点，阿波据说是试图向关东地区普及谷木的天日鹫命②的本国，现实中也有千叶县的安房③因为是阿波的古代殖民地，所以才以同样的名称为国名的说法。而且，根据《古语拾遗》④，有天日鹫

---

① 闵子骞（前 536—前 487），名闵损，字子骞，祖籍鲁国，孔子高徒，以德行著称。少时，其继母以芦花絮衣令其穿着，而以棉絮衣供自己所生的两个儿子穿着。后此事被其父发觉，欲休其继母，闵子骞苦苦相劝，其父因而打消休妻的想法，继母也痛改前非，对其视若己出。

② 天日鹫命，神话中的种麻之神，开拓阿波国，开创种麻纺织业的阿波国忌部氏的祖神。

③ 安房，即日本古令制国之一安房国，属千叶县房总半岛南端。“安房”与“阿波”发音相同，均为 awa，故有两国名称相同，安房为阿波殖民地一说。

④ 《古语拾遗》，平安时代神道资料，官人斋部广成编纂于 807 年，全 1 卷。

命在经营东国之际种植谷木的地方，就在今天下总的结城的说法。结城的yufu是一种麻以外的纤维材料，自古以来就被认为指的是谷。有的地方将楮称为kazo或kamiso，虽然现在作为造纸原料为人所知，但在过去，至少其中一种是被捻成线作为织布之用的。现在，yufu的使用仅限于祭祀，而且全都是替代品，因而无法知道真正的yufu是什么，但从我们的祖先的想法看，向神供奉之物必须从各自常用的必需品里选择优等之物，可见被训读为yufu的过去的棉花，与今天的棉花同样是衣服的原料，这一点是显而易见的。

楮现在仍然介于林木与旱田作物之间，换言之处于半栽培的状态，但是过去即使没有必要在田地里栽培，也并非到了充满山野、可以随便割取的程度，因此，在产地，恐怕多多少少会对其加以保护。以下总的结城为首，意为yufu产地的地名，分布在全国的东西各地。例如，位于大分县别府温泉以西的由布岳，在《丰后风土记》①的逸闻中，也有关于它是因采集yufu的地方而得名的记载。现在的村名或大字名中，"汤本""由之木"等非常多，这也意味着

---

① 《丰后风土记》，奈良时代初期编纂的丰后国风土记，1卷，713年官修"古风土记"之一。

过去作为 yufu 的采集地而被保护起来的山野，其后随着麻的旱田种植而失去作用，被开发为普通的村落田园。因此，仅在附近的武藏一国，我就能够列举出十余处。而且，这些地名越往东北越少，我想恐怕归根到底是气候的限制，从过去就以藤、椴、荨麻等类作为代替的结果。

小山田与清①是现代的博学之士，在其著作《松屋笔记》中对武藏南多摩郡由木村的地名进行解释时写道，这有可能是弓削氏的殖民地②，实际上这是没有注意到西国的山村中还有无数柚木、油谷、油园等地名存在而犯的错误。油园之“园”，原是指住宅附属的园圃，但九州南部称为 son 或 so，单指独立的山地旱田时也是这样称呼。无论如何，这就是并非采集于自然的产物，而是开垦土地专门种植谷木的例子。在《千载集》③的“神祇部”中，在久寿二年大尝会④的风

---

① 小山田与清（1783—1847），江户时代后期国学者，武藏人，号松屋，通类书，与平田笃胤（1776—1843）、伴信友（1773—1846）并称当时三大家。《松屋笔记》为其著作。

② 弓削氏，即以弓削为氏的氏族，古代日本统率制弓的弓削部的氏族。弓削读作 yuge，由木村的“由木”读作 yugi，两者发音相近，故有此说。

③ 《千载集》，即《千载和歌集》略称，平安时代末编纂的敕撰和歌集，20 卷。

④ 大尝会，天皇即位后，初次亲自将新谷供奉给神的仪式，一代天皇仅举行一次。若即位时间为 7 月之前，则在该年阴历 11 月的中间的卯日举行，若在年 8 月以后即位，则在次年 11 月的中间的卯日举行。亦称“大尝祭”。

俗歌里，由悠纪[①]方所歌咏进贡的歌上，将近江的木棉园（yufuzono）作为地名吟咏。这也说明了在那个时代之前，该地区也曾过着以园圃种植 yufu 的生活。麻成为唯一的平民衣料，即使在中部也并非很久以前的事。

（明治四十四年六月 《斯民家庭》）

---

① 悠纪，大尝会上祭仪的名称，悠纪国、主基国的斋田所产新谷分别作为神馔供奉于大尝宫的东边悠纪殿和西边主基殿。原则上悠纪、主基国所在的国和郡由占卜产生，并不固定，但平安中期后固定化，悠纪为近江国，主基由丹波国和备中国交替承担，仅对郡进行卜定。

# 旧时风与当世风

## 一

这个话题本身怎么看都是旧时风，是一个如果要平平无奇地讲述，那就无论如何都可以平平无奇地去讲的题目，一个还没听就可以打哈欠的话题。在人世间还没有婆媳之类关系的时代，又或者是隐居、少主之类国语还没有产生之前，旧时风与当世风这两种生活趣向就已经两两对立、互不相容。我从几年前莅临日本的英国老教授萨伊斯那里听说过，在古埃及的废墟发掘之时，发现了中期王朝一位书役的手记，大约是距今四千年的东西。把其中一节翻译出来，上面写着大意如下的内容：所谓最近的年轻人聪明自任，喜轻佻之风，对古人质实刚健之流仪甚是轻蔑，实堪叹息云云。与此完全相同的话，四千年后的先辈们仍然在讲。

在日本，自古就有人说着世道浇漓。所谓正法末世之叹，在数百年间的文艺作品中反反复复出现。《徒然草》①作者所见的京都，已经是粗鲁鄙陋的退化之地。《古今集》②的序文中也写道："今日世间人心轻浮。"《古语拾遗》的作者等人，远在此之前就已经对平安京初期的文化给予恶评。老人在安静的追忆中逐渐老去之际，尤其会注意到周围社会生活的变化，他们所知道的往昔，因为是无法挽回的珍贵之物而显得尤为美好，由于是独一无二之物而尤觉贵重，这也是可以理解的。然而，不变之世自古未有，新与旧总是相对立且被比较的。因此，现在再次把这些例子列出来看看，可见并无奇怪之处。我是一个比较忙的人，即便有人请求，我也不会谈论这种话题。

我们要在这里讨论和思考的问题是，当世的所谓生活改善，也就是生活方法的计划性变革，到底有多大程度的新意？又或是与这个时代的尚古取向相对抗，乃至与所有对改革感到不安的阶级的批判相对抗，到底能够多大程度为现代日本的文化赋予价值？这确是

① 《徒然草》，传镰仓时代末期、南北朝时期歌人、随笔家、遁世者吉田兼好（？—1352）所作随笔集，与清少纳言《枕草子》、鸭长明（？—1216）《方丈记》并称日本三大随笔。

② 《古今集》，即《古今和歌集》略称，平安时代前期的敕撰和歌集，20卷。

在今天这种集会上，各位应该思考的题目。也是我等身为新闻从业者，应该认真彻底地听一次的话题。

## 二

无论在什么时代，反对派对新发生的风习的批判，似乎大体可以分为两类。其一，是他们自己名之为三省录型的，也就是以江户期最为有力的节俭这一社会道德律为基础的一派。承认这种看法的人现在仍然很多，而且其尺度不知何时发生了非常大的变化。例如，禁止使用绸布，曾有过将使用绸布作为罪行处罚的时代。即便这尚算有其一理，但还有像限制大米消费那样，在某些情况下曾以法令强制实行的。这些都已经成为历史，今日甘于此者已逐渐减少。也就是说，在不知不觉中，这些规则都因新与旧的妥协而被修订过了。

其二，若以一言蔽之，可谓之为美学性的，也就是慨叹趣味低下的审视派，无疑是与前者站在正好相反的一方。来自这两方面的攻击是相当令人难受且强烈的，但今天的生活改善论者之流，又反过来勇敢而积极地对上面两种武器进行反利用，主张对旧时风不可不作变革。这正如顺风扬帆、顺流而下之时再加上马达一般，对手已经没有置喙的余地，成功来得轻而易举，也是理所当然之事。因为，如果从审美的角度看也是现在的更好，从经济的角度看也是现在的做法更有利的话，旧时风论者也就没有继续反对的根据了。

但实际的成效，并非如理论所说的那样。多种方案竞相推进，这样那样的变化甚是激烈，都市生活因此而变得杂乱无章。仅就衣服一例加以考察，若在火车电车等多人同乘之时，以及其他多人聚集之处，从头发到鞋子、衣带、外套，几乎都有不可能归入目录的种类。当然，若要说这是有趣的时代也未尝不可。所谓二重三重的生活，拥有着将无聊这个可怕的恶魔从我们单调的生活中赶走的效力。但是，至少这种一无定见的状态，并不能将大多数国民带往平和安稳的世界。整体上来看，今日的生活改善运动，尽管其志向总体而言是认真的，但却被外界冷酷地评价为不过是玩票而已、任性随意的空想而已。这又是什么原因呢？这种批评到底是不是不当和不友善的呢？首先要有具备资格对其进行判断的人，因此我对今天的听众深感期待。

现在，假令世间若干所谓有识阶级，也就是智德之士加入其中，让具有尝试新方案新方法的有财力的人们，以自己的生活作为标准，进行某种令人耳目一新的衣食住的形式变革，然而却怠于计算这些变革对其余一万人中的九千九百人是否适用，将会如何？即便其终日信口自夸，逢人便反复自我宣传，罗列优点，也很可能以与时代变迁毫无交涉而终。这些“变革”最为关键的问题，在于没有适用性。在中国的历史中，东晋的惠帝被认为是古今少有的昏君。某年天下发生大饥馑，臣下奏报万民乏谷之时，他答道：没有米吗？那么食肉糜也可(何不食肉糜)。然而实在不好意思，无论什么时代，似乎妇人当中总有少数像上述晋惠帝之流的人。①

虽然品行很好但却不去思考世事的人，确是有的。妇人本来这样就可以了，这样也是好太太，而外人看来也认为这样理所当然。但像今天这样，即使是男人也没有为公共事务担忧的时间与精力，不得不投身于纯粹的个人生活之中，我们无论如何也必须要有能够为天下万民从方方面面展开思考的贤妻良母。最近数十年间的新改良意见中，也有很多让人着实觉得只有女性才会想到的提案。但是，其中大部分是以自己狭小的家庭内部的苦涩经验，或者是痛切的观察为基础的，一言以蔽之就是对穷人没有用的。与少数笃志之士的家庭的愉快相比，这里我们首先必须要致力的，是极为众多的

---

① 关于“妇人”的问题，本书为柳田在不同场合面对以女性为主要对象的听众作讲座的手稿，以及在这些手稿的基础上改写的论文合集而成，故其中有不少针对“妇人”的言论。这些言论当时是有一定先进性的，但现在看来难免有不符合当下价值观的问题。关于这一点，希望在正文中保留柳田原来的观点和相关阐述，“译者后记”中会做出恰当的解释。

人的幸福。西洋也曾经有过富于慈善心的夫人，每周一次乘着两匹马拉的马车派发小额银币的事，日本过去在节约方面也有很多这样的例子。例如，以废物利用为名，将旧书页编织起来做成夏天用的坐垫，再让女佣拿到柿漆铺去涂上柿漆，并且由于认为做这件事所消耗的自己的劳动力是免费的，所以坐垫造价很低。但是如果要将这个教给陋巷里靠在家工作谋生的主妇，可以肯定会被对方以一句“这太傻了”就拒绝了。我想，现在应该已经没有这类生活改善法了，但是偶尔还会有与此稍微有点近似的例子，应该被称为松下禅尼①式乃至青砥藤纲②式的善意仍然为人所赞赏，因而其道难行，社会改良不受信任，即使细心柔情的人们充满世间，国家仍然困恼不已。

## 三

我想大家都非常清楚，欲行其道必须先认真钻研学问。欲为将

---

① 松下禅尼，生卒年不详，镰仓时代女性，镰仓幕府第五代执权者北条时赖(1227—1263)之母，因在时赖幼小时，亲手将障子的破洞处裁下来修补而不是整体重新糊纸，为时赖做出了节俭的榜样而著名。

② 青砥藤纲，生卒年不详，镰仓时代武士，在北条时赖手下任评定头，以廉洁公正的形象，成为歌舞伎、净琉璃等艺术中庶民理想为政者。

来出谋划策者，尤其必须思考一下至今为止的过往。我们必须烦劳女性学习和思考的事，随着时代会越来越多。男性直到最近，与大量的其他村落的人相敌对时，还必须与极少的同村者为伴，必须抱着所谓“见人皆疑为贼”的想法。对他们来说，同情一事，是需要相当程度的学习才能修来的道德。与此相反，女性生来就有大量的同情之心。从今以后，更有必要大大地将其发挥出来，不仅在自己的乡党知己之间，还要将其用于广阔的世间。在这个家与家之间看不见的围墙已经拆除，乡与乡之间自不待言，国与国之间也开始进行和平交往的时候，绝无女性的精神准备与过去一样即可的道理。那么应该持什么样的态度呢？今天的发言主要想就这一点加以阐述。

我也有好几个女儿，所以也多次思考过这个问题。倘若有幸，她们有些许天分，有些许志向的话，如果说为了同胞国民，应该学习哪一种学问才最为有效，又或是最适为父之意的话，那么还是一言以蔽之，就是关于人类的幸福如何才能得到，又何故至今无法得到的问题。我想就这两个重要的问题，让她们通过读书、观察，又或是实验去学习。同时，我想对将这些问题仅作为各自家庭的问题对待的做法提出警告。自赞自夸也确实不合适，但我们大家都已经基本上觉醒了。虽然现在的生活中还有各种拘束，但是彻底摆脱掉这些拘束往前走也并非难事。问题是这众多的同路人中，那些步履缓慢的人们怎么办呢？这些眼看着就要落伍的人，又如何引导他们前进呢？

当然，即使不刻意去思考各自的幸福，也会不知不觉地加以思考。但是，这不是学问。正如古人常说的那样，学问须是人之道，须是万人所行之道。众多的生活改善论者必须互相警告的正是这一点。在讨论改良服装的尺寸和裁制方法之前，应该先想到即使旧衣也不得不用破布打上补丁继续穿的人还有很多；在讲折叠式床铺之前，应该先想想还有很多不得不睡在草堆里的人。强硬地告诉孩子就算别人问也不准说睡在草堆里，要说睡在床垫上，但是孩子说"爸爸，背后沾上床垫碎屑了"的民间故事，根本不是什么民间故事。当年西德尼·韦布①来日本考察佃农生活的时候，越后的某户农家给他带路，带他看了在一所泥土地上铺草席当作床铺的寒窑的最里面，金色的阿弥陀像光彩美丽地静静伫立的光景，还给他讲了持续百年的佃农会得到表彰的事。但是，韦布听到后对百年的说法感到震惊的原因是，居然真的能够忍受这种状态百年之久。蒲

① 西德尼·韦布(Sidney James Webb，1859—1947)，与其妻贝阿特丽思·韦布(Beatrice Webb，1858—1843)并称"韦布夫妇"，均为英国社会学家、经济学家，费边主义理论指导者，改革活动家。二人曾于1911年8—10月到日本访问。

原低地①周边的各个村子里，仅据我所知，直到最近都还有地上没有铺竹席的小户穷家。即使管理卫生事务的公务员到村里来宣传要注意清洁，也有很多只有泥土地面且无计可施的人家。不仅是日本东北一隅，而且不仅是佃农，很多小农是靠把萝卜之类的蔬菜和白米混在一起煮杂菜饭来维持生活的。与其说节俭是道德，不如说是法则。当这些人们的生活进步到觉得粪尿肥料肮脏的水平，虽然其劳动或消费在现代都市人看来难以持续，但是以此为基准测定所谓生活的饥饿点，以此作为生活可以维持限度的分界线，人口便会增加。随着医学的进步，婴儿死亡率或许降低了，但不长寿的人也多了。急性饥馑没有了，取而代之的是，慢性失收成为常态，死于贫困之病的人实际上很多，计入四百四病②之一也是理所当然的。对整体的生存而言，食物无论如何都绝不能说丰富，在此之外，分配方式还非常不好。不仅是少数有钱人任意靡费，即使在一个家庭里也是男主人比其他人吃得多，又或是花费在酒和外出饮食上，使生活开销失去平衡。消费方法也不得当。房子平均二十年被烧掉一

---

① 蒲原低地，又称蒲原平野、越后平野、新潟平野，位于新潟县中部到北部的信浓川、阿贺野川下流冲积平原地区，面积约 2000 平方千米，本州日本海一侧面积最大的平原，日本最大的稻作农业地带。

② 四百四病，佛教术语，即人所患之一切疾病。

次，需要新造，恰似神社里的正殿定期搬迁一般。没有在当用时间，而在腐烂无用以后才被视作养分，没有价值以后才被认为另有用途的东西，世间不知凡几。

此等弊害都是国民经济学的问题，但是大多男性并不会去思考它们。日本的男性有一种奇怪的习性，如果被别人说是想法不乐观、消极之类，哪怕是自己的意见非常有道理，也会马上气馁，即使是提出明显很鲁莽的积极计划，也大抵会被称赞有气势、有进取心之类。整体而言，日本是一个消费机构毫无计划的发达国家。过去就有由良千轩、福良千轩之类，只要有人家千户便可以通过互相扶持发展起来的说法，但实际上并没有这样的道理。因此，传说过去千店林立的商港，现在多数都被埋没在荒滩的砂砾中了。简言之，因为这是由小商人的利害而生出的繁荣，不管对错，只要消费量大就会被认为景气。但是，实际上应该是不必要的消费越少越好，不仅是酒和烟草之类。这些几近浪费的东西，为了刺激消费而被冠以文化、改良之类文字。人们对此有所警戒是当然的，不信任广告也是有原因的。

## 四

零售商人的所谓近世[①]改良，大抵是徒有其名。鱼目混珠的商品，用完即弃的商品，只是一时的形式上的模仿，极其轻薄之物，都以改名之名风行世间。与此风气相抗的实际上是真正的生活改良。这就是我们称之为消费经济学的，以及构成其基础的国民生活技术志的研究，还需要更多有心人继续将其向深远推进的原因。

然而，有的人居然相信这种一国特有的问题，也能够很容易地凭所谓先进文明国家学者的著述得到指导和启发。无须罗列大量论据，都可知这种想法明显是错误的。世人对现今生活改善事业的一大反感，就是它不知如何总有一种西洋味。这些人攻击日本的旧时风的动机，根据我的“恶意”推测，我疑心很可能是这些跟他们所喜欢的西洋风不同，所以不管好坏都反对。这个解释相当有力。这个“恶意”推测的对错暂且不论，在这种状态下，即使是很好的计划也终究无法推行，其恩惠难以推广。在有着济民志向的人看来，这种

① 近世，日本历史时代区分之一，指江户幕府创立(1603)到明治维新迁都东京(1867)为止，或关之原大战(1600)到大政奉还(1867)为止的时代。

反感无疑是徒劳而且愚蠢的。但是，这些人在很多情况下却对境遇与己不同者不加体谅，又或者是找不到能够说服别人的方法和论据，最后他们的做法只能被世间视作果不其然是崇洋妇人的好事之举，受到冷遇酷评。

但是，我们的同胞有一特点，就是相当喜欢模仿，而且没有嘲笑别人时髦之举的资格。今天他们所固守的旧时风之类，实际上很多是在并不遥远的过去从中国、朝鲜采用而来的。从食物到住宅等，自中世①以来都发生了很大变化（但是引入这些的僧侣等人，有着现今所谓先觉者所没有的体贴、韧性和感化力）。又或者，即使未必是模仿外国而来的，进入现代以来没有变化过的生活方式本身也少到几乎找不出来的程度。老人们经常固执地表示是旧规矩、不可改变的事物中，很多是文化、文政年间以后，甚至是明治初年才开始的。至少，自古以来延续至今而必须保守的事物绝对没有那么多。

奇怪的事情真是说也说不完。例如，大家都知道的女性内八字脚的风习即是如此。早年一位来日本旅行的法国人，不停向我赞美

---

① 中世，日本历史时代区分之一，指 1185 年平家灭亡到 1600 年关之原大战前后的历史时代，包括镰仓、南北朝、室町、战国、安土桃山时代。亦有学者将安土桃山时代归入近世。

这种步姿，甚至激赏说从这种姿势就能窥见日本女性的优美心性。但是，安土桃山时代的屏风画、岩佐又平①等人的风俗画自不待言，即使看看西川②、菱川③早期的作品，上面画的女性也都脚尖向外、昂首阔步。我想很可能是后来在腰上缠着外褂，上面一重比较长，加之不再使用像麻布这样清爽的材料，导致无法处理好缠着双腿的衣裾，才发明了这样的走路方式，而这种步姿又被认为是美女的娇态。发明腹式呼吸法的冈田虎次郎④先生，生前经常到我家来，集合老人和女性，讲解静坐的方法。他有这样一个说法。他问我：柳田先生，我认为日本魂与日本人的坐法有很大关系，你认为呢？如果没有榻榻米这个东西，我想日本人的勇气和精神不会修炼成今天这样，你怎么看？这真是让我不知如何回答。之所以这样说，是因为我们现在这样把身体折叠起来的坐姿，似乎也就是三四百年前才开始的。“坐”是由“跪”改良而成的，而跪是身份低下的

① 岩佐又平(1578—1650)，江户时代初期画师。

② 西川祐信(1671—1750)，江户时代前期到中期浮世绘师，以肉笔美人画著称。

③ 菱川师宣(？—1694)，江户时代初期浮世绘师，以美人画著称，被称为“浮世绘之祖”。

④ 冈田虎次郎(1872—1920)，出生于三河国田原(现爱知县东部渥美半岛)，冈田静坐法的发明者。

人在身份高贵的人面前侍奉的礼仪，同时也是警戒外敌和随时站起来活动的准备。这是所谓武士的坐姿。当武士这一阶级充满世间，这种坐法上下通行，进入太平时代后，才形成了今天这样绷起脚将脚尖伸平、垫在臀部下面的坐法，并最终忘记了这之前的坐法礼仪，并且视放松的坐姿为失礼。而日本魂，肯定是比这种坐法更为古老的记忆。

在地板上铺满榻榻米的做法，不用说，也不是神武天皇①以来的风习。榻榻米正如其文字所示，是叠起来的②，相当于今天的坐席或者是坐垫。所谓八重榻榻米或是高榻榻米等，在唱“百人一首”③中的“天神大人”这首时垫坐在下面的榻榻米，虽说是自古就有的，但是称之为“座敷”，铺满整个房间的做法，即使是在贵人的家里也是近世才出现的。像现在这样在榻榻米上拖着脚走路，没完没了地把脚上的脏东西擦在上面，再在上面摆开像板子一样没有脚

---

① 神武天皇，神话中日本的第一代天皇，《古事记》《日本书纪》记载其生卒年为公元前711年—前585年，在位期间为公元前660年—前585年，其即位之年被定为皇纪元年。

② 榻榻米为日语名称音译而成的中文通用名称，其原文为“叠”，读作tatami，故有此说。

③ 百人一首，将百位和歌的歌人各选其作品一首，合计百首而成的优秀和歌选集方式，其中最为著名的有传说为藤原定家(1162—1241，镰仓时代前期歌人、公卿)编撰的《小仓百人一首》。

的餐盘，勉强去吃上面落满尘土的食物的这种流行做法，完全是在新近的发明基础上实现的改良。另外，坐席正背面的壁龛，也根本不是固有的。我想，这恐怕是睡觉用的帷帐地台①的一种变形，是以前的民家建筑里，相当于帷帐地台或卧榻的东西。也就是说，家里人夜里躺上去睡觉的地方，如今则把袒着胸腹的弥勒佛放在上面。另外，把这个壁龛前方的座位当作上座，让深感困扰的客人坐在那里的风习，也差不多是这个时候出现的。而在过去，即使没有这样的繁文缛节，主客的位置也清清楚楚地被规定好，听一下火塘四面的名称就知道了。这一方面是建筑技术的进步，客殿和住房能够在同一屋顶下做出来的结果，另一方面又是足利时代的社会现象，因为主君频繁地到臣下的家里做客，导致自己家要让给比主人地位更高的人使用。简言之，这些都和坐法的变迁有很密切的关联。

## 五

不仅这些，整体而言，现代的当世风中有很多愚劣的生活改

① 帷帐地台，日语称为“帐台”，古代贵族住宅中所设的高于其他地面，上铺榻榻米，四角竖起柱子，拉起帷帐，供贵人睡卧之用的设施。

善。将这些当作终身大事去坚守，敌视变革的保守派之类，只能受人嘲笑。直到此时之前的世间模样，尤其是女性的生活方式之类，往好里说是贵族风，往坏里说是后宫风。首先她们曾将不管对运动还是劳作而言都不方便的穿衣方式，当作优雅的格调去模仿，结果为了能够打破这种僵局，即使是西洋睡袍这样的细腰带穿法也想加以礼赞，也是顺理成章之事。但是，要把这些当作说"日本不行"的理由，也是大谬。若是依历史而论，简单地说，这些是离我们很近的祖先对其时的当世风的错误选择，是轻率而不加思考的生活改良带来的灾难，是对原来的日本的无知。

虽然作出一副见多识广的样子确实不好看，但请容我再举几个实例。第一个例子是我们的衣服。让外褂这样累赘得不可救药的东西流行起来，腰上缠着腰带这样夸张的东西，打扮成分不清是夫人缠着腰带还是腰带缠着夫人的样子，又或者一年到头梳着像工艺品一样复杂的发型，既不戴帽子也不缠头巾，所谓歌麻吕式、丰国式①之流，总之这在当时就是世间的喜好。换言之，这些不过是一时间的错误罢了。如果是深闺佳人的话还可以，中等以下人家的女

① 歌麻吕式、丰国式，模仿浮世绘美人画中所画女性梳成的发型。歌麻吕即江户时代的浮世绘画师喜多川歌麻吕，丰国即同时代浮世绘画师歌川丰国，二人均以美人画著称。

性的话，以这种模样活下来是不可能的。因此，女性劳动的模样，无论哪个国家，都大体从过去确定下来以后，就没有变过。但是如果戏剧的话，就会出现身穿十二单①耍大刀，头插刻花梳篦行走在旅途上，即使在夏天也穿着衣襟和衣裾重重层叠起来的厚重衣服的贵妇人，然而这完全是在演戏，现实生活是较之略为简朴而自由的。在我们这个夏天炎热而湿度大的国度里，没有打扮成那样还能够活着劳动的道理。正因为与国土的自然条件相调和，才有原来那种经过漫长的岁月确定下来的衣裳，不考虑这一点而见到什么就模仿什么，一味从上而下吸取各种各样多余的东西加在上面，外褂、大衣、雨衣、防尘罩衣，一点一点越裹越多，变成了现在这样衣裳极为复杂的国家。作为其反面，一度有人尝试改成几近裸露的洋装，出现这种做法也是没有办法的事。因此，对变成今天这个样子的心理过程确实需要试着给予十分的同情，但是在此之前，首先有必要搞清楚这个国家的女性原本的模样。然而，不能连这种事都交给男人去做。

---

① 十二单，平安时代中期成形的女性礼服，成人女性正装，在宫中等官方场合作为正式服装，穿着的场合有一定规定。这种装束以多重叠穿为重要特点，当时被称为“女房装束”，正式名称为“五衣唐衣裳”，“十二单”的名称初出于镰仓时代的《源平盛衰记》，“十二”为表达其多，非实指。

## 六

在食物的变迁等方面，也有未曾得到关注而被忽略的重要之处。在这方面特别重要的是，在各种各样新材料加入的同时，很多古来就有的食物完全从我们的餐桌上消失了。但是，即使不从书籍上寻找，这些食物还在新年的菜肴和婚礼的礼仪食品上淡淡地留着些许踪迹。纵观整体首先感觉到的是，和过去比起来，甜的东西多了，其次是软的东西多了。虽然昆布现在仍然是关西地区的心头好，但是已经没有人生吃榧子和干栗子了。干鲍鱼之类，小孩都已经不知道这是不是食物了，可能很多见都没见过。将这些作为供品上供的习惯，在过去是被严格遵守的，现在逐渐变得徒具其形。干鲍鱼只是将外面包的画纸越做越大，里面只包裹着一厘大小的干鲍鱼，又或者是用黄色颜料画成，甚至是忘记其形状而只写“芋”“熨斗”便罢。这是因为现在已经没有人在收到干鲍鱼的时候把它归入食物当中，它就变成无用的长物了。但即使这样，尽量不吃硬的东西牙齿却依然不好的人不可思议地年年增多起来。这可能是受食物的摄取方法的理学影响，比如暖的东西的吃法、发酵顺序，等等。不知道现在有谁会思考一下这个问题，乘火车的时候，或者出席现在这种集会的时候，左右两边到处都是金牙闪闪发亮的人，直让人感觉到黄金之国、黄金时代的炫惑。如果是因为好看也未尝不可，但是造成不这样做牙就使用不了的局面，则实在令人不解。

不仅仅是副食，就连对日本人来说有着无法切断因缘的米饭，也早就发生了变化。现在我们所吃的，不是过去的日本人所说的饭，而是粥，也就是叫作 katayu 的食物。饭是用甑所蒸煮的，就像今天的赤饭那样，但是现在用这种方式煮饭仅仅出现在节日里。这与 hagama，也就是带锷的釜，或者灶的做法的变化有很大关系是确凿无疑的，军营等劳力的供给方法也是原因之一。主要原因是爱好的转变，恐怕还是因为对更为洁白柔软的米饭的喜爱之情。饭勺等的形状也在我们眼前快速发生着变化。现在盛饭的时候用饭勺，盛汤的时候用汤勺，但是不用说，这两者原本是一样的。所谓饭勺脸，现在人们用这个来形容花王肥皂广告模特那样的脸。今天的饭勺是平面的铲子，这完全是伴随着米饭的煮法而发生的变化。因为近来米饭越来越柔软，产生了用这样某种锐利的东西去切取的必要，要是硬一点或者软一点的话，这种饭勺应该就不合适了。我这个人是属于旧时风的，无法欣赏这种让人想起断舌鸟故事①的米糊，每次都想起蜀山人②那首有名的和歌：

日日炊饭三回亦时硬时软，总难如意世间事

想起这句歌，试着思考一下整体上是什么时候开始出现这种不如意的，但是这里的一日三餐这件事，其实也是某个时代的当世风，原本是以早饭和晚饭一天两次为原则的，白天的餐食只有在插秧的日子，又或者是特别重劳动的日子才会一天提供几次。饮食方式变成像我这样晚起的人也必须每天吃三餐，真是光吃饭就忙得叫人头疼。如果复古到朝夕两餐的话，学校之类的上课时间也可以安排到从早上九点到下午两点，其余的时间也许可以使用得更有意义。如此看来，生活改良家活跃的余地还有很多，而在抵抗力强大的方面勉强继续，则会很辛苦却并无什么收获。

---

① 断舌鸟故事，日本民间故事，内容概要为：一位心地善良的老翁所养的鸟因为舔了米糊，被恶毒的老太太剪断舌头赶走了。老翁找到鸟的落脚处，得到鸟的款待，带回来一个很轻的藤篮，打开一看里面都是财宝。贪心的老太太看见后也去找到鸟的落脚处，带回来一个很重的藤篮，里面都是蛇和毒虫。这个故事因在明治时代被收入国定教科书而得到普及。

② 蜀山人（1749—1823），本名大田直次郎，号南亩，江户时代后期文人、狂歌师。

# 七

继续举例的话会没完没了，简单地说，我们的生活方式无论古今都是不断变化的，又或者可以说几乎没有一种事物会因我们之力而保持不变。老人们总是爱惜着的旧时风，换言之就是他们自己的当世风，真正的旧时风也就是延续千年仍然值得保留的，可能会包含在今后人们的提案里所阐述的生活合理化、单纯化之中。又或是为了这个民族的永久繁荣，这些正是我所期待的。毋庸置疑，为了个人的幸福，绝不能忽视爱美的人之常情，乃至少许无谓之举而使生活更有味道所带来的安心感，但是比这更重要的是作为一个群体的国民的进步。完全靠现在这些有知识、有品位、有感化力的人们随性而为的倾向，并不一定总是能够使世间变得更好。这些倾向里有前面所说的分配方法的不当，消费方法的拙劣，选择的失败，已经在很大程度上对国民造成了伤害。体质的衰退不仅可以由金牙得知。过去某个时代的因相信某个改良而在世间推行的变革，实际上给我们带来灾难的事情非止一例。例如，食用精制大米的风潮逐渐盛行，而发现脚气的原因是 B 族维生素缺乏还是最近的事。虽然我对棉布和毛织物等的滥用一事的观点是，斜纹棉布不适应这个国家的湿热环境，但就日本生理学进展的程度而言，这一点还既不能肯定也不能否定。也就是说，不考虑这种种情况，自以为是地去讲生活改善，即使偶然能获得良好成绩，我们这种喜欢讲“坏话”的人也还是要对其给以盲动的评价。更何况在这种有大量天真的同胞因此而受到误导的情况下，我们讲“坏话”就绝不是名誉、面子之类个人的小问题。因此，我要在这里再说一次，女性所应该面对的学问，是冷静地观察和思考生活。如果所幸大量的女性有这样仁爱为怀的向学之心，我相信在很短时间内，日本的女子学校里家政课的教学方法就会为之一变。我想，很多家庭的子女应该就会渐渐理解幸福人生的真正意义。我的愿望是，由今后生活技术的研究，能够清楚地知道国家之病所在，因为各位善良的忧虑，最后会在政治上体现出来。这就是我们所认为的女性参政的真意。

（昭和三年三月　彰风会演讲）

# 劳动者的衣着

## 一

我们的衣着一直以来都分为三类，现在仍然有很多劳动者认真地遵守着它们的区别。这三类中，第一种是体面衣服①。这在关西被称为“外出”，主要是在祭典或者节日时穿，所以也有 matsurigo（纪州和小豆岛）又或是 setsugo（日本东北各地）等叫法。所谓 setsu，是指节日或盆、正月，因此也有的地方称之为 bonigo（冈山县）。从刚出生的孩子到神社初次参拜时所穿的衣服被称为 miyamairigo（美作），女性在开始染齿时穿的衣服被称为 kanetsukego（北美浓），老人在厄年的庆祝中穿的衣服被称为 yakugo（讚岐）来看，go 应该是指

---

① 原文为“晴着”（haregi）。

衣服。仙台过去称这种体面衣服为 mochikui ishou。因为穿这种衣服的日子大多是吃年糕的日子，其意思很容易理解。

第二种是劳动的时候穿的衣服。这种衣服一般被称为 shigotogi，但是也有地方称为 noragi 或者是 yama gimono（越后）的，在海里劳动的地方则称之为 oki gimono 或 oki awase。佐贺县称之为 hamarigimon，所谓 hamaru，是干活的意思。大分县又有 kanetori gimon 的叫法。穿着这种衣服就会有收入，能够获得金钱，它的意思也很容易理解。

第三种是工作结束回家以后，待在家里时穿的衣服。因此，这种衣服有 bangi（肥前半岛）、yosaigimon（下甑岛）、yomaasama（伊豆新岛）之类的叫法。东京附近称之为 aida kimono 或者 awaino kimono（富士郡），信州和越后则称之为 manba。manba 和 aida 是同一个意思，指的是不工作的时间。九州的各个岛屿，如壹岐、对马、天草等则称之为 kegi。所谓 kegi 的 ke，与表示日常衣服的“不断着（fudangi）”的 fudan 是同一个意思。这是与体面衣服的 hare 相对的古老的词。因此说到只有唯一一件的衣服时，会说“ke 也好 hare 也好，只有这一件”。

## 二

因为今天晚上时间比较少，所以只谈谈这三种衣服当中的劳动时穿的衣服。劳动服在日本东北、北陆等地区，被称为 detachi 或者 dedachi。只有围裙时则称之为 zutatsu(北飞驒到能登)，有的地方则称只有袴的衣着为 dentatsu(秋田县)，因为本来是表示外出衣服的 detachi 的意思，作为劳动服整体的统一称谓是正确的。我们的 detachi，也就是劳动服，和现在的洋装一样，是分为上下两部分的。与洋装唯一不同的是，先穿上衣，然后再在其外面套上下身的袴，上衣则尽量做得短一些。因此，九州南部鹿儿岛县、宫崎县将其称为 koshigin，中国地区①以东称之为 koshikiri，日本东北则称之为 koshipiri 或 kosupiri，也有些地方以更加容易理解的方式称之为 mijika。hanten 之名，原本也是因只有平常衣着的一半长度而来的，很多村落也将其称为 hancha，旧时的说法则似乎称之为 kogin。kinu

① 中国地区，明治后期形成的日本 8 个地区之一，位于本州西部的区域，由鸟取县、岛根县、冈山县、广岛县、山口县构成。“中国”一称来源有诸说。其一，来源于古代位于畿内和西海道之间而形成的通称。其二，古代以畿内为中心将日本各地分为近国、中国、远国，相对于九州地区的远国，此地相当于中国，故有此称。但这些起源说都无法确定。

原本是指衣服，因为是其中小的那种，所以被称为 koginu。现在从九州到东北的山里面，仍然有的地方称只在劳动时才穿的麻质短上衣为 kogino、koino、kogin 等。

这种只到腰部的短上衣，如果衣袖宽大的话就会很碍事，所以也和洋装一样是窄袖的。似乎曾经有过将原来就比较细窄的袖子做得更窄，让其刚好适合手臂的粗细，认为这种衣服看起来很利落的时代。福井县有 teboso 的叫法，德岛县则称之为 tsumeko，北九州称之为 teguri 或 tegurijiban，也有的村落称之为 hyohyosode，与不劳动的男主人被称为羽织组（haorigumi）相对的，大量的劳动者被称为 hyohyo 组等。东京附近房州的渔夫们也把这种衣服称为 udenuki 或 toroku，信州的阿尔卑斯地区，在靠近山的地方有 enko 袖的说法，但是过去似乎称之为 tenashi 或者 tanashi。九州南部现在还有这个说法，其中短的那种被特别称为 kodanashi。从岛根县将之称为 kodenashi 看来，tanashi 也和过去的 tenashi 一样，所谓 te，应该也就是现在的衣袖。

## 三

日语里的 sode 和 tamoto，现在和过去的意思是相反的。sode 为

“袖口”，指的是宽大甩动的部分，后来被称为 tamoto，而衣服上遮蔽手臂的部分被称为 sode，形成了 sodenashi 这样的说法。劳动服中的 hancha 的袖子变得太窄的话，寒冷的时候如果里面再穿一层衣服就会显得局促，为了能够便于穿脱，越来越多人使用所谓的无袖。在东京，只有老人和小儿才穿无袖，在其他地方则年轻劳动者无论男女都穿。九州称之为 katagin，东北地区称之为 tsunnuki，其他地方也有各种名称和形式，但都是以解放劳动者的手同时令其背后温暖为目的的，这应该是在近世逐渐发展起来的服装。

便利的衣服接连出现。其中对劳动者的着装改变尤其大的，是 neji 袖这种衣服的流行。这种衣服从某个方面看是所谓 aidano kimono，也就是在夜里或者雨天等不劳动的时间穿的衣服，即现在所说的日常衣服变得频繁地被穿着；同时，为了体面，不再用耐久的麻布，而是改用磨损很快的棉布，变旧的衣服转为在家穿着之用的结果。尤其对那些不用一早穿成出门工作的样子到田里或者山上去，而是在家里不时做一些力气活的市镇里的劳动者来说，特意换成劳动服太过麻烦，于是里面仍然穿平常衣服，外面再披上一层劳动时穿的衣服。这样一来，宽大的衣袖就变得碍事而导致细的窄袖穿不进去。因此，只有将袖口部分收窄，而袖子上部宽大的卷袖就流行起来了。这种袖子是由一幅宽的袖子斜折起来做成的，因此被称为

nejisode 或 nejikko。中部地区以东则称之为 mojiri 或 mujiri、mujiru，同样也是折起来的意思。由于其形状像鲤鱼的头部，所以东京称之为 koiguchi，东上总也称之为 butaguchi。在千叶县以南，这种衣服被称为 kamoyasode，这似乎也是相同意义的说法，但是我至今还不太清楚。女性则仅仅是用带子将平常衣服的衣袖挽起，做一些简单的劳动。但是，这样是无法好好工作的，因此还是会罩上袖子做成 butaguchi 的外衣 uwabbari。这是最近的白色家务罩衫 kappogi 的原型，简单地说，就是不用脱掉平常衣服就可以当作劳动服的方便之法。

## 四

劳动服的下半身部分也有同样的变化，但在这一点上男性和女性略有不同。女性和男性一样，穿只到腰部的短的半缠，袴在西部似乎一开始是围在腰上的。但是这样劳动起来很不方便，所以让衣服下摆裂开少许，让脚能够自由活动，这种衣服被称为前掛或是前垂。前垂原本是三四幅宽，但是穿着平常衣服劳动时，后面的部分就不需要了，因而变成了两幅或一幅的宽度。但是，这样还是无法干脆利落地工作，所以在用带子挽起衣袖工作的时候，也会将衣裾掖起来或者折起来，但还是会有点碍手碍脚，无法好好干活。男性的袴原来是被称为 susoboso 的很窄的裤子。这和袖子变成 teguri jiban 这样很瘦窄的做法相同，一度变得非常窄，紧紧地贴在腿上。这就是今天的 momohiki①，现在谁也不会再把这个当作袴，但这和日本关东、东北称为 moppe 或 monpe 的袴，原本是同一种东西，同一个词。但是，穿着平常衣服劳动的人越来越多，单单将衣服的下摆掖起来，套在上面的宽松的袴就被采用了。山形县、秋田县所说的 dafuramoppe、gafuramoppe，又或者 mokuramoppe，就是这种袴，tafura、gafura 就是鼓胀的意思。枥木县一带称为 mokutari、mukutari、mokuzure，信州南部则称为 mokkura 的，似乎也是因从腰部以下胀鼓鼓而得名的，而称为 fungomi 的，我想也是因为将长长的衣服下摆套入袴中而得名的。即使没有这些名称，最近乡下的袴也都鼓胀起来，其中只有膝盖以下像“股引”一样收窄的，和整体都很宽而只在脚踝处收窄的，无论哪种都和市镇的职人所穿的股引形状完全不同，再加上后者将上衣覆盖在股引上面，股引和裤子愈发相似。然而，股引原本就是裤子，同时也是袴的一种。

如今，似乎很多人认为袴是体面衣服，也就是只有在仪式的场

---

① 汉字写作“股引”。原书在下文中使用了这一词的汉字表记。

合才穿的，但是袴原本是对劳动者而言最不可或缺的服装之一，而且将这个词作为这种意义使用的地方，现在国内还有很多。随着制作方法的少许变化，必定会有新的服装名称出现。究其原因，恐怕是以前的服装还依然在使用，为了将新旧之物区别开来。因此，无论是裤子还是洋装，正如这些是日本的语言一样，这种名称的衣服到底也是日本的东西，我们为了能够适合自己的劳动，自由地改变和使用着它们，而绝不是在模仿西洋人。最麻烦的是鞋子。对日本这样夏天炎热潮湿，劳动者常常不得不踩在水里劳动的国家来说，必须是特别的鞋子才能合用。然而，唯有鞋子这一项，古老的已经衰微，而新的还没有被发明出来。各位应该将这个作为将来要研究的问题，务必创造出适合工作的日本的鞋子来。

（昭和十一年五月二十日播放）

# 国民装的问题

## 一

关于国民装的制定，我想仅仅是作为预言性试验也是很有意思的。因为仅仅十年、十五年之内，就可以判断一个提案是不是大白天做梦。实际上，至今为止的大量改良意见之类，几乎都被世间所遗忘。在仍然有无数重要事业尚未着手的今天，我们必须尽量不要为无益之事消磨心力。

如果是打算以法令强制推行的话，那不用说，多么奇怪的衣服都可以通用。但是，作为代价，将不得不处理很多违反者。如果仅仅是偶尔才穿的礼服的话，还可以用怕弄坏衣服这样的借口体面地躲避过去。但即使是在礼服方面，现在也开了各种方便之门，事实上完全没有获得统一的效果，更不用说要将每天穿的衣服统一起来，是非常困难的。在进行三个人就能节约一反布，七千万人的话能节约多少布这种小学生式的计算之前，首先必须讨论的是，如何才能让一部分适合这种衣服的人接受这个提案。消费不仅是个人经济这样令人苦恼的问题，在此之外，还受到与自己情况不相符的外部力量的种种干涉和指导。即便国民有着对统治相当柔顺的性情，这样受到来自四面八方的指指点点也难免会迷惑。我想，将国民装的道理大致搞清楚，多少让辨别取舍容易一些，难道这不是被称为先觉的人们的工作吗？

为什么今天日本人的服装，变成在全世界也找不出其他例子那般杂乱至极呢？如果不是能够回答这个问题的人，恐怕也提不出可能实现的改良意见，因为以前绝对没有这样的情况。农民是农民，山里人是山里人，直到最近仍然是并未经谁劝说，大家便穿着相同材料和样式的衣服劳动。尽管并没有身份、阶级的束缚，但大家还是在一段时间里保持着一定的服装形式。他们突然变得各随己意打扮的原因，简单地说在于外部。我想，最大的理由可能是家里出现了大量的旧衣服，原本一辈子只有一件体面衣服，很小心地穿的话，还可以作为遗物留赠后人。现在衣服很快就旧了，即使是作为日常穿着也没法穿的衣服越攒越多，只好想办法当作劳动服穿。在我家附近的农村，穿祭礼用的红色印花半缠，最近成为在田野里劳动的年轻人的喜好之一，在海边还有远看像是绅士的，穿着洋装的人在拉网。这些衣服用的是最便宜的，而且是拼凑起来的材料，我们的劳动服的统一就率先瓦解了。以前，哪怕没有制定国民装，大家的衣服也都是统一的。现在，尽管有着这么大的流行的力量，人们却眼看着以各自想到的打扮到处行走起来。主要原因是废物利用，也就是这些废物做出来的商品没有限制地到处出售。人造棉和棉花比起来耐用性更差还是更好，不用一下无法发表任何意见。但是，在这个推荐这种廉价之物的时代，让人们另外再做一套成套的衣服放着，我认为这首先是相当令人为难的建议。

## 二

若说日本的衣服为什么变成了不得不改良之物，这也是一个重要问题。如果不先把这个问题彻底搞清楚，那么很快它又会自己再改良。正如看看现在所谓洋装的普及就会知道的那样，此前市街上人们所穿的衣服，用一句话说就是不适合劳动。不仅仅是上下楼梯会弄脏衣服下摆，门把手会挂住袖口等，和新建筑不相适应，哪怕是要做一点称得上工作的事情，穿着这样的衣服就无法活动自如，因为这些都不是原来劳动时穿着的衣服。如果以为像日本人这样一直努力工作的国民，自古以来就一天到晚身穿这么缚手缚脚的衣服，那就是对历史的无视。除了排在仪式行列里的少数男女以外，没有一个人会垂着那样甩来甩去的衣袖到处走。上衣和袴严格地被分为两件，手腕上和脚踝上都不会缠着什么东西。简言之，从最初开始，日本人就穿着和今天被称为洋装而深受喜爱的衣服几乎同样形式的服装。现在我们看到的日常衣服是礼服下面穿的中衣，不如说是将礼服极度简化而成的衣服，穿着这种衣服无法劳动，就跟闭上眼睛就看不见东西是一样的。

都市生活开始以后，对国民而言特殊的日子多了起来，一方面平常也穿着前面说的这种衣服的人越来越多了，但更主要的是经济上的原因，劳动的形态不像以前那样单纯了。我暂且称之为雇工式作业，雇佣了很多雇工的商号按照不同劳动分工的时候，可能会让雇工各自承担自己的工作。但是，其后商号变小了，人变少了，从外面的迎客到接待客人，再到打水、打扫庭院、箱笼的搬进搬出，有时候连平整土地都要交给同一个或两个年轻人去做，着装无论如何也难免会变得不再严格区分。若让媳妇或者女儿去做这些工作，就更会如此。如果是旅馆的管理人，我不太清楚他们会不会只穿一件针织内衣，对客人道一句“不好意思”，就做起把床铺被褥搬进搬出的工作，但就一般人而言，这种情况是无法忍受的。因此，他们只好做出用带子挽起衣袖，将下摆掖到屁股之类煞风景的变形，以适应忙碌的工作。mojiri、鲤口、罩衣之类，又或者最近流行的家务罩衫之类，为了能够适用于这些频频变化的工作而做出的大量发明，让原来在不劳动时穿的衣服变成任何时候都可以穿，所以可以勉强适应。

这里还必须考虑一个中古时代①的习惯，也就是体面衣服在市镇上购买，每天穿的衣服则在家里制作这一事实。这些一下子全部转为由工厂供应，衣服除了洗涤和些许缝补以外，全部脱离女性的管辖，变成了与男主人钱包相关的问题。看起来没有比这更轻松自在的事了，但是取而代之的是攒了很多过时的旧衣服，除了在劳动时穿以外再没有其他用途，以至于不得不都流到了小户人家媳妇的手上。制定国民装的决心是好的，但是如果不选用特别持久而且不会令人厌烦的材料的话，穿上成套衣服的欣喜也不过是一年两三回，最后只会归结为人们的日常打扮又在此之上更加杂乱无章而已。

---

① 中古时代，将古代分为上古、中古、近古三个时代的三分式时代区分中，指646年大化改新之诏以后至1192年源赖朝开创镰仓幕府之间的时期，文学史上一般指以平安时代为中心的时期。

## 三

我们必须穿体面衣服的机会，进入现代以后无疑是非常显著地增加了。但是，过去在正月或仪式等只要好好坐着就行的场合以外，也还有很多需要穿着体面衣服活动的场合。比如在祭礼举行的那一天，只有夙老们会穿着外褂和袴，手拿扇子来参加，而扛神舆的年轻人则穿着花哨的短上衣，头上缠着新的头带，这是他们固定的体面打扮。近年所制定的礼服里，这样的体面衣服完全没有被认可。燕尾服或是上下成套的和式礼服这种仪式规矩，是一种从开始就预想到很多人会放弃遵守的做法。这成了无益的壁垒，同时又是常常令人感到难以忍受的事。因此，正在思考将来的国民装的人，无论是打算将重点放在礼服上，还是以日常衣服为主，都必须尽量设计成两者都可以使用的衣服。如此一来，就会一方面只是偶尔使用，另一方面又关系到每天的便利与否，无论如何努力尝试，都会像现在的旧礼服这样，没法穿着到山上去劳动，同时也无法干净利落地去做插秧等田里的工作。这个问题上，我想到底还是应该像一些古风的村落中如今偶尔还能够见到的那样，允许人们将很多劳动服里最新的那一身穿出来即可。如此一来，可能就无法指望会有超越所有职业的统一的服装了。实际上，如果要强制推行这样的统一的话，就一定会给某些人造成麻烦。

对衣服的喜好可能今后还会更加分化。那些随意产生的形式和想法在有余力的人当中流行起来，到底难以阻止。但是，必须有谁负起责任，设计和推广能够让多数人随心所欲地穿着劳动的衣服，和能够自在地穿着出席各种大小公共集会的礼服。我感到，今天这样令人苦笑的纷乱，无疑反映了正在诉说着对服装要求的紧迫性，以及对此提出的很多提案仍然有什么地方不够完善这一事实。因此，不能因为没有被采用就责怪对方的无知。如果要责怪无知的话，双方都是如此。全部做成被称为洋装的、由西洋借来的那种样式，这种不争气的做法是不对的。如果要自在地劳动，那么除了窄袖和窄腿袴以外，从来就不可能有其他制服。要说是模仿的话，小仓厚棉布①做成的竖领衣服之类，因为妨碍汗的挥发，让人穿上后喘不过气而苦不堪言，又或者不在寒冷干燥的大陆却叫人把那么局促的鞋子一会穿一会脱，在尘土里行走，不洗手就吃饼干之类，才

① 小仓厚棉布，日语称“小仓地”，为发祥于北九州市小仓的棉织物，又称小仓织、小仓木棉，经线密度高，纬线较粗，因结实而多用于日常穿着的袴、男性腰带、夹趾鞋带等。19 世纪末起，竖领学生服逐渐普及，第二次世界大战前小仓地作为学生服、工作服的材料被广泛使用。明治后期起，冈山、埼玉等县也开始织造，现主要生产地转移至冈山县。

是真的模仿。这种指导是谁做的？一言以蔽之，这不是对麻布千年来的便利经验完全弃之不顾的先觉们的谬误吗？

将都市里那些不怎么劳动的人不负责任的爱好当作消费的标准，不加注意地放任他们，造成这样的结果是理所当然的。最令人烦恼的可能是女性的头发。不过百年而已，女性的发型就变成这种样子，女性不戴任何帽子头巾之类而到处走动，如今已经到了令人无可奈何的地步。戴帽子头巾的规矩不可挽回地衰颓着。特地设计出公私两用皆可的服装，却让鞋子和帽子头巾自然变化、放任不管的话，那么工作的男女的职业就会只限于茶店、商店之类害怕头上的尘埃和脚上的泥土会混入的工作了，工作去向基本上都已经限定了。对于这样细小的利害得失，已经有很多人形成了靠自己思考的能力。实际上，我们与其对他们做多余的指示，不如更详细地告诉他们这些至今为止的变迁过程。

（昭和十四年五月《被服》）

# 团子与民间故事

## 一

将谷物磨成粉调制而成的食物，在飞驒有几个地方称之为mochi①。江马夫人对个中原因，以及还有没有其他地方也是这样感到疑惑不解。这种自然的疑问，有时候比答案还要重要。因为，同样的事实在很多地方都有，但是以前却没有人注意到。

我想，这恐怕最后要归结为这种食物为什么不被称为团子的问

① 汉字写作“饼”。日语中的“饼”通常指将糯米蒸熟后用臼和杵打成糕状，制成适当大小和形状的食品。而将米、麦等粮食磨成粉状再团成球形的食物，则称为“团子”，因而有下文的疑问。在本书中，如无特殊说明，“饼”皆指mochi，即糯米蒸熟后打成糕状所制的食品。

题。若非如此，恐怕就会变成我们为什么再也不用shitogi① 这个词的问题。而这两个词的变迁，正是在日本食物史上相当重要且完全空白的几页。能够搞明白这个问题的手段，在已有的书籍里是找不到的。因为，这样的变迁实在是坦坦荡荡的，没有任何内情和秘密，仅仅是缓慢地在凡俗大众面前发生，完全没有必要一一去记述。正是这样无意识的历史，除了从痕迹去追溯探寻以外，别无他法。江马夫人从飞驒得到的事实也是史料之一，但是如果要使其成为有力的资料，还需要将更多的情况进行对比，这一点稍微有点麻烦。不把将粉团起来做成的饼叫为团子的地方，实际上有很多。这样的地方有很多连mochi这个说法都不再使用，而是使用第三种什么称呼。如果把这些收集起来，也许能够知道逐渐变成现在这个团子的叫法的过程。现在没有办法进行细致的列举，但是东北比较多的地方称之为dansu或者danshi，也有一些地方干脆称之为omaru。很多人都知道“团”是外来语，然而其意义来自球形这一点，即使是用“团子”这个叫法的人，似乎也都已经忘记了。但是，现在如果说“像团子那样”，仍然是指球形的东西，由此可以窥知原来“团”是

① 汉字写作“粢”。如非特别需要，为行文简便，在下文中原文的shitogi统一写作“粢”。

仅限于对球形的东西的叫法。是谁把这么麻烦的名称教给常民的，这是另一个问题。但是，关于这一点去问一下真言宗的僧侣就会知道了，因为在他们的行相之书中有由中国传来的，以“团”的名称指这种形状的供品的记载。我想“团子”最初可能还有一种写法是“坛供”，但是这一点在书上却没有看到。如果查“团子”的话也许能找到出处，但是如果知道“团”这个词的话，应该就不会反过来用“重箱”式的读法①。我想，更可能是没有文字，而仅仅靠听来学到这个说法，因而加上 go 这个词尾也不会感到不妥。

## 二

若说从什么时候开始出现团子这个叫法，关于这个问题，除了细致查阅记录以外，别无他法，但这也并非特别麻烦的事。在我最近看的书中，文禄年间的《鹿苑日录》中就有这个叫法。民间故事中，以团子为题材的至少有两个。其一是傻女婿的故事。傻女婿到

① “重箱”式读法，日语中由两个或以上汉字构成的词语读法之一，以多层食盒“重箱”的读法为例，第一个汉字读作“jyu”，是音读，第二个汉字读作“bako”，即“hako”的浊化，是训读。这种前面的汉字音读，后面的汉字训读的读法，就称作“重箱”式读法。日语曰“团子”一词的读法由音读的“团(dan)”和训读的“子(ko，浊化成 go)”构成，故有此说。

媳妇的娘家去，在那里吃到了团子，问了名字。在回家的路上，从水沟上跳过去的时候喊了一声号子，就把这声号子当成了团子的名字，回家以后让媳妇去弄一点 pyoitokosa① 什么的，媳妇说不知道这是什么，傻女婿一生气用吹火筒打了媳妇。媳妇头上起了一个团子一样的肿包，傻女婿叫道："哎呀，对了，那叫团子啊！"最后这句就是这个故事的包袱。不管是多傻的女婿，要是现在的话也不用为记住团子的名称而苦恼，也不会在自己家里没有吃过。可以推测，这大抵是在这个名称作为新奇事物流行起来的时候编的故事。另外一个故事是，一位老爷爷拿起团子要吃但是团子掉到地上了，团子骨碌骨碌滚进老鼠洞里，老爷爷追着团子也进去了。故事里有"团子等一下你去哪里？""我要去地藏佛那里"的问答，大家都拿这个取乐。但是，这个故事有更古老的轮廓。一个是作为请老鼠吃荞麦饼的谢礼，受老鼠邀请，到老鼠的国度去的故事；还有一个是把饭团掉到老鼠洞里，追着进去，看到地藏佛在里面，就请地藏佛吃了，地藏佛为了感谢他，教他得到了鬼赌博的钱的故事。因为前者被称为"老鼠净土"，我们将后者称为"地藏净土"，照着这个顺序又把团子滚进老鼠洞的故事称为"团子净土"。老鼠净土的故事里有

① 傻女婿所喊号子拟声。

唱“要是没有猫的话”的捣饼歌的情节，所以小孩子也容易理解，并且很流行。但是，如果从自古就有的动物报恩谈看，有明显的夸张和笑话化。日本东北和九州的地藏净土故事中，也有地下仙乡谈令人怀念的原型，但是其他的大量例子都经过了无规则的改造。即便如此，其中一半以上仍然是荞麦饼、饭团之类，团子是在此之后才骨碌骨碌滚动起来的，这一点是确凿无疑的。简言之，这种现象无疑是团子这种食物的名称和形状还是一种新趣味的时代的产物，然而只要不清楚这两个故事什么时候出现，那么无论如何看起来都不过是远望群鸦如腾起的黑云一般捕风捉影的证据而已。不过，这一点实际上已经大致清楚了。

## 三

那么，第二个问题是，“团”或者“团子”这样外来的新词，在成为寻常家庭小小的供品之前，又甚至转而成为仅仅作为给人以慰藉的食物之前，把米或者其他谷物的粉末揉成团做成的特殊食物，可能会被冠以什么名称？实际上，我们认为应该是 michi。被写作汉字“粢”或者是“糍”的 shitogi 这一古语，显然是磨成粉的食物的名称，它和今天所说的饼之间恰好是非常相似的，然而最终却不再使用，这一事实着实令人感到奇怪。但是，这个词的成立原本就有一个条件，另一方面在饼的制法方面，也有着非常显著的古今变迁。这一变迁的关键，我想显然在于带柄的杵的发明。《和汉三才图会》[①]上称为“捣杵”、kachikine 等的现在的杵，并不是很久以前就有，恐怕是和唐臼差不多时期从国外学来的。即便不是这样，原来也应该是以大量精米为对象的杵，后来转用到捣饼上面，这一点从现在捣饼的臼小得和杵不相配就可以看出来。不出现装着横柄这种形状的杵的话，是没有办法将蒸好的糯米捣烂做成饼的。因此，就像现在在冲绳县等地那样，原本饼必须是全部由粉做成的。就我所知，在东京过去称为 tsukinuki 团子的，应该是保留了比这再早一个阶段的制饼法的制品。也就是说，将用粉揉成的团子用蒸笼蒸，待黏糯以后再用杵捣一次而成。“mochi 的米”这样的名称在《和名钞》[②]里已经可见，mochi 一词似乎和“鸟黐”[③]相同，为“粘”之意，但是并不能说自古以来就有和现在一样的饼。在用横柄的杵之前，即便做饼用的是糯米，应该也仅仅有一点黏糯，远比

---

① 《和汉三才图会》，由江户时代中期医师寺岛良安以中国的《三才图会》为范本编纂的日本类书(百科全书)，成书于 1712 年，105 卷。

② 《和名钞》，即《和名类聚钞》略称，平安时代中期所编辞典。

③ 鸟黐，读作 torimochi，在捕捉鸟或昆虫时使用的黏性物质，涂在树枝或称作“黐竿”的长竿上，以便将捕获物粘住。“黐”与“饼”的发音均作 mochi。

现在的饼容易咬断，不如说是接近扁平的团子那样的东西。我想，应该是后来既不是用庆贺时的红米饭作为原料，又是比牡丹饼①捣得更烂一点的新式的饼出现在世人面前，赢得了喝彩，人们才从此喜欢上了饼。

## 四

这观点在《食物与心脏》等文章里已经阐述过很多次，我所想象的饼最初的效用，与其说是味道，不如说是形状更加重要。其他的大多数食物，除了红薯和萝卜等二三例以外，都无法独立地做成喜欢的形状，只有饼可以大小方圆随心所欲，在供奉神祇和供人食用方面，能够将提供者的心意自由地表现出来。这一点恐怕是这种食品作为正式的供馔不可或缺的原因。为了这个目的，现代的饼也是煞费苦心。把“镜饼”②的腰做得高一些，为了让饼有光泽而尽量不

---

① 牡丹饼，糯米中掺入少许粳米蒸熟以后，以擂钵粗粗捣烂而成的团状食品，尚能依稀看到米粒的形状。在其外面裹上豆沙或黄豆粉、芝麻等食用。因裹上红豆沙而形似牡丹，且牡丹花在春天开放，故将春彼岸时供奉和食用的这种食品称为“牡丹饼”，而秋彼岸时，同样的食品则被称为“萩”。

② 镜饼，因制成扁平状圆形，与古代金属镜相似而得名。各地也有在祭礼时制作镜饼的例子，但通常指新年时制作，二重、三重由大到小叠放，用以供奉神佛的饼。

在上面撒上防止黏手的干粉，要做到这些必须请水平相当高的人来捣饼。与此相比，所谓团子不仅比较便利，更加理想的是，自古就有粢这种东西。粢的制法在全国几乎是共通的，乍一看无论如何都显得相当有古风。将洗干净的白米在水里泡一段时间，待到变软以后放进小臼里，用手杵，也就是不带柄的杵捣碎，随后在米还是生的状态下马上将之放在托盘上，即使不经过巧妙的加工也会自然形成镜子的样子。但是，在今天的生活里，仅仅如此是否能够被称为做好的食物，还确实是有点问题。这种看法与生吃大米习惯的消长大有关系。日本人的牙齿，由于某种很糟糕的理由，近世以来突然变得不好用了，义齿、金牙之类越来越常见。尽管"嚼米"这样的说法还留在记忆中，但让人意识到这一点的机会正在逐渐消失。这恐怕不仅仅是因为各种柔软的食物越来越多。只有在播种和收割的日子里才有的炒米做法中还残存着一点形式，但是哪怕没有不准嚼生米这种规定，抓起生的大米放进嘴里的做法，即使在农村都已经很少见了。这样一来，生的粢是否仅仅供奉给神祇，也许又会成为另一个疑问。

# 五

粢这个名称，现在有几种方言的说法。尽管我也想去了解一下飞驒地区是怎么说的，但信州往越后方向地区一般称之为 karako 或者 okaramochi，美浓到东海道一带则称之为 shirakomochi，其附近又以 shiromochi 为普通叫法，因而我想，飞驒的叫法很可能是这两者中的某一种。白饼这种叫法确实非常得当。因为，这种颜色的东西在其他的饼类里是没有的。做这个是在旧历十月的送神、冬春两度的山神祭等期间，不是为各家各户的享受而做的，但也因为儿童有着旺盛的好奇心而决不会对它不屑一顾。孩子们嘴边都是白色，一边吃撤下来的供品一边到处跑的事，现在也曾听说过。但是，大多数成年人会把这些粢带回家，或者烤了吃或者煮了吃。在奥羽，“粢”这个词还在使用（阿伊努也说 shittogi），又或者 namasutogi、nishitogi 的说法也经常能听到，因此说不定这里会把这些当作寻常食物做了吃，然而其他地方即使偶尔会有相同的说法，也只是将其作为极其限定的意义使用。例如，在建房子时上梁的日子用来抛给众人的饼，有人去世时马上做出来上供的团子等，哪怕做法已经变成现代风，但是仍然称之为粢的地方在全国各地还有很多，也有一些地方失去了原来的发音，出现了 hitogi 或者 shitomidango 等说法。现在没有柄的手杵和小臼已经很少见了，都市里的小孩大概只能从月兔的画中得知，若非如此则大概只能从某些家纹①之类看到没有横柄的杵，一言以蔽之，这是《和汉三才图会》时代以后不到两百年间的变迁，其主要原因是石磨的普及。如果再细说的话，这是被称为“石磨精凿”的，也就是用一种带刃的铁凿去凿刻石磨的磨齿的工匠，在农村的角角落落巡回的结果。豆腐等的流行也差不多与此同步。

## 六

关于这一点，我也一直想知道飞驒的山村里的实际情况是不是符合这个推测。石磨会在将药材磨成细末又或者在调制茶粉时使用，它在日本可能在相当古老的时候就已经存在了，但被用到各家各户的食物调制方面，是有条件的。实际上，在离岛和九州外侧海岸等地，现在人们即使知道豆腐，在家里备有石磨的例子也还是很

① 家纹，表示家族的纹章。家纹的制定由各家各户自主进行，没有特殊规定，但未经许可使用别家的家纹可能会导致纠纷和摩擦，因而在制定家纹时会考虑与别家的家纹之间的差异性。

少见的。《炭俵》的连句①中，有一段著名的接续：

到对面家里向男主人打听江户的情况　　　芭蕉

轮到我家的唐臼先借他家用　　　野坡

四方传来十夜法要的钲声　　　芭蕉

因为前句讲到对面家的男主人，最后的受句讲到十夜法要②，可以推测这里的唐臼应该是用来磨粉的磨。也就是说，即使到了那个时代，中央部的都市里也并非家家户户都有石磨。如果在现在的辞典里查“kara 臼”这个词的话，并没有包含这样的石磨。一般被称为“地 gara”的嵌入地面上的捣臼，《续猿蓑》中也有：

踏碾一石唐臼里的精米　　　沾圃

从这句看，当时已经将埋入地面的唐臼称为“地 gara”了。此外

① 连句，俳谐用语，与古称“俳谐之连歌”同义。

② 十夜法要，净土宗的秋季念佛修行，10 月至 11 月之间在全国净土宗寺庙举行的念佛会，亦称“御十夜”“十夜讲”“十夜念佛”等，正式名称为“十日十夜法要”，原为从旧历 10 月 5 日夜到 15 日晨为止，为期十日十夜的法会。

还有一说，谓带有手柄的脱壳磨，因为是用于磨脱谷壳的，所以被称为“壳臼(karausu)”①，但这些根本不能作为线索。无论这两种唐臼中的哪一种，前者不用说是无法借来借去的，脱壳磨出现在市镇里又无法想象，而另外还有一种小型的石磨也有同样的叫法，因此起句里所说的应该是这种小型的石磨。因为上面所说的这些磨通过转动研磨这个根本法则，都与原来的捣臼不同，所以无论大小都被通称为“唐臼”。所谓“地唐”也就是地唐臼，虽然系统不一样，但是因为都有不用杵这个特征，所以它被冠以“唐”这样的词也甚是合适。②

## 七

用捣臼制粉一事，现在想起来是很麻烦的工作。像粢这样湿的粉的话，可以用水先把米泡软，黄豆粉、炒米粉那样加热过的食物也还算容易捣碎。荞麦之类可以压碎的也还容易处理。但是，要把生米、生小麦制成粉储存，在需要用的时候拿出来用的话，没有磨

---

① “唐”与“壳”的训读发音相同，均为kara，故有此说。

② 在日语中，“唐”通常指从中国传入的事物，但同时也指与原有事物不同，具有一定先进性的事物。因此，柳田认为所有转动磨的磨，由于较此前靠捣研磨的臼先进，无论大小，都被通称为“唐臼”。

的时代基本上是难以指望的。因此，所谓偶尔吃的嗜好品，需要女性相当长时间腰酸背痛的准备。精刻石磨的工匠进村的时代到来以后，石磨立即就被视为重宝，手杵完全成为兔子的手持之物这种事，也就可以想象了。关东地区人们对于粉类的需要，即使有了石磨也无法满足，于是出现了制粉的生意，在配“丰年万作”舞①的歌里和各个村落的磨粉歌里，制粉作坊老板的女儿都成了受欢迎的题材。

mako、shinko 之类词语通常作为米粉的名称，被称作“绢筛”的筛孔极为细密的筛流行起来，甚至登上了书名，都体现了现代制粉界改良的第一步。同时，也意味着历史悠久的粢文化的衰退。可能只有在很守旧的家庭里，唯独祭神用的饼是遵循古风的，还用生粢制作而成。但在另一方面，当将粉揉捏再蒸制而成的这种体面而又美味的饼被做出来以后，它的食用体验好，现实中在祭祀仪式之后的宴会上使用起来也方便。如此一来，原本似乎至为重要的杵和臼，已经变成无须家家必备之物。在某些地方人们还会用榣木，也就是小杵类的东西把米磨碎做成粢。这样一来，杵和臼被保留下来的价值就越发减少了。

---

① “丰年万作”舞，江户时代末期到明治时代流行于关东地区的民俗艺能之一，在聚落镇守神的祭礼上，以神社的拜殿、境内或农家为舞台，由当地善于表演的年轻人所跳的祝贺丰年的舞蹈，偶尔也会请流浪艺人参加演出。

# 八

我们几乎可以确信，饼和团子有今天这样明确的区别，简单地说是始于杵和臼的改革。在此之前，两者应该制法相近，味道也很相似。我想，从名称的角度来讲，mochi 并不一定限于用糯米制作的食物，又或者并不一定只有将粢烤过或煮过，令其容易食用的食物才能被称为 mochi。之所以这样说，是因为即使是生的米磨成的粉，也完全可以吃。据说有饼刚打好当天绝对不能烤的说法，此外还有在正月头三天禁止将饼烤了吃的习俗。实际上，把生的食物向神供奉而人则只能吃烤过的食物这种事，在今天的神道祭祀仪式里也许是被认可的，但是至少和民间的节庆供奉思想，也就是神和人用相同肴馔的习惯是相反的。但是，因为粢也有"湿打"①的说法，我想可能是因用水浸湿的意思而得名的，而至于 mochi 的词源则至今尚未明确。因为在古代有 mochi ii 的叫法，恐怕有人会认为 mochi ii，也就是今天的牡丹饼之类的东西，就是过去的 mochi。但是，即

① 湿打，日语读作 shitoutsu，故有粢（shitogi）与湿打都得名于浸湿（shitoru）之意的说法。

便假设如此，仍然无法回答 mochi ii 里的 mochi 是什么。不仅如此，饼在中世以前应该就有了一定的形状，而且其性质已经明确为供品。但从这一点看，饼与饭、红豆汤同时出现，如此则饼属于饭的一种的推测就有点奇怪了。在能够找到一个令人安心的解释之前，我们除了继续不断地像江马夫人一样坦率地表达自己的疑惑以外，别无他法。

（昭和十二年三月《飞驒人》）

# 饼、臼与擂钵

## 一

因为我的研究着手较晚，加上这个问题太过广泛，还未能达到将整体倾向整理成一篇文章的状态。只能将其中认为比较重要的若干事实，稍微按照顺序进行叙述，若能为后学省几分劳力，便应先以此为满足。这个标题略为有些出奇，是为了使一个自古以来被当地忽略了的生活上的大问题，能够得到更多经济史家的注意。

食物的变迁，我们日本人的饮食与前代相比有了怎样的变化，要知道这些首先必须从明确“晴(hare)”与“亵(ke)”[①]的区别入手。因为，不管在哪个民族，这两者正在逐渐混同这一情况，是近世以来的最主要特征。晴与亵的对立，在衣服方面应该是特别显著的。“晴衣”这种对体面衣服的称谓现在尚存于标准语中，“亵衣”(kegi)这种对平常衣服的称谓在对马、五岛、天草等九州的各个岛屿仍然作为方言在使用。也就是说，这一词语仍然部分存在且具有功能，同时两者之间的界线又正在逐渐被遗忘。例如，icchora[②]这个词，是从“一挺蜡烛”这句玩笑话而来的，意思是无论特别的场合还是平常日子，都是这一套衣服，但是没有人知道为什么会这样说。“无论晴亵”这个说法本身，也只有老人还在使用，而且已经搞错了发音和意思的地方并不少见。[③] 而我们也直接将旧了的体面衣服当作平常衣服使用。相比之下，食物方面还保留着事实上的少许差异。

① “晴”与“亵”由柳田国男提出，是日本民俗学用以把握生活与文化的一对重要概念和学术框架，其意义与中文的字面意义不同，在中文里也没有完全对等的词。为方便读者理解，本书在翻译时根据上下语境，将“晴”译作“体面、特别”等，将“亵”译作“平常、普通”等，但在这两个汉字作为复合词的构成部分时，为体现柳田国男的论述逻辑，有的地方会直接使用，不作翻译。

② icchora，即“一张罗”，是对每次需要体面打扮时必然会穿的唯一一件好衣服，或几乎每天都穿的同一件外衣的讽刺说法。关于其词源，有来自表示只有一根的贵重蜡烛“一挺蜡烛(icchorosoku)”讹误而成的icchoro的说法。

③ 原文中的表达为，很多地方已经将原本为“无论晴(hare)亵(ke)”说成“无论天(ten)晴与否(harya)”，原来的意义和发音都已经发生了错讹。

我们在特殊的时候坐在“晴”的餐食前面，平常的日子吃的则是“亵”的饭食。也就是说，通过观察这些眼前的事实，我们就能从中找到年深日久的习惯的痕迹。

如今都市里的宴会几乎全部都在外面置办饮食，又或者是户主一个人外出参加宴会，此外再没有其他“晴”的餐食的场合，家中其他人每天都是以东京称为“惣菜”的各种副食佐餐，家中几乎不再有“晴”的餐食。与此相反，乡下不仅在正月和盆等重要节日里，而且在大小祭礼和休息的日子里，都会吃被称为 kawarimono 的、与平常不同的食物。因为平常日子里的饮食都尽其所能地简素，所以家里的男女老少都期待参加这种饮宴。也就是说，举办与平常不同的“晴”的饮宴的机会，如今在乡下仍然有很多。“节供”一词本来就是指这种饮食。所谓“供”指共同饮食，也就是全部家人和神、祖灵一起飨宴，“节”则是指特定的时刻，也就是不同寻常的日子。osechi 作为过年餐食的名称保留了下来，在有的地方则意指饼。在这样的“晴”的饮宴之时，所穿的衣服也是体面衣裳。因此，体面衣裳也有被称为“吃饼衣裳”的例子。

若从天数和回数方面讲，平常饮食的日子一年有三百天以上，以朝夕两餐计算的话则有近七百回，若是非常贫困之家，则体面饮食的回数会更少。论经济上的重要程度，平常饮食无疑高得多。世间众多学者的食物论皆以此为目标，也有其道理。但是另一方面，若说体面饮食的重要性，则在于宗教性的意义上。与我们的精神世界有很大关系的，基本上都是体面饮食中的食物。不仅如此，事实上这些食物还对整体的生活样式，有不为人知的影响。相关的史书文献流传至今的，通常仅限于这一部分。料理一词指的是对体面食物的调制，《料理物语》①之类的记述里并没有涉及日常的饮食。因此，当今的经济史家，也就是想根据古文献去了解食物历史的那些人，自己首先就不得不受到体面饮食习惯的影响。将问题的重要性放在平常食物上，而又从非常食物的记录里寻求用以究明这一问题的史料。现代的学界在这个最为痛切的消费经济沿革问题上，之所以还有很多无法告诉我们的问题，一言以蔽之就是因为方法的谬误。有鉴于此，我在这里再次提到放在眼前的这些文献以外的资料，也就是以我们自己的眼睛和耳朵直接观测、听闻的社会事实，让它们去叙述自己的历史。

## 二

体面饮食形式瓦解的理由，可以举出几个重要的方面，但是首

---

① 《料理物语》，江户时代的代表性烹饪书之一，以仪式食品的菜谱、礼仪等为中心。

先引人注意的是，在体面饮食与日常饮食之间，出现了与两者都不相属的东西。hiruma，也就是午餐对我们而言变得寻常，所谓一天要吃三顿饭，这一点是最大的变迁。此前的饮食朝夕两次这一点，江户时代的学者也有所阐述。奥羽常说的“一杯”，九州所称的“一合”，都是今日容积的二合五勺①。这毫无疑问是将每人每日五合的俸禄一分为二，朝夕分别食用的痕迹。很多农家里都有日本关西称为 gebitsu、东北称为 keshinegitsu 等的米粮柜，里面都放着可盛与此差不多分量的瓢或者旧木碗。主妇拿着这个量器，一边想着家里劳动的每个人的名字，一边量米，就没有必要进行乘法的心算了。就这样，日常食物的管理，用比今天远为简略的方法即可进行。

所谓 hiruma，原本是“饷”，也就是需要运送的食物的名称。现在有很多地方，为与在家里吃的午饭相区别，仍然将插秧等日子拿到室外去吃的食物称为 hiruma。恐怕这是只在某种特别工作的日子里，才会做这种食物去犒劳在田里劳动的人的习惯逐渐扩展的结果。而且，随着剧烈劳动的日子越来越多，不仅一天必须

① 勺，“尺贯法”的容积单位，十勺为一合。关于“尺贯法”和“合”，参见本书第一篇《木棉以前》中的注释。

要吃三餐，春末到夏季之间还要在上午和下午各送一次被称为 kobiru 的小午餐。总计一天至少饮食五次。这些显然不是上代①的旧习惯。

小午餐在各地都是上午十点左右，下午三点左右供给。关东一般称之为 kojuhan 或者是 kojihan 等，像日本东北地区的秋田县那样，也有很多地方照旧称之为 kobirimanma。越中方言则称 kobore 或 nakama。nakama 即是中间餐之意，因为在九州的萨摩南端有 nakanma 的说法，可知这是一个相当古老的名称。山阴地区②一带将这种饮食通称为 hashima。hashima 和 hasama 的意思都是指两餐之间的餐食，然而从有些村落称之为 kobashima、kobasama 来看，可以推测和前面的小午餐一样，hashima 原来意指现在的午餐。也就是说 hasama 原本是朝夕两次的日常饮食之间吃的东西的名称，而在午餐成为定例以后，进一步转化为不仅指午餐和朝夕两度餐食之间的饮食，如今九州北部等地，被称为 hasagui 或者 hadagui 的，已经只意味着零食和十时的间食了。在近畿和其周边诸县的 kenzui 一

---

① 上代，相当于上古时代，指从有文献记载起至大化改新(645)或平安迁都(794)为止，文化史上则指飞鸟时代(592—710)、奈良时代(710—794)和平安时代(794—1192)的总称。

② 山阴地区，本州西部面向日本海的地区名，位于中国地区山地以北，包括鸟取、岛根两县及山口县北部。

语，正如《闲田耕笔》①已经注意到的那样，似乎是由僧人创制的“间食”的吴音，但这个名称在东国的农村除作为小午餐之意使用外，与在市镇里给儿童吃的nanzo意义相同，在中国地区和九州的很多地方，kenzui和kenji则仅指在工程之日供给工人或帮忙的人的酒食。即使言语犹存，内容也已经发生了变化。

上述五次饮食以外，还有夜餐。这不仅是供做夜工的人食用，还提供给因为各种吉凶之事而直到深夜还不能睡觉的人。与白天的间食或者hinaga相对，夜餐被称为yonaga，其汉字应该写作“夜长”。肥前的岛原半岛等地似乎还称为yonagari。这是一个略为奇特的说法，究其起源，恐怕是模仿了早餐的asagari。agaru则是从劳作的田地里上来，也就是休息之意。无论多么繁忙的日子，到吃饭的时间也要休息。由此，吃饭也开始被称为agari。asagari一词，无疑是当时在早餐之前已经劳动了一段时间的痕迹。很多农家因为做早工，在刚起床时还会另外吃一次间食。这次间食和夜餐加起来，全天总共就有七餐。这次早上的间食，陆中远野似乎有将其称为asanagashi的古语，但是现在全国几乎都同样称之为ochanoko。

① 《闲田耕笔》，江户时代后期学者、歌人伴蒿蹊（1733—1806）所著随笔，4卷。

ochanoko的材料非常简素，有时会是前一天晚上剩在锅里的饭，东日本一般会为之准备烧饼。将稗、荞麦粉或碎米磨成的粉之类加水，揉成大个的团子，塞进火塘的灰里烧，取出来掸掉灰，一人分一个。在山村里，姑娘小伙子会骑在马上嚼着烧饼去割草。江户以前应该也有过这样的生活，当表示轻松的工作或很小的苦劳时，会说“这种事不过是朝饭前罢了”或者“这种事不过是茶子罢了”。也就是说，“茶子”就是早饭之前的一次饮食。

茶似乎是农民最喜欢的东西，把上面的 hashima、kobasama、kojuhan 称为茶的地方非常多，两顿正式餐食之间的时间，萨摩称之为 hitokomancha 等，而当仅称 chadoki 时，指的是下午三点或上午十点。虽然被称为茶，但是一定会伴以固体的食物，而且如果只是渍菜之类咸的食物的话，劳动的人们是不会答应的。被称为 okeja 或者是 ukeja 的食物，日本海一侧的越后或者出云，太平洋一侧的纪州的熊野、备中等地均有分布。有的是炒米和红薯同炊，又或者是红豆饭、茶饭之类，无论在哪里指的都是调好味道的饭。就是这样，一种食物被发明并广泛推行了起来。除一大早的所谓茶子以外，其他的间食都被称为茶。在东京，也必定会向工匠提供这种茶。在很多地方，这种说法进一步拓展开来，简单地招待客人的做法也被称为茶。在东日本，人们主要称佛事时的小型宴会为茶，在九州则像寿宴、婚宴等吉事，也以茶招待客人。虽然茶树由外国输入的说法是错的，但是至少茶的饮用是从中世以后才开始的。因此，这个名称显然不是固有的词语，由它所代表的这种频繁的饮食，恐怕也并不比茶本身的出现更早，促使两者出现的原因应该都是新起的事物。

饮食回数的增加，与营养量的增加，不用说并无关系。以前仅供朝夕两度的食物，可能也会被分成五次、七次食用。让我们先思考一下大吃一顿可以在肚子里攒很长时间的能量这个问题。饱食一餐能撑很久和睡一觉能撑很久，以前似乎都曾经被视作壮年男子的优点之一，又或者被当作应该努力修得的美德。这种能力变得不再必要，恐怕是和平时代的恩泽。其次的可能原因是趣味，也就是人希望得到幸福的想法，以及劳动者的希望一点一点得到容许。最后是支持这种趣味使其成为可能的先例和社会习惯。以上这些，都可以通过饮食次数增加的事实得以窥知。习惯大多数是古老的，但并不是恒常不变的。由于某种偶然的机缘开始的事物，逐渐被人们所欢迎而被称为确凿的先例。无论如何，可以肯定的是，饮食回数的增加是新现象，而且其普及给我们的生活带来了意外的变化。午餐和小午餐原本是特定的日子的饮食，又或者是经特别调制而成的食物，因而虽然设置在平常时日，却给人以体面饮食一样的好印象。

再加上一个原因，这些食物都是允许分割和运送的，因而与其他的众多杂饷一样，渐渐从共同饮食的种种拘束中独立出来并逐渐发达，其结果是终于成为促进各家各户或是个人食物自由选择的动力。

## 三

原本食物体面与平常的区别，并不一定意味着材料的优劣。特殊日子的食物，也不一定都是美味之物，比平常日子更差的食物也会不时使用。例如，在水稻收割完成后的农神祭上，会有被称为土穗饼(tsuchibo mochi)或miyose团子的，是将劳作场所散落在磨周围的粉收集起来做成的团子作为食物；初夏的水神祭上，揉小麦粉做成boroso饼等。平常与体面两者之间的一大差异，只是调制所需劳力的量而已。keshine，也就是平时吃的米是一次大量地捣出来的，捣好后马上按一定量拌上粟、稗备好，每天从里面取出一点煮食。被称为awase或okazu的副食品也大多限定于不费时费工的东西，来来去去总是吃相同的菜。与此相反，在被称为"时节"的特定日子，必定会置办被称作shinagawari的特殊食品，所谓kawarimono通常是需要准备很多的食物。这项工作当然是由女性负责的。家中女性被重视的理由，最大的一点就是体面食物的生产和分配。在酒的历史方面，这一点已经得到确认，实际上关于饼或者团子的制作与分配，女性也有相同的功能。

要说明这一点，必须先就研磨加工食品 hatakimono 的沿革，也就是臼的历史进行整体叙述。在神代的记录中，我们已经可以看到在葬礼的日子里有舂女劳动的记载，而这个习惯今天在乡下依然有所保留。不仅仅在突然发生不幸的情况下，在所有预先确定好的祭典和祝贺仪式的日子里，原本就有在仪式前进行的研磨工作，所用的臼全部都是手杵(碾硙的引进相当古老，但是其用途似乎仅限于药品香料之类细致物品的研磨)。吉事的准备要用三支杵，也就是说有三名女性参与这项工作，因此与臼相关的民谣，全部都是作为手杵操作的拍子之用。所用的臼有大小不同种类，米麦之类，说起来从粗捣开始到经过精白，再到最后制成粉末，以前都是用捣臼的。脱壳臼的普及一般来说是比较新近的事，只有制粉方法方面，在有些地方一百年前就已经使用石磨。但是，从炒粉有 hattai 的说法就可以知道，过去是舂成粉末的。而如今在很多偏僻的地方，这种方法仍然在继续使用。

用臼将谷物制成粉的方法，似乎自古以来就有三种。其中最为麻烦的，是像现在的制粉工业一样将生的米麦研磨成粉末。另外两种与之相比则远为简单，也就是待米麦炒熟变脆以后再捣碎，以及先用水浸软以后再碾烂。日本东北地区有被称为 shiragome 的，即炒过以后研磨成粉再吃的米粉。津轻、秋田等地的白米是八月十五夜的正式供品，甚至在有的地方是不允许女性吃的。炒大豆的粉被称为 kinako，今天也还很常见，而为了做豆花汤 goshiru 或豆腐，至今也还在沿用水浸后研磨的方法。炒过以后再捣碎的方法主要多见于麦类，这是由于用其他方法难以调理，以及另一个重要原因，即这样做是最好吃的。这种粉有很多名称，其中 kogashi 是最广为使用的，而且早在《新撰犬筑波集》①里就已经有记载。这个名称在大和被讹误为 kobashi，在土佐则为 togashi。东京附近被称为 kosen，很多人以为是与香煎混同的结果，但也有可能是由 kogashi 转化而来的。它在过去的标准语里被称为 ichiri 或者 ochirashi，是因此粉容易泼洒而得名的，同时也说明这是以粉的状态食用的食物。

此外还有一个稍微有点少见的例子，淡路有一种被称为 wakato 的、正月初八的特殊日子里做的食物，其做法是将米和大豆混合起来炒过以后再磨成粉，是专门用于供神的。其他地方的人们很少听

---

① 《新撰犬筑波集》，室町时代后期俳谐连歌撰集，撰者山崎宗鉴（？—1554），成书于 1524 年，1 册。

说这种食物，但是现在被称为 oiri 的女儿节的节供等，其做法是将豆子、米粒和霰饼一起炒，在这一点上它们是相似的，两者之间的差异，只不过是将臼的角色，让给了各人的臼齿而已。这样看来，滋贺县北部等地将小麦的炒粉称为 kamiko，以及飞驒将炒过的米称为 kamigome①，这两个说法彼此相似并不是偶然的，可以推知它们在以前都是仪式中使用的食物。

## 四

炒粉做好以后，不马上品尝的话，味道就会变差，这可能就是这种食物原来限定在特殊日子里使用的原因。与此相反，将生的谷物捣成粉末储存则便利得多。正因为这个原因，它们被作为平常食物使用。在石磨广泛使用之前，小麦反而不适于磨成生的面粉，主要是碎米之类不能做饭的米，其次是荞麦等被大量地磨成粉末。从山上采来的葛、山芋头、蕨根之类，以及红薯、马铃薯等栽培的根类作物，虽然人们会利用其所含水分进行粉碎，但因为后来是干燥

① kami 即“咀嚼”之意，因此，柳田认为 kamiko、kamigome 的 kami 表明这些食物与前述炒过以后磨粉供神的 wakato 和女儿节时炒过以后直接嚼来吃的 oiri 一样，曾经都是仪式食品，其差别只在于先磨成粉以后再吃还是直接用牙齿将其磨成粉而已。

储存的，所以也可以归入日常食品。生粉的调理方法有两种，其中一种是直接注入热水搅熟。三河北部被称为 kashiageko 的，越后的中蒲原一带被称为 koshimochi 的似乎也是这种，一般是被称为 kaimochi 的荞麦才会这样吃。但是，像我们的葛汤的做法那样，只要是可以简单地做好的，无论什么都是这样搅拌着吃的，因此 kaku 一词似乎是搅拌的意思。关东的山村里被称为 kakko 的是荞麦糊，而冈山地区的乡下被称为 kakiko 的，则是米粉用热水搅拌，和煮红薯一起食用的食物，据说是在米饭不足的突发情况下做的。奥羽的八户一带被称为 kakke 的食物，其名字的由来应该也是这样。现在是揉好以后再煮一次，不过是食用方法略有不同的荞麦面团罢了，但原来应该是搅拌着吃的，因此才会称之为 kakke。

能登的 kaigo 是由三等以下掺有谷糠的粗米磨成的，据说是用来做团子的，但是因为它被称为 kaigo，到底还是指揉成团以后再煮的烧饼所用的粉。将揉好的团放进汤里再煮一次，在伊势还是被称为 kainokojiru，这也和奥州的 kakke 一样，是后来调制方法稍微改良而成的食物。虽然很多食物史学家都忽略了，但是谷物粉末的消耗自古以来就相当之多，尤其是小麦粉，自从可以用石磨研磨，农民的食品就发生了变化。在信州北部被称为 tsumeri，在关东被称为 miire 的，通常是将粗米碾成的粉加水揉捏以后，投入汤里煮的食物。关西将其称为汤团子，又或者简单地称为 shiruwakashi，很少农家在冬天里一日三餐不以此充作其一的。但是，因为这种食物实在太过平常，而且不足以成为公众的话题，因而没有被记录在书籍上，人们也把这当作仅在自己家乡才有的偶然之事。如果只是作为过去贫困生活的痕迹的话，那么也许忘掉它也是一种幸福，但是伴随着这些事实，我们还能够获得很多新的知识。至少有必要思考一下，为什么这种类型的惯行会发生，而且这样遍布全国。

大抵日本人在生活中的饮食方面，看起来是非常喜欢变化的。仅仅从现代多种多样的饮食品目来看，有明确引进和选择历史的食物就有很多。可以确认某种东西是自古就有的。例如，与十代以前的祖先世代相同的情况也许会有，但是就在我所见的范围内，是完全找不到的。为什么饮食方法会有如此剧烈的变化呢？是本来就不断变化而无法阻挡的吗？还是进入近世以后古风急剧消失了？如果是后者的话，那又是什么缘由呢？食物是人活着这件事最为重要的外在表现。仅这一点就有这么多尚未解决的问题，如果大胆地匆匆忙忙进行概括，其顺序将会是非常糟糕的。即使稍微有些麻烦，我认为归根到底还是有必要从根本出发，逐渐建构真相。

近世的一个显著事实，我想是石磨的使用普及后，将某种东西制成粉末的工作变得大为容易，因而将其储藏起来作为平常日子吃的平常食物就成为可能。这些食物和以前的由粉制成的体面食物之间，很多在形状和味道上并没有什么明显的区别，既然不再难得也就不再让人心怀感激。其结果是，这种变化成为两种食物自古以来的分界变得模糊的原因。如果要就此举一个我注意到的例子的话，《全国方言集》里记载，在宫崎县的某个地方，食用米被称为 dewa。在其他地方没有听说过这种说法，这一词语的意义也难以把握，但是在《壹岐方言集》里，作为该岛的一种常食，将芋头和谷物的粉末在锅里搅拌而成的食物被称为 deiwa，至少这两者的起源似乎是一致的。而且，类似的补充食品的方法，在其他地方也被广泛使用。在伊豆的新岛被称为 neriko 的，是对将红薯的粉加在米麦饭中搅拌而成的食物的叫法，而这应该是红薯传播到这个岛上以后的变化。在山梨县东部的山村里，用荞麦粉和南瓜糅合而成的食物被称为 oneri，而同县西北角的农村，则称使用高粱粉的食物为 oneri。也就是说，该名称并不是以原料为依据的①。秋田县河边郡的 nerigayu 用的是秕米的粉，供午餐之用，而三重县的 nerige 则又用的是荞麦粉。这个地方流传的揉茶歌里，有以下歌词：

① neri 为“揉捏”之意，不同地区、不同原料的食品均有 neri 的说法，说明这些名称是以加工方法为依据，而不是以原料为依据的。

志摩的姐姐们吃什么长肉？

吃荞麦 nerige 就盐渍鱿鱼，

说着好吃好吃长的肉。

这原本是穷人自嘲的歌，但同时也意味着以前曾经有过靠这种食物减少大米消耗的必要。此外，这种食物即使是在繁忙的劳动日里也能够准备，这是因为制粉法的进步，同时也体现了我们祖先的才智过人之处。尤其是，这些食物当中，可能很多是在荒年等极度缺乏粮食之时才会试着去做的食物，但是在制作不简便的时代，是无法在平常日子里使用的。蕨根饼、葛粉之类，现在也只是在饥馑之时制作食用，过去也没有被编入一般常食的资料，却反过来作为各地名产而被加以改良。简言之，是否费工费时，正是两种不同饮食的差异所在。

## 五

在这个意义上，所谓面类，至今在村落里仍然是特殊日子里食用的食物，它比一日三餐更加容易制作，即使是在都市里也并不算古老的风习。而且，一般这种风习产生以后，会立即成为都市的一大魅力所在，其原因也和饼、团子等一样，是得益于简便的石磨的普及，而古风重且规矩多的乡下生活难以战胜外部影响的原因也正在于此。在日本东北地区如今被称为 hatto 的食物，主要是以荞麦和糯米混合制成的饼为原料的汤类，由于其成品和关西的 hattai 完全不同，两者的意义都是研磨加工食品这一点已经被遗忘了。① 在栃木县东部则被称为 hattojiru，甚至有因其太过美味而禁止在饥馑的年份里食用的规定，因而被称为法度汤②的解释性传说。但是，这一名称和调理方法相当古老，而且广泛分布。例如，信州和下伊那方向有 hatto 一词，只是在其中的川上到甲州的盆地被称为 hoto。我想 hoto 可能是现在切得很细的荞麦面的原型。因为 hoto 虽然是用刀切的，但还是切得较粗，当中也有像搓绳子一样用手搓成细长形，吃起来更方便的东西。其中，和红豆同煮的食物被称为 azuki-boto。三十余年前在三河的渥美半岛，我受到款待，听说它被称为 dojojiru 而深感吃惊。正想着少见的名字也是会有的，又听说在佐渡岛把荞麦面加入味增汤，也被称为 sobadojo。《佐渡方言集》中写道，这种叫法的原因应该是其形状与泥鳅相似。这也是有可能的，

---

① hatto 和 hattai 均来自表示研磨的 hataku 一词，后文的 hoto、hotori 等亦同。boto、botori 是 hoto、hotori 的浊音化。

② 法度汤的发音与 hattojiru 相同，因而产生了这样的解释性传说。

但恐怕还是因为不明白 hocho 一词的意义。在三河的山村里，与此相同的食品被称为 sobabottori，是山神祭时不可或缺的供品。这也是 hoto 讹误的结果。古川古松轩①的《西游杂记》中记载道，九州丰后的某些地方，将小麦粉揉好加到味噌汤里而成的食品被称为 hocho。而关于这是从大友氏的时代出现的食物被写作鲍肠的说法，恐怕也还是类似于与泥鳅看起来相同故而得名的过度解释。无论如何，在用石磨去磨生的粉这种做法普及开来、粉的储藏因而成为可能以前，这是相当麻烦的调理方法。它成为各家各户补充食品的一种，或者成为饮食店的商品，在器械进步的同时，也造成了晴和亵的饮食混乱。

如果是在临近使用时才新调制的粉状食物，就没有特地花工夫去捣碎生的谷物，或者特地炒过令其变脆再捣烂的必要。只要从一开始就用水浸软再捣烂就可以了。因此，过去在特殊日子里使用的特别食品中，加水制成粉末的第三种研磨方式的使用，远比今天多。在引入石磨以后，大豆等也更多的是被磨成浆，除了做成豆腐以外，还有各种用途。似乎只有荞麦是生来就容易制成生粉的，此

① 古川古松轩（1726—1807），江户时代中期地理学者、兰医，冈山人，游历各地进行交通、风俗、物产、史迹等调查，著有《东游杂记》《西游杂记》等。

外为了保持香气不用水浸泡它。其他的谷物除了以粉状食用的以外，大多都会被磨成浆。在没有磨的时代应该更是如此。其中大米自古以来就尤其需要研磨成浆的原因，是需要在磨里加水去调节米浆的软硬，有时还会制成稍微接近液体的粉浆。不用说，也可以在磨成粉以后再加水调稀，但是过去都是在磨里完成这项工作的。虽然还没有找到相关记录，但是我想这应该是一种大米的正式食用方式。现在还保留这种食用方式的只有将粉浆用布包起来，以便母亲在奶水不足的情况下让婴儿吮吸，这种做法在各地有各种不同的叫法。除此以外，大抵只是向神灵供奉，人已经不再吃生的米粉，但作为仪式上的食品还有大量做法将其保留着。因为这些做法已经开始被遗忘，所以必须将其名称采录下来。岐阜县的海津郡等地，这种很稀的米浆的一般名称似乎是 namako。在淡路岛被称为 sirotoage 的也是这种东西，正月时磨好，以槲树叶浇在神坛或者佛坛上。在能登的穴水地区，这种米浆据说被称为"人根"，在旧历九月十五日的地藏讲当天，将裁成七寸左右的稻秆用带脚托盘承载，再将用白米磨成的糊浇在上面。这种"人根"的叫法很少见，而我也不知道这样的做法为什么被称为"人根"，恐怕有必要探究一下。在福岛县平市附近的村落，同样的米糊被称为 onori。它也是在九月秋收以后的币束祭上做好，和饼一起用于供神的。在祭祀结束后，乌鸦会将这些米糊吃掉。将神供抛撒给乌鸦的习惯，在正月的东北广为流行，有的地方在秋天也有同样的情况。嘲笑肤色黝黑的男人穿着白色袜子时所说的“脚就跟乌鸦踩了白色米糊一样”之类的俗语，在知道这些背景的人听来格外好笑。

信州川中岛地区二月八日所做的chiugimochi之类，虽然被称为饼，但是看起来极为柔软，在这一天有孩子们拿着它到处转，涂在道祖神石像的脸上。有些地方有被称为甜酒地藏或者moromi地藏的，当地人把甜酒或者醪糟浇在路边的地藏像上，其臭味令人掩鼻，但是流传着如果洗掉就会遭灾之类的说法。虽然材料不同，但上面说的是同一种信仰。以羽后的神宫寺道祖神为代表，在祭典当日把米粉撒在神体上之类的做法，在干燥的米粉不容易得到的时代，应该也是浇米糊的。同样的习惯在日本东北地区，尤其是旧南部领，在盆的墓祭上也能看到。因为和其他多种食物一起，将白色的米粉和成液体洒在墓地周围，所以当地称这种仪式为hokai。hokai原本是食物容器的名称，也就是汉字“盆(瓫)”的和语。在中部以西，作为这种白色稀米浆的替代品，将注入水的钵供在盆的精灵棚上，将千屈菜的茎洒在供品上，在扫墓的往返路途上也将这些水浇在路上。钵中的水里还会放入将茄子、豇豆等细细切碎的碎末和其他东西，有的家庭还会将米粒预先放在里面。这些被称为“水之实”或“水之子”。上面这些做法的起源应该都是相同的。关于为什么会有这些做法，虽然现在已经完全没有人能够说明，但因为都以供养祖灵为目的，可见这些原来都是特殊日子的食物，而人的嗜好发生了变化，不再食用它们，它们却仍然照原来的形式被供奉给祖先。也就是说，日本在特殊日子里的饮食方面，也存在着随时代变化而变化。对本国的固有之物，或是被认为和过去一样的食物，我们并不能轻易地就说自己了解。

## 六

将米在水里泡软以后，再用臼捣成粉这种做法的第二个方便之处，在于以此方法可以做成各色物品的形象。今天说的所谓 shinko 工艺，就是用米磨成的粉经煮熟制成的。但是，如果过程中不用油的话，粉就会粘在手上无计可施。然而，如果用水磨生粉的方式去做，因为要用到水，使用起来就方便得多了。我认为这是所谓“粢”从一开始就具有的特征。在日本人的食物中，见于最早的文献，同时在北海道的原住民中也被采用的，就是“粢”这一名称，可以说它直到近世都还在被使用。但是，日本人却意外地很快就忘记了这个名称的意义和内容，又或是它和饼之间的关系。即使偶尔有地方在用这个名称，但是因为它的使用只在某个特定的场合，所以人们并不会注意到它是普遍的前代生活的残存碎片。无论哪里都只是把它当作自己本地的方言名称，为在标准语里寻找并不存在的对应译法而煞费苦心。这种现象本身就是惊人的变迁。

现在仍然在用“粢”这一名称的大多是古老的神社，每当举行祭礼时，这个词语就会出现。例如，在越前敦贺郡东乡村的诹访社，粢是用三合三勺米做成的三个圆形的饼。虽然被称为饼，但应该是用水和米粉做成的固体。熊本县北部只有上梁仪式里抛掷的饼才被称为 hitogi，它已经仅仅是纯粹的饼的一种称谓了。能登北川村的诹访神社为九月二十七日的祭礼所做的 hitomidango 似乎也是 shitogi 的讹音，但是这里所做的已经是现在所说的团子。在日本东北地区，则有宫城县北部各村落的 oshitone，它们在九月九日的节供上以新米制作，是用生的粉加水和成的固体。岩手县则一般称之为 shittogi，在送风神的日子里做了将之包进稻秆束里的食物，这种食物被当作供品，又在山神祭时，涂在田畔竖着的马型木札上。在青森县的八户地区，同样用于向神上供的 namasutogi 也是这种食物。因为人们现在是将这些食物烧过或者煮过才吃的，所以特别将这些称为生的粢。过去人们也是将米粉生吃的，这和嚼食生米的习惯也有关系，但不知何时嗜好发生了变化，后来形成了其用途仅供参拜神佛的认识。

因此，即使不再用粢这一古老的词语，其实物仍然在很多地方广为制作。现在最广泛使用的名称中，与“粢”相当的有shiromochi、shiramochi 又或者是 shirokomochi。因为生的粉比烧过或者煮过的饼看起来白得多，所以成年人极少生吃，但是孩子们仍然像过去一样珍而重之地讨来吃，吃后嘴角雪白，欢欣雀跃。在本居先生的日记里可以看到，伊势松阪一带送山神用的装饰人偶中，有被称为“吃白饼”的。在秋末送神的日子里，这是不可或缺的神供。在三河的半岛某地的祭礼中，有小孩模仿着乌鸦的叫声讨这种饼吃的风俗，因此他们在当天被称为“乌鸦”。这应该与前面所说的石城郡让乌鸦吃米糊属于同一风俗。白饼这一名称分布在东海道诸国到纪州之间，九州北岸的各个岛屿称之为 shiramochi，阿苏的山村也称之为 shiramochi，与此同时，秋田县的鹿角地区等也有 shiroko dango 的叫法。从其分布如此广泛来看，这一名称应该不是新近产生的。

信州则无论南北，一般将其称为 karako 或者 okarako，主要是在秋季的感谢祭当天用当年新米磨粉制成的，但也有在正月或其他节日使用的情况。形状主要是圆形而中央隆起，和今天所说的镜饼的造型相似，其名称有时又是 osugata。所谓 osugata，应该是“御姿”，也就是各种物品的形状的意思。如果把它投入开水或者汤里面的话，就成为我们所说的煮团子，如果用锅煎的话，就成为普通的 oyaki，也就是煎糯米饼。但是，因为塑造形状只能在生的时候完成，所以这里很可能是把粢称作“御姿”的。后来，技术发展了，可以用打出来的糯米糍粑抟团子，用臼把蒸好的米做成饼，我们的习惯才发生了改变，材料也随之发生了变化。滋贺县的乡下等地，现在还把糯米团子称为 tsukunemono。所谓 tsukuneru，就是捏的意思，现在的饼和丸子是不用手捏的，但因为原本是用生粉塑造的，所以沿袭了原来的名称。大家都知道，团子一词不是上古以来的日语，然而要说在此之前这种食物被称作什么的话，这个问题又很难回答，所以有些人认为，这种食物是与其名称同时从中国、印度传入的。但是，既然粢是我国固有的古老食物，那么就不存在从外国传入的必要。所以，新近被采用的只有名称，因为这种食物确实因为是圆的才被称为团子。信州的诹访一带，将作为正月饼花装饰用的团子称为 omaru，山梨县有的村落单单把 karako 的白饼称为 odansu。因为，团子在过去被称为 danshi。往日本东北地区去的话，现在仍然在用 dansu 或者 danshi 的说法，由此可以想象这一名称的起源。也有人认为可能是由汉字“坛供”的发音而来，但是由于在两者之间还有“团”或者是“团子(dansu)”的叫法，可知团子一语原来是佛教徒的用语，意为抟成球形的粢。

但是，我们所做的粢并不一定总是限于团状，而是有时长，有时扁平，根据不同节仪的旧习惯，按照喜好做成各种模样。例如，在插秧结束的时候所做的小麦团子 sanobori，在中国地区被称为“马背”，形状就像是小的鲣节。作为盆的送神祭礼的食物，做成被称为 senakaate 的薄而扁平的模样，又或者是做成被称为“鬼舌”的椭圆形，有的时候也做成被称为“烧斗笠”的斗笠形。中部地区则在二月涅槃日做被称为 yaseuma 的长形团子，另外在同一个月还有的日子里要做被称为 oneji 的团子。后来，不仅有捻成麻花状的团子，还有被做成芜菁、胡萝卜等蔬菜之类漂亮多彩形状的团子。香川县有著名的“八朔狮子驹”，现在还用米粉做成漂亮的动物形状，将其陈列以供人观赏。这一习惯也因此传播到中部地区，甚至做成男女人形，称之为 tanomo 人偶之类的形状。尾张三河一带则在三月的女儿节当天，将米粉团子做成鲷鱼甚至鹤、龟、七福神的形状。到了这个程度，食品制作已经成了艺术，需要专业人士的手艺了。尽管日本的民艺很发达，但在民间常常有无名的技术家，对不过一两天就会被吃掉的食物也投入这样复杂精细的制作，去感动为数不多的观赏者。

但是，以上无论哪一种，都是用水和谷物粉末进行雕塑才得以实现的。如果是蒸熟的粉或者谷粒的话，揉捏成型恐怕相当困难。在我还是少年的时候，酒馆的工匠们在准备酿酒原料的日子里，会从锅里抓出一点蒸好的白米饭做被称为 hinerimochi 的糯米饼。一般只会做成扁平的煎饼状，但是手巧的造酒匠会把它做成葫芦、松茸的形状，有时甚至做成人偶之类。因为蒸饭一旦冷却就会变硬，工匠们必须在手上沾上水趁蒸饭热时施展手艺。和新粉相比，用蒸好的糯米打出来的饼进行造型加工的时间非常短。因此，现在只能做成圆形、鲍鱼形等极其单纯的形状。如果是生粉的话，当然就可以慢慢地做成任何形状。问题在于，和做成所谓御姿的手段相比，为何一定要做成这样表现各种物品的形状，也就是，这样做的动机何在？如果注意观察的话，我们在特殊日子里所用的食物，并不仅仅是为了这个日子而费事费工地制作，其形态蕴含了若干计划和意匠。一个明显的例子是三月的桃花节供上，一定会摆放菱形的饼。这种饼也称作升形饼，在奥州这是正月时向人家赠送的饼中必有之一。在出羽一带，过去人们在正月里会将被称为 okanomochi 的饼按家中人口数量供奉在拜祭年神的岁棚上。这是一种椭圆形，在中间位置用手指压出折痕的饼。在东京，婚礼上派发的被称为鸟子或鹤子的饼，与此有些相似。也就是说，饼在不同的场合会分别被做成对应的特殊形状，并且被保存下来。其中尤其引人注目的，是五月端午的节供中制作的各种卷饼①，一定会被包成尖锐的三角形。这

① 即粽子。

些也都是最初在生粉状态下成形，放进开水里煮熟后再捞出来吃的。与此形状相同的食物还会出现在年末的供品中，还会放在被称为“御灵饭”的御灵祭品中巡回供奉。这饼虽然是米粒状的，但仍然用箬叶包成三角形蒸熟食用。在没有叶子包着的时候则会被做成饭团，做饭团的手法是固定的，必须要做成三角形。很多地方在盆或者岁暮时会用这种食物供奉御灵。我的一个想法是，关于镜饼，大家关注的问题大多限于圆形这一点，但是把它从大到小尽量高地垒起来这一点，难道不是和五月的卷饼或者粽子的圆锥形出自同样的动机吗？也就是说，这不是有着特意模仿人体内最为重要的一个脏器制作而成，并且在仪式的日子里食用的意思吗？假如这一想法哪怕有半分符合事实，那么粢被选作我们在特殊日子里的食物的理由，就可以略为知道一点了。饭团的三角形似乎只是偶然，但是如果让没有这种历史的民族来做的话，不会自然地捏成这个形状。不仅如此，实际上即使在我国，也会在凶事之时特意把饭团做成其他形状。简言之，这些食物如果不按照某个一定的形状去做，就不适合成为特殊日子里食用的食物的理由，才是我们首先应该思考的问题。

## 七

上述现象，恐怕意味着我们的祖先对食物的观念远比今天更富精神性，有可能是将生存的意义以非常物质化的方式去解释，换言之，就是以灵肉一体的思考方式去思考。但是，关于这一点既无深入考察的必要，我也不具备这样的能力。从社会经济史的角度来看，这种日本的饼和团子之类，变成了如今这样平凡至极的日常食物的原因，是尚未究明的文化史上的巨大动力，尤其是在近世的复杂变迁上，能够确认这一点已经足矣。糯米是从什么时候开始存在于日本的，又是如何普及并增产起来的，这无疑是经济史上的一个问题。但是，即便糯米在我们的农村自古就有，能够获得这种米非常好吃的经验的机会，恐怕也不会轻易出现。要做到这一点，首先需要具备的条件是有今天这种打饼的方式，而这种方式的出现是非常新近的事。更重要的是，如果不是在特殊日子的食物方面有各种各样形状的要求，以及后来对其制作方法的改良，今天的饼就不会在日本出现。简言之，食用粢这种古老的习惯是基础。到冲绳岛去看看就知道，虽然有饼和团子的名称，但是其物本身和我们的并不相同，而且关于两者间的差异，与大和的说法也不一样。把蒸熟的谷粒用臼捣烂做成饼这种风习还没有进入岛上。而且，今日在日本内地所说的饼的出现，也是很新近的事。如果没有对臼和杵的巨大改良，今天的变化是无法完成的。

这一实验应该同样可以在南岛实现。在日本女性用手杵去打谷物粉末的时代，无论糯米是多么具有黏性的米，要把它捣烂做成今天这样的饼是办不到的。此事成为可能必须有横柄的杵的发明或输入，并且由男子去操作这种杵。有横柄的杵的使用很可能是从中国输入的技术。必须要有男性的力量才能操作的另一个影响，是将谷物打成饼和精白大米的速度都变快了。“杵”在日本的古语里被称为ki，恐怕原来和“木”一词是一体的。日本东北至今称手杵，也就是女性使用的竖杵为 kige 或者 kigi。标准语的 kine 是后来出现的叫法。虽然这个叫法的出现似乎是单单出于与树木的 ki 相区别的需要，但是从它在四国和中国地区的一部分被称为 kino，可以想象它的名称原来是 kinoo。kinoo 的 o 是男性的意思，是将臼视作由女性而来的极为粗野的异名。与此相同的想法，现在还由擂钵和擂木所继承。所谓 surikogi 的 kogi 是小杵的意思，但是八重山诸岛等地则称之为 daibanobuto。它是 raiban 的讹音，也就是擂盆；buto 是 otto，也就是归结为擂钵的丈夫。有横柄的杵因为大，在有的地方被称为ao，意即 ooo，也就是“大的丈夫”之意。kine 一词作为国语被固定下来，很可能也是因为这种横柄杵的采用率大为降低，因而手杵和舂米的女性也被完全投闲置散了。

我国农家的主要器具，无论哪种都在进入近世后接受过各种改良，而其中在臼的系统方面，则是几乎可以称之为革命性的巨大变化。在米的脱壳上也一度用过横柄杵，很多城下町①都有被称为"舸町"的一个区划，以其作业之地为名。但是，很快各个农家用起了脱壳臼，开始了粗米纳租，使用舸町的必要性就失去了。其次是作为制粉器械的石磨的普及，这是拜石工技术的进步和人数增加所赐，使过去仅限于加工药剂、颜料和茶之类，只在上流之家使用的石制的小磨，变得在无论多么偏僻的乡下都可以得到，甚至出现了专门凿磨齿的工匠。农家各自磨制谷物粉末，使得一度呈崛起之势的磨粉这种专门职业也很快衰退，其痕迹只遗留在关于磨坊家小姐的民谣里。

最后一种巨大的改良，是前面说过的擂钵和擂木。关于这也是由臼和杵变化而来这一点，从各地的相关名称即可察知。正如surikogi是擂东西的小杵那样，megurigi、mawashigi等也是杵。它们

---

① 城下町，从日本战国时代起在领主的居城下，由以居城为中心分布的武士住宅、商人及手工业者聚居区、寺庙和神社等构成，其后逐渐发达起来而形成市街。现在各地作为县府所在，较为重要的城市大多是从城下町发展起来的。

与本土原有的手杵不同的地方在于，以打转代替了捣而使劳动强度大大减轻了。在陶器的内侧做出臼齿再去烧制，不知日本国内是否也有这样的发明，但中国的更为古老。在所谓锁国时代里，学会这种做法并立即让它在全国普及开来的无名氏，其智慧可堪敬服。擂钵在日本世间广泛使用以前，所有柔软的食物都是用臼捣烂的。味噌可能是在擂钵出现以后才有的，但是那之前的食物，如豆花汤以及大量的凉拌菜类，全部都只能用臼加工。那以后不过百年或一百五十年间，全国居民的九成九都过上了不需要手杵的生活，饼和团子分别被确立了完全相互独立的地位，起源最为古老的用粢做成的白饼，除了神灵以外再也没有人对其报以一瞥。要解说古代的食物习惯的话，必须经过如此麻烦的考察，而且大多数人将现今存在的状态视作古已有之。这些激变，主要是臼和杵以及擂钵的功劳。

## 八

特殊日子的食物制作变得简便，确实是使它和平常日子的饮食之间的界限变得模糊的一大原因，但是不用说，这并非唯一原因。因为篇幅已经很长了，这部分内容留待他日再谈，这里先仅就其要点略作说明。原本对食物而言的特殊之时，从最初开始就还有其他场合。前面所说的节供是其中之一，这是各家各户中神灵与人共有的场合，此外还有家与家之间共同举行的酒宴，而这又分为仅限于村内举行的和与外地来客之间举行的两种。限于村内的聚餐时期是固定的，上代似乎称之为nie。现在仍然在近畿以西广泛分布的meoi，可能是nie一词的变形。这种聚餐的规矩是，没有谁是主人，由会众均等分担各种事务。相比之下，后者出现的时间较为晚近，其目的是和从他处来的、原本非亲非故的人们，首先通过共同饮食建立身心连锁，这种酒宴的必要性反而更大。从中世的武家迁移以来，优秀的异乡人的到访即使是在乡下也多了起来，其后聚落外的婚嫁也出现了，酒宴因而不得不变得特别盛大。旅行者来到驿站或者港口，在这里饮宴，很多也是为了短期的婚姻，虽然无疑是滥用，但这也是一种特殊情况。酒宴必然会伴有下酒菜。歌舞之类虽然也被称为“下酒菜”，但是在此之外，下酒菜还有需要施以特别技艺的食物，烹饪也是由此而发达起来的。即使是以简素为“生命”的茶席，客人归根到底是客人，所用的食物必须是精撰。尤其是难得的宾客，他们被称为hinotorimochi，无论如何也要让他们吃温热的东西。在膳台上摆上热的汤水作为款待的标志，就是这种习惯的结果，其他民族恐怕也是如此。但是，日本的饮食自近世以来，温热的食物和带汤的食物逐渐多了起来，其诱因也在于这种接待客人的方式。在家中的火源只有一处的时代，这绝不是容易做到的。因此，以火招待就意味着优待，另一方面也带来了我们所说的火的分裂。同时，建筑技术的进步也促进着它的发展。住宅变化的主要原因之一，是客人到来变得频繁，因而无法每次都建造临时房子，只得尽量将其与主屋合并起来，于是出现了被称为“出居”的客房，也就是扩大了的客厅。此外，纸的使用变得容易起来，形成了以明障子和唐纸做间隔的做法，家中的区划也形成了，食物也逐渐失去统一性。也就是作为平常日子的饮食，逐渐变成仅限于主人和子女在起居室里的饮食，由此产生了小锅煮食的做法。在任何想吃的时候，都能够将特殊日子饮食的简化版做出来吃的小锅、火钵之类逐渐普及。从白川乐翁①的《女教训书》来看，直到当时人们还将喜欢吃小锅视作恶德。丈夫不在家的时候，妻子制作难得的食物被视作不贞。但是没有多久，这些难得的食物就公然和平常之物混同起来。在这一点上，于男人则为酒和歌舞之乐，于女人则是胭脂水粉的装饰，亦是如此。原本这些都是一年只有一两次，只在特殊日子里才被允许的。任其自由地几乎每天都享用这些的结果是，节日或

① 白川乐翁，江户时代后期白河藩藩主松平定信(1758—1829)的异名，多称白河乐翁。

祭礼的日子的印象都变得微弱了起来。

而且，连缺乏财富和权力的常民都被赋予了这种自由，这完全是外部社会的力量。“煮卖屋”，也就是饮食店的出现即是其中之一。所谓“店屋物”主要是饼和团子，另一方面还有略为粗陋的下酒菜。这些都起源于旅途中的小饮食店，原是为接待旅行而来的异乡人，也就是特殊场合而设立的，后逐渐被带入了附近村落的平常生活中，判断这种倾向是否令人慨叹并不是我们的任务，我们只要知道现在的日常生活是这种急剧变化的结果就足够了。日本人以家作为生活单位的时代已经过去了，而促使食物的个人主义发展的是“杂饷”，也就是便当。村里的劳动者吃 hiruma、kobiruma 的习惯应该是相当古老的，但是从那个时候开始，今日的变革就已经开始萌芽了。

（昭和八年十一月　社会经济史学会演讲）

# 家里的光亮

有必要重新思考一下家里的光的问题了。是什么样的理由，使家庭里必须要寻求新的光明呢？

收集萤火虫和雪的民间故事的存在，是因为过去普通人家是不具备阅读书籍所需的光的。

现在很多山村仍然保留着被称为“hide 钵(bachi)”的照明器具。在凿出洼陷的圆形石碟，又或者是破损的旧锅等里面，放上劈得细细的松木，之后将其点燃，这就是以前的世代的灯火。

此外还有在小小的碎木板上抹上黏土充作 hide 钵的。如此质朴的工具如今仍然存在，但是人们却从某一代开始用起了灯笼、马灯，煤油灯也从三分芯发展到圆玻璃罩，如今终于变成了电灯。

家里变得明亮是一件令人愉快的事，且不仅仅是在晚上。自从纸障子可以随意使用以来，窗户不用做成又高又小，预先把房门做好的必要性也不存在了。今天，玻璃的恩惠则更是延展到了农村。

家因此而不再是单纯用于休息的隐身之所。就像在明亮的家里不得不把每个角落都收拾干净一样，人们不在外面劳动的剩余时间就自然地被整理和利用起来，并且各具意义，这些都是家里的光亮的功劳。

尤其令人高兴的是，青少年的学习由此变得自由起来。因为，无论出于什么目的，人们都可以根据其本人的意愿去利用时间了。

过去称学习为“勉强”，也就是说为了某个目的，被迫努力着忍耐着去学习，其中多数是为了获得新的职业。各家各户的灯火变得明亮起来以后，没有这种目的的人，也可以轻松地说为了世间，或是为了所爱的人，把安静的时间花在读书上了。

人为了对自己来说有用的学问，勉强去修得的过程中，是无法预见人类社会的整体将由此获得改良的。哪怕只有一点时间和精力的人，都必须怀着帮助他人之心去阅读书籍或者思考，才能为以后的世代带来幸福。

大多数家庭的男主人，都因维持生活的工作而非常繁忙。世间已经走入困境，不再是放任不顾也能够自然发展起来那样充满希望。正确的学问确实能够救国，然而迄今为止还没有谁站出来承担这个责任。人们就是这样为了各自的奋斗目标而疲惫不堪。

所幸他们的家庭还有剩余的力量和时间，有体贴和爱。还有照亮这些明亮美丽的家的光明。无论如何，今后的学问也必须进入家庭。

或许是由于各家各户的条件不同，也可能会存在家庭不宽裕的情况。即使是以文明自豪的各个国家的中等收入群体，家中的劳动力也不能浪费，为了补充即时收入，甚至产生了女性外出工作的必要。事若至此，便再也无计可施。像日本这种家庭人口众多的国家，如果不思考应该如何去做，即使有必要，也不会有把力量用在这个方面的机会。

在一开始的时候不能期待达成大事业，这一点自不待言。令人遗憾的是，今天的教育还没有做好十分的准备。而且，如果只是代替忙于工作、没有时间的人去搜索知识，再助其去谋求新的感动的话，我们还算是有此内助之力。虽然今天的学术里“现炒现卖”的很多，没有系统全面、堪称不二之选的指导性书籍，但是如果花时间慎重选择的话，还是能够从中挑出可供各家各户参考的书籍的。

更为重要的是和这个社会、这个时代的关系。沉迷于生活的活动家们，往往会在这方面有很多疏忽，向来都需要具有同情心的旁观者从旁提醒。而且，若期望仅靠女性的常识，就能够获得以道理与论述说服别人的能力，是不现实的，还必须先进行学习和思考。

若有人担心我国自古以来的贞淑与美德会因为女性的学问而被倾覆之类，那就是错误的。也许偶尔会出现面目可憎的“才女”之属，那是因为她们没有习得正确的学问。很多令人厌烦的妻子，不用说都是愚痴无知的产物。助长家门纷争的那种巧舌如簧和强词夺理的“本领”，即使是通过读书习得的，也不是我们称之为学问的东西。

因此，学问是什么，人们为什么必须追求学问这些问题，虽然有些许迂回了，但仍然有必要从头先搞清楚。如果是以某个职业为目的去学习的话，那么会有一定的方法，又或者是可以跟着所谓女子教育振兴的议论进行。但是，像在今天的家庭里这种自由的时间、自由的教育下，若有一步踏错，又或者是像很多小聪明的人所迷失的那样，便可能会只要看见上面排列了文字的纸，不管内容是什么就心安理得地将其视作学问。

整体而言，以女性为对象的印刷品现在有点太多了。愚蠢的杂志类销路有点太好了，几乎都是读之前就彻底知道内容的东西，在上面耗费时间令人甚觉可惜。将这些时间积攒起来，恐怕无论多么困难的事业都能够达成。为了目前，为了下一代，在这样一个家家户户都如此需要学问的时世，如果我和各位都不去思考正确的选择和指导，在某种意义上可能会让好不容易得来的家里的光亮归为无用的装饰，甚至可能会反过来暴露至今为止隐藏着的内部的丑陋。

再说一次，像今天的日本这样，有这样好的条件发展有益于家庭的学问，这种机会是非常罕有的。这样的好机会若被滥用，无论如何都令人惋惜。

（大正十五年二月 《家里的光亮》）

# 关于“围炉里”①

## 一

今天这样把火塘称为irori的叫法是如何开始的呢？我想把这一点作为一个问题思考一下。似乎有学问的人都认为，近世的文学自不待言，古老者如《庭训往来》②等也使用“围炉里”的文字，因而称作irori是正确的，与此相异者都是“俗语”，但这实在是很不可靠。确实，汉语里有“围炉”这一熟语。但它是动词而不是物品的名称，此外也没有在后面加上“里”字并赋予意义，去使围炉与这里的说法

① “围炉里”，即中文通常说的火塘。因本篇围绕“围炉里”的名称来由展开，故保留“围炉里”的说法，原则上不意译。

② 《庭训往来》，室町时代以书信形式编写的平民初级教材。1卷，由25封书信形式的文章构成，包含了大量日常生活中的必要语汇，据传由镰仓时代末期到南北朝初期的天台宗僧人玄惠（？—1350）所编，但无法确定。

相配合，用专门的音节去称呼它的理由。这显然是一种漫不经心地传习外国文化的行为，即“代用汉字”，我并不打算讨论这一点。问题在于促使这个“代用汉字”必须产生的原本称谓，是什么时候存在于我国，又是如何产生的。我打算尝试抛开文字去推究一下这个问题。由于在很长时期里这个问题被弃之不顾，要了解这方面的情况，实在是令人意外地不易。

## 二

“炉”这一汉语词进入日本，远较“围炉里”为早。我们的祖先应该是在太古时期以来就已经烧火，意指这个烧火之处的名词，当然在此之前就已经有了，但其名称至少在中央地区早就被忘记了。似乎因为 irori 一词偶然也有 ro 的音，于是以此为基础发明了代用汉字，但是最初的名称到底是否精确地为 irori，还是发音大抵相近而附会，现在还没有能够下确定结论的资料依据。要确定这一点，必须找到其以前的日语说法。那么，这一说法似乎已经经历了悠久的年代，在炉这一名称输入之前，相关的日语说法就已经完成了大量的变化。

在史书上，记载这一历程痕迹的资料极其缺乏。因此，我们除了向书籍以外的资料、无形的记录寻求帮助以外，别无他法。如今地方使用的语言，当然会掺杂了后代制作或流布的成分。但是要使一个词语的流布领域拓宽，必须具备若干条件，如果不和物一起移动的话，在各个小中心出现的词语是很难征服远方的。因此，由地理上相互隔绝的地区出现的大量的一致现象，可以推测它们是在曾经共同构成一个社会的时候保存下来的。即使不是这样，也至少可以想象它们曾经历了相似的漫长的岁月。

从这点思考一下的话，现在意指 irori 的日语中，最为广泛普及的是 jiro。仅我注意到的，在九州就有宫崎县南部、熊本县的球磨和苇北二郡，此外相距非常遥远的信州的下高井郡、越后的鱼沼地区、秋田县的仙北郡以及岩手县上闭伊郡的一部分，都有将火塘称为 jiro 的方言叫法。除此之外，海岛中还有鹿儿岛县的宝岛和种子岛、东京府下面的八丈岛、日本海方面佐渡岛外侧的海府地区以及羽后的飞鸟，也使用相同的叫法。这些地方的叫法显然不是近世以来被“搬运”过去的。

在这些当中，只有陆中有称为 zuro 的报告。这应该是发音和记录相吻合的。与此相反，另外两个地方的记录则是 diro（肥后、信浓），这并不是因为能够听出 di 和 ji 的差异，恐怕是受 jiro 是“地炉”之意的知识的影响而来的。① 从著名的《后三年绘词》中“关于地火炉”等可见，与地炉相近的说法很早就为人所知，但是将上述全国性的 jiro 一词轻率地解释为装在地面的炉，却是对事实的无视。第一个理由是，现在各地的 jiro 基本上是在竹席铺设的地板上埋设的。第二，以前有很多不铺设地板的小民之家，在这些家里炉都是设在地上的，并没有必要仅仅对泥土地面式的灶特地赋予这样一个名称。

## 三

地火炉这一名称我在现实中还没听到过。这个名称从汉字的组合看也是很勉强的，所以也可能是中古偶然形成的代用汉字。至少从“炉”的汉语来看，jiro 无法说是完全成立的。在东京附近，信州佐久的川上地区到诹访、伊那的南信②一带，绝大部分的甲州，骏河的富士川以东和伊豆的角落，今天仍然将 irori 称为 hijiro。从诹访又称之为 hitaki jiro 来看，hijiro 即是烧火的场所，应该刚好和英

① di 和 ji 的区别，在原文中为“ヂ”和“ジ”的区别。“ヂ”和“ジ”分别为“チ”和“シ”的浊化，听起来是一样的。因为日语“地”的发音为“チ”，所以柳田认为当地将烧火之处记作“ヂロ”，而不是其他很多地方的“ジロ”，是由于“地炉”的影响。

② 南信，指长野县南部，除木曾以外的地区。诹访、伊那均为南信地区市名。

国的 fireplace 是同样性质的词。shiro 这个古老的用法在育秧苗床的名称“苗代”[①]中还有遗留。翻检中世文献的话，还可以看到很多地名中的“田代”等词，似乎也是意指开垦为田地的预留地。在每年都能采到很多菌类的场所，中部的乡下也基本上称之为 shiro。越后有将火塘旁边放置燃料的地方称为 takijiro 或者 kijiro 的叫法。有很多地方会把这个称谓和意指火塘边末座的“木尻(kijiri)”混淆，有很多把放置柴薪的地方称为 kijiri 的例子。jiro 因为开头的子音浊化了，虽然可以看出不是照原样保留了古来的形态，但尽管如此，从它分布如此广泛看，要将各地的叫法全部断定为 hijiro 的省略，现在还是有一点令人感到踌躇的。也可能是因为这是家中唯一而且重要的场所，也就是 shiro，所以一开始便简单地称为 shiro。无论如何，shiro 和 hijiro 不是没有关系的两个词语，这一点是肯定的。

## 四

和这两个词语之间的关系非常相似的，还见于日本东北地区的 hodo 和 hihodo 之间。现在仍然将 hodo 作为 irori 的意义使用的，奥

① 苗代，读作 naeshiro。

州只有南部的沼宫内、陆前的气仙郡、羽后的饱海郡等几个地方，其余如陆中的上闭伊和江刺两郡、羽前的米泽、南秋田的半岛以及信州的下水内郡，都是仅仅将火塘中央烧火的部分称为 hodo，又或者是最中间的热灰，也就是信州所说的 kuyotari、秋田的 karasuaku、雅语的 oki 等的残火部分才称为 hodo。同样的现象在福岛县等地也有，但这只是从过去最普通的烹饪方法灰煨 hodoyaki 和灰焖 hodomushi 的说法倒推而来的。热灰另外还有一个 hodoaku 的叫法，hodo 原本是该场所的名称。但是，奥羽也有很多其他地方的人们认为，作为 irori 的整体名称，仅称之为 hodo 是无法通行的，还有在其上增加一个“火”字，使用 hihodo 的叫法。这恐怕是因为 hodo 的原意说到底已经普遍变得朦胧，它是烧火的场所的意思已经不为人所知了。

在 hijiro、hihodo 这些复合语中，不将火称为 ho 而是发作 hi 的音，无疑不会是很古老的说法。但是，由于 hihodo 的发音特别不容易，各地出现了多种不同的讹音。如果从与原来的形式相近的开始列举的话，同样在陆中，虽然上闭伊郡有 hiboto 的说法，和贺郡却和外南部、津轻、秋田的一部分一样，有的地方将其称为 hibuto。而津轻、弘前的城下町称之为 shihodo、erigi，在乡之人则发音为 shiboto、shibuto，进而南部领到气仙方向称之为 shibuto。有报告显示，盛冈与鹿角地区一样将火塘称作 hibito，但是其附近仍然称为 shibito，再往南则《远野方言志》有记录说称作 subito，东山地区称作 subuto，仙台和盛冈在古老的调查记录中都反过来有 subito 的记录。这样一来，便与将火塘和火桶称作 subitsu 的古语相近了，但是不能将单纯一端的事例用来作对比。实际上，hiboto 和 subito 都并存于同一个郡内，双方都并不将另一方视作别的词语。

## 五

前面已经说过，同样在日本东北地区，而且是相邻的村落当中，虽然为数很少，但是也有将火塘称作 jiro 的例子。那么这里的问题就是，shiro 和 hodo 哪一个是比较古老的，哪一个是后起的。关于这一点我还太清楚。一般的情况下，在东北和西南，也就是国土的两端都存在的相同词语，应该视作较早就开始流布的。但是，hodo、hihodo 的所在都是国土同一隅中遗留着特别多古风的地方，而且依据文献等旁证，hodo 一词较为古老，而 jiro 与其说是新的，不如说是少见的。一个可供参考的资料是，越后蒲原等地的民间故事中将家中的火神，也就是荒神、灶神之类称为 hodo 神。另外在北信、岩手县等地，有如果深挖 hodo 的话，穷神就会冒出来，或者被称为“单眼”的怪物就会冒出来的传说，但是关于 jiro，现在还没有听到这样的说法。在伊豆的三宅岛等地，似乎家里的炉被称为 jiro，而火山的火坑至今仍然被称作 hodo。但是，八丈岛则称喷火口为 kanado。将 irori 称作 kanago 的例子在丹波的天田、何鹿一带有一例，将 kunugi，也就是柴薪称作 kanagi 的例子在三河和越前都有，而 kanado 似乎也是一个意指炉的名词。一边将人烧火的场所用别的名称，一边只将神所制造的炉称作 hodo、kanado，不正是后者是更加古老的存在的证明吗？可以预期，这一点也将通过今后陆续发现的资料得以判明。

关于 hodo 一词的分布，除伊势南端将灶称作 hinohodo 以外，尚不知道其流传到中部和关西的例子。但是，我认为今天广泛使用的对灶的称呼 kudo，应该也是由同一词语分化而来的。kudo 不仅是包括京都、大阪在内的近畿地区在相当久以前的标准语，而且在西部从九州东岸到四国、中国地区的广阔区域，北部则在奥羽各地也有使用，位于两地中间的关东和北陆、佐渡、熊野、淡路等，有和 hodo 最为接近的 hidoko 一词，总体意指现代风的石灰涂抹灶台。这也只是为了与 jiro、irori 等敞开的烧火处相区别，重新将这些叫法固定下来之后所形成的，应该既不是这些词语从一开始就有的特指的意义，也不是与土灶的新营设一起被发明的词语。看看《新编常陆国志》①即可知，在当地 hodo 和 kudo 指的是同一个东西。东京郊外到下总西部称灶为 kamadan，上州邑乐郡称之为 kamandye，其东邻下野河内郡、下总猿岛郡甚至称之为 kamakkudo。也就是另一种无法放置的，像今天这种没有提手的锷釜的 kudo。即使这些称呼转而使用到原本有 hetsui 这样的古名的土灶上，也不能说它是一个新词，而 kudo 在西日本恐怕也不是新词。只是在原来就有 hodo 这一叫法的奥羽地区，因为 kudo 的形式是与用土筑灶的风习一起进入的，所以只在这里它才被作为另一种名称接受了。因此，就日本整体而言，kudo 也应该是一个系出正统的古语。

## 六

前言不期然写长了，我的观点总结一下的话，就是如下所述：在 ro 的汉语进入我国之前，已经形成了几个意指炉的日语，分别在各地形成“割据”状态。kanado、hodo、shiro 等是其中几例，shiro 后来全部变成了 jiro、hijiro，hodo 变成 hihodo 在日本东北地区遗留下

---

① 《新编常陆国志》，由江户时代后期国学者中山信名（1787—1836）开始编纂的常陆国地方志，先后经数人之手，多次修正、增补，历时约 100 年才完成。

来，又演变成 kudo、hidoko，作为石灰涂抹灶的名称。就这样，旧来的平面的火塘不知何时由 irori 这样一个异色的词语，作为代替进入语言当中并悄然固定下来。如果汉语的“炉”无论如何加工都不会成为 irori 的话，就有必要找到另一个作为其铺垫的词语。

相当于所谓火塘的各府县方言，刚才已经举了若干，但是从能登到越中很多地方还保留着另外一个其他系统的叫法。其最普通的形式被称作 ennaka 或 innaka，在有的地方则被称为 hennaka、henaka，有时候又被称为 henka。据说妇负郡的某个村落称其为 erennaka，这与 irori 有一点相近。当然，无法确定哪个是本源，哪个是次生的讹音，但是 ennaka 也可以理解为家中或者居处，hennaka 则受到了“火”的影响①，erennaka 反过来可以看到向 irori 的妥协。然而无论哪一个，这些名称在地方的人们相互间的意识里仍然是同义语。

与妇负郡的 erennaka 相近的说法，西砺波郡有 erenbata、erebata，或者 erebutsu、erebotsu 等，这些都意指火塘边。与前者进行比较的话，可以察知 ere 与 hodo、jiro 相当。此外，纵观现在各地讹音，明确地说 irori 的反而很少，日本东北地区以弘前市的 erigi 为

① 意即 hennaka 一词是 ennaka 吸收了“火(hi)”的影响而成。

代表，除了秋田的 erugi，或者 eruge，与其相邻的山本郡的 enugi、鹿角郡的 yurugi，福岛县石城郡的 irugi 和最上、会津、相州①浦贺等地的 yurugi 以外，相距比较遥远的隐岐五箇浦还有 eriri 的说法。大概是因为发音稍微有一点困难，绝对不会有将 iru 发作 eru 音的地方，被称为 erori 或 yururi 的例子最多，甚至东西两京，当地人们也不自觉地称之为 yururi 等。其中尤其值得注意的一点是，九州等地才有 R 子音脱落的现象，使用 yurui 的说法是自然的，但是其他没有这个习惯的地方如长门阿武郡、周防熊毛郡、东部的三河伊豆等的一部分，也能听到 yurui 或者 yurii 的发音。这些现象，除发音学者能够说明的原因以外，是否还有因某种意义而被隐藏的原因呢？尽管还未能找出确切的解决方法，但是我仍然打算向这个方向继续推进探求的进程。

## 七

再次避开正面，换个角度，从以下这一点也可以对问题进行考

① 相州，古令制国相模国的别称，相当于现神奈川县除东北部以外的大部分。

察。我们揶揄在人前口齿不便的人时，用的“内弁庆[①](uchibenkei)”、“炬燵(kotatsu)弁庆”等俗语，在不同的地方有各种不同的说法。首先，九州的日向称之为“横座(yokoza)弁庆”，横座是火塘正后方的主人座。陆中远野的“robuchi 弁庆”，这也很好理解。信州诹访则称之为 ibenkei，出云称之为 inochibenkei，《方言考》[②]作者后藤氏认为可能是“家里”的意思。秋田郡的鹿角称之为 enonakabenke，这也应该和石川、富山的 ennaka 一样，意指炉侧。必须思考一下，因为人们在家的时间是晚上或雨雪之日，家里明亮温暖的地方就是炉边。佐渡方面在矢田氏的《方言录》中记有 yurinatabenkei 的说法，其中 yurinata 也是炉端的意思。飞驒也称之为 hinata，nata 可能是 nohata 的简略形式，也就是火的旁边、yuri 的旁边。此外我还认为，yurinata 是比较早出现的，而 yururi 则可能是后来产生的说法。

对家中的生活而言，hodo 无疑是很重要的，但是围绕着它的炉边也很重要。在这里不仅长幼秩序得以确定，一家之长和主妇的权威也得以确立，火神的祭祀和占卜，都是在炉边的木头上进行的。

---

① 弁庆(？—1189)，平安末期到镰仓初期的僧人，以勇武著称，同时也比喻强悍的人或倔强的人。

② 此《方言考》应为《出云方言考》，作者后藤藏四郎，1927 年出版。

因此，信州等地称之为 okurabuchi，评价“内弁庆”也被称为敲打 okurabuchi。所谓 okura 意即坐垫，意味着 hodo 神的祭坛。日本东北地区之所以称之为 makkobuchi，应该是因为以前一定会将分叉的树放在这里。其他的虽有 fusenbuchi、hizuki 等各种名称的变化，但是它们的意义我还不能说清楚。jirobuchi、jironbuchi 等说法在各个岛上都有，此外还有已经忘记了 jiro 一词的秩父地区等。在火塘的四边，家人坐卧饮食的地方当然必有总名，因而如佐渡之类知道 jiro 这一叫法的地区，也另外有 yurinat 的叫法。佐渡的 yurinat 在山形县的最上地区被称为 yuribata，信州的小谷则称之为 irubuchi，能登和加贺称之为 ennata。根据我的想象，所有这些意指炉边的词语的起源都是 iru 这个动词。正如家里火塘所在的区域被称作 naka 或者 jo，出来接待客人的地方被称作 dei 那样，面对着火的座位也有出自 iru 的名称。这个过程的形式如何，已经无法断定了，可能是 irui。iru 意即坐着，i 是坐席之意。irui 最早变化成 yurui，又或者变化成 irubuchi、yurinata，也未为不可。无论如何，irui 首先被使用并被忘记意义后，炉火本身才被称作 yuri、iru 之类，因而“围炉里”虽然是很明显的代用汉字，但是可以说其背后还是有一些根据的。

## 附　记

这是在去年五月的近畿方言学会的演讲上补足了若干资料，对解说加以精确化的结果。我的目的不在于增加关于一个词语的知识，而是就现在的辞书家的方法的危险性提出警告。

（昭和十年三月《文学》）

# 关于吹火筒等

## 一

早春行走在田野，总是会想起俳谐连句集《葫芦》里的几句：

云雀鸣春的山村里混合畜粪堆肥时　　珍硕
吹火的在家修行禅定翁　　正秀
大堂的梁柱间墙壁尚未涂装好　　珍硕
泪湿绫罗绞衣袖　　正秀

这位剃光头在家修行的老农的身影，带着某种滑稽和令人怀想的意味，但作者心中所描绘的旧日家中的炉边光景，恐怕和吹火筒并没有什么关系。室外明亮平和，绿意眩然的天空之下，子女和主妇都在外劳作的日子，只有祖父一人留在家中生起火来烧水。老人剃光头弓着腰的样子，让人产生无比诙谐的感觉。

在我的记忆中，小时候，乡下家家都有吹火筒，但是正如现在慢慢没有它也可以生火一样，在更早之前也有很多农家是不用它的。吹火筒的存在尽管在足利时代末期已经为人所知，但因为是无足轻重的发明，其流行意外地迟缓。最近由于需要，我试着收集了一些各地的方言，但是以吹火筒之名为人所知的区域并不太广。首先，九州南部各县一般称之以 hiokoshi。okosu、okoru 似乎是由燠(oki)这一名词而来的，至少与生火一事无关。在炭上添上火种生火一事，是在炭的常用化以后才出现的做法，也就是进入用炭的时期以后，才会给这个地方使用这种工具的行为命名。佐贺和长崎又有"fusuri 竹"的叫法。fusuru 似乎是熏这一动词的方言，由此可知当时这些地区已经有了用竹筒帮助生火的做法。但是，从这个名称可以想象，当时这种做法的价值还没有得到充分发挥。

由此往东的中国地区、近畿一带本应该是将吹火筒称作"火吹竹(hifukidake)"的区域，但是在大和南部等地还有"ikitsugi 竹"①的

① ikitsugi 竹，意即"继上气的竹筒"，故有听起来极其辛苦一说。

异名。听起来吹火着实是一项极其辛苦的工作。女性蓬头垢面忍着浓烟，好不容易生起来的火稍作歇息就灭了。但是，因为用了这样的工具，补充空气就变得容易起来，简言之这个名称是从经验而来的。而且，因为燃料的节约成为必要，所以火塘被罢用，只要开始用灶，无论吹火能力如何强大的禅门老翁，没有这截竹筒也无法生起火来。这样一来，中央平原地区的农村在灶上炊煮也就成了习惯。

## 二

远州的滨松附近，有将吹火筒称为 fukitsubo 的方言。由此可以推知的是，当地人在用竹筒之前应该还使用过其他种类的器具。竹筒也并非不能被称之为“壶”，但看起来恐怕曾经用过更加适合这种命名方式的东西，比如像葫芦那样的器物。吹火筒看起来只不过是把一根竹子截下一节多的长度，在底部凿一小孔这样简单的设计，但全国没有竹子的地方不少，锥子也不是家家都有的工具。更重要的是，仅仅开一个小孔便能够调节吹火时的气息，并不是那么容易就能够想到的方法。事后再去思量的话虽然不算什么了不得的事，但在最初这是一种发明，也是幸福的发现。在群马县的部分地区，有的地方将吹火筒称作 tobuki。to[①] 的意思很可能是进行了显著的改良，在原本就有的器物上施加了若干变化，使其更为便利的情况下的赞词，因此有可能这也是“唐吹壶”的简略形式。日本的新事物尊崇大多是受到商人的刺激，因此手工制作的吹火筒很少，虽然只是不起眼的小东西，但很多人家还是会从日用杂货店购买。

就我看来，吹火筒的历史确有细致梳理的必要。主要理由在于这一器物已经无用，正在急剧消失，并且几乎不留一点痕迹。人们忘记其存在的根本理由，以为从一开始就只是因为无益的玩物之好而追随这种毫无价值的流行，颇有莽断之虞。使吹火筒成为无用之物的强力的新文化，我认为可以列出先后三种。关于火柴是使其终结的最后一击，已经众所周知。只要一根火柴就能酿成火灾，因此只要手头有火柴当然就无须再用吹火筒。而火柴进入人们的生活不过半个世纪，至早不过始于明治十年到二十年之间，在此之前，它只是往来于通商港口的人带回来炫耀的几近魔法之物。传言火柴由人骨制成，需要供奉神佛的净火之时必须特地用燧石打火，而直到最近，商人还在每箱的包装上都做上标记，说明它绝非污秽之物。

① 汉字写作“唐”。

有些地方现在仍然称火柴为 rantsukegi 或者 ameraga 之类，可见这显然是舶来的文化。①

而且，所谓“附木(tsukegi)”又是一个新发明，同时也是一种否定吹火筒社会价值的力量。但是，这恐怕是故意的也未可知，关于用火的历史，通常不会再追溯附木之前的状况。如果这样的东西是古来就有的话，那么实际上没有吹火筒之类也完全可以解决用火问题。tsukegi 一语也并非全国普及。在日本的西半部分，尤其是面向日本海一侧，今天的所有附木都被统称为 tsukedake。tsuke dake 的 take② 与焚烧(taku)之间可能也有关系，但是我们还是将之解释为做竹制品时剩下的碎屑。将这些碎屑干燥并储存起来，在火种上直接堆放一把，吹着生火，又或者是代之以枯草、树叶之类。日本关东和东北地区，即使进入火柴的时代，仍然将生火称作 futtakeru，可见吹这个动作多么重要。如果有一端涂了硫黄的附木的话，就不会存在弓着身子、让头发沾满烟灰来生火这种辛苦了。

---

① ran 即“兰”，意即荷兰，泛指来自西洋之物。ameraga 意即美国，故可见火柴是舶来之物。

② 前面的“tsukedake”中的“dake”为“take”的浊音化，即“竹”。

## 三

今天的附木在上方①一般被称作 iyon，也有的地方称之为 tacho。tacho 就是所谓竖着的硫黄之意。名称的由来恐怕是因为在尖端涂上容易着火的硫黄，必须将这根木头竖着放一会。津轻、秋田等地则称之为 masatsukegi②，又称之为 totsukege③。既然被称为唐附木，那么在此之前应该就有，但还不至于这样用柾做。柾可以用于修葺屋顶，也可用于制成木桶。又或者被称作“柾佛”用在塔婆④上，无论多么粗糙地将其劈开，用来焚烧还是颇觉可惜的。但是，只要有了这种附木，即使不频繁地唤醒火种，也可以很方便地立即生起大规模的火来。不知道是从中国学来的还是在国内想出来的，无论如何这都是很聪明的想法。硫黄在日本非常之多，单是将这两

---

① 近世时期对京都、大阪一带的称呼，因对天皇所在的京都表示尊敬而将这一带称为“上方”。现代日语中，“上方”仍然作为京阪地区或关西地区的同义语使用。

② 即“柾附木”。“柾”读作 masaki，即大叶黄杨。

③ 即后文的“唐附木”。

④ 塔婆，梵语 Stupa 音译“卒塔婆”的略称，日本佛教为供养死者，在竖在墓两侧的细长条模板上，写上死者戒名、死亡年月日、经文、梵字、施主名、供养年月等内容，模板上部被做成塔状。

种简单的物质组合起来，就可以很容易地做成商品，运送到各个角落。将附木放入赠答回礼当中的习惯，又或者因为不劈开直接用整块附木而被认为不会过日子、被遣送回娘家的新娘的故事之类，简言之也说明它和吹火筒一样，是必须花钱的发明，因而我们的父母对它报以了略为过度的尊崇。

用于引火的火媒 hokuchi 也是最为廉价的商品之一，但是山村里自给的人家中还有一些。其材料在不同地区有很大差异，有的地区用干枯的蒲草、芒穗，也有的地区取来朽木中半腐烂的部分稍微烧焦以后储存起来备用，其中被称为 kumabokuchi 之类且黑色的最受欢迎。不用说，因为这种东西容易烧着，只要和炭混合一下马上就可以做好，但是即使是这样毫无技术可言的东西，商人也开始制造，并逐渐商品化起来。火媒是什么时候开始在日本用起来的，没有见到记录，但因为它是和燧石并用的，所以也是一个新发明。用燧石打火的做法在非常久远以前就有，可能有人会认为无论如何这也应该是原始文化了，但是这个推测是错误的。如果将民族作为整体而言的话，即使某个中央地区自古就有这样的器具和技术，各家各户能够自由使用它，仍然是需要很长的年月的。燧石因为有棱角而在很多地方被称为“kado 石(ishi)”。即使从山上捡来燧石，又或者将在河滩上发现的燧石敲成碎块使用，与之配合的铁也必须要铁匠来帮忙打造。将特别小型的火镰之类装入燧石袋中，随身携带到任何地方，则又产生了作为商品可随时出售的必要，而乡村很难迎来这样的时代。火媒成为便利的工具，则又是商品化以后的事。硫黄附木被发明以后，只要有很少一点就可以生火，但是在此之前似乎需要大量的火媒作为媒介物，打出火星后点着吹旺，其痕迹在近世的打火箱还可以见到。打火箱是长方形的，里面分成两部分，火镰和燧石放在小的一边，另一边则塞满火媒。让被打出来的火星掉落到火媒上，原来火煤应该是全部烧掉的。但是，自从开始使用iyon以后，只要很少一点就可生起火来。也就是说，新的发明总是让以前的东西变得低廉起来。

## 四

火媒和燧石之前的生火方式，特别令我等回顾时心生怀恋之感。火一旦熄灭就很难再生起来，因而形成了从邻家借火的交往方式。在炉里留下火种，也成了家家户户主妇和年轻媳妇极其重要的任务。进而，在早上将留下的火种扒开点燃，又形成了futtakeru这样的用火技术。吹火筒的发明虽然为这些工作提供了助力，然而恐怕有的地方尚未充分享受这一发明的恩惠，在部分人家里，下一阶段的火媒和附木、火柴时代就到来了。但是，这种吹火的古老做法，正好与对火柴的排斥一样，没有那么简单就被抛弃掉。例如，在过年、节供前夜，特意准备好清洁之火以备第二天早上烹煮供神所用的菜肴，又或者正月期间须保持同一簇火不灭，因而要使用被称为节榾等的粗柴。在其上巧妙地盖上灰，早上就会形成鲜红的火炭，现在仍然被视作各家主妇的本领，也是她们的威望根据所在。从后门到邻家去悄悄地把火借回家等做法，不用说现在已经没有这个必要了。但是有这么一个民间故事：过去在除夕的深夜，弄灭了家里的火种的新媳妇束手无策走出门去站在路边，从远方来了一个手持火把的人，对她说要是帮忙保管这具棺木，就把火借给她。其后，故事向人类梦寐以求的美丽幻想继续发展，借到火以后，她把棺木藏匿在卧室里，终于到了正月初一那天，把棺木打开一看，里面装满了黄金和白银。没有经历过吹火这种现实生活中的苦差的人，是很难将这样两种巨大的感动联系起来、去体会这种古老的文艺的意图的。

用起了瓦斯炉和电炉的人们，和这样的过去实现对话并不容易，但是我以为，这是可以被称为历史的学问的部分。实际上，我们的父辈祖辈走来的道路就是如此，如今仍然有一部分同胞由于天然的阻碍，未能摆脱的境地亦是如此。如果要更加详细说明的话，照明用的火既有一点点发展的阶段，也有急剧的变迁，类似于取水的方法在各地有所不同，这是因为过去人们所苦恼的状态，今天仍然还有很多处于止步不前的情况。现在已经不同往昔，已经是崭新的天皇治世的文化，然而在很多人得蒙恩惠的同时，还有少数人被遗漏了。关于这一点，尽管有着能够如此浅显易懂地向妇孺解说的实例，却将其置之不顾，恍如念咒一般唱着高调的那些人到底在做什么，我实在是感到不可思议。

（昭和十四年 《知性》）

# 女性与烟草

女性吸烟一事，无疑是新近才出现的现象，但奇妙的是，这种现象和日本人的生活相当和谐。日前和一位旧友见面，想起他的妻子在还是年轻姑娘的时候，头插摇曳多姿的簪子，嘴衔长烟管的样子。这位女性出身于村落里的旧家，宽敞的火塘间很少会有人来，她的母亲又是一位多虑之人，似乎始终靠着烟草忘记烦忧，而她在陪着聊天的过程中也学会了吸烟。另外还有一个记忆，一位现在已经被称为老婆婆的亲戚家的内人，嫁过来的时候将我家里当作临时借宿的地方。我想着这位新嫁娘是什么样的，出来打招呼一看，只见她手里拿着银质烟管，抽着烟。这样的光景，恐怕再也见不到了。

数年前我家里请来“oshira 神”[①]时，从奥州八户来了一位名为石桥贞的巫女，当我问她喜欢什么的时候，她马上回答说是烟草。这个人从十五岁时就已经开始抽烟。当她的视力一点点变差的时候，有人告诉她戒烟发愿就可以替她请某某院的法印大和尚祈祷，她说眼睛看不见也没关系，并没有把烟戒掉。就这样，她最后成了巫女，这个人可算是稍微有点乖僻。

但是，我听了她的话以后，突然想到一件事。在琉球的旧王室，过去地方祝女的头领们前往拜谒的时候，一定会以烟叶作为赏赐的记录散见于史料中。这些宫古、八重山等地的大阿母之类，渡过风高浪急危险最多的海洋，能够毫发无损地完成一生一次的觐见，被认为是众神的特殊恩宠，同时也是常民所难以企望的荣光。作为这样一种人生中的大事件的纪念之物，竟是这样瞬间消失殆尽的东西，也许是因为有什么我等尚无法捕捉的隐秘力量吧。关于这一点，我感到从这位贞子的话中，似乎可以得到一些线索。

从出身于陆前登米的人那里听说，他的父亲每天早上吸烟以前，都要抓三撮烟丝放在点烟用的火种罐里新起的火上，口颂赞

① oshira 神，日本东北地区信仰的家中的神，一般被认为是蚕神、农业神、马神等。

词。一边颂唱“南无阿保原地藏尊①，请除口中一切病”，一边供奉烟草。据说阿保原地藏在刈田郡，但是我还没有去参拜过，也没有在什么书籍上看到过。不知道还有没有类似的信仰仪式，很想再收集一些例子看看。在信州北安昙郡的乡土志上，可以看到在此郡北城村叫作切久保的地方，有一个叫作阿轻穴的岩洞，据说很久以前有一位名叫阿轻的女子变成鬼女以后待在里面。《小谷口碑集》②中也有关于阿轻的故事，但是这个故事的内容是她戴着面具去吓婆婆，最后面具取不下来了，总让人觉得不是最初的故事。这个岩洞的洞口，也有村民们带着烟草去供奉的习俗。据说阿轻喜欢吸烟，还说把烟草放在洞口，不知道什么时候就会没有了，但是不清楚村民们在什么情况下会去上供。在秋田县北部雪泽村的枝乡，一个被称作黑泽的村子，据说因为镇守③的雷神不喜欢烟草，全村的人都

---

① 阿保原地藏尊，位于宫城县刈田郡圆福寺。传说该寺开基之祖海运法师年轻时苦于口腔疾病，游方至熊野山时得梦，称前往陆奥国向地藏尊菩萨焚烟草祈祷即可痊愈，来到此处，焚烟草祈祷 17 日而病愈。于是，在此处建寺，并建地藏堂，向同样苦于口腔疾病的民众传播此法。至今仍然有参拜阿保原地藏尊时不用线香，而用烟草的习俗。此外，附近的人从小就被教育，若遇牙痛，用烟草灰涂在患处即可痊愈。

② 《小谷口碑集》，小池直太郎编，收入乡土研究社出版的“炉边丛书”，被认为是日本最早的民俗志之一。

③ 镇守，“镇守神”的略称，指镇守一处，保佑该地免遭灾祸的神，亦作“镇主”。近世以后，镇守神与氏神(守护村落等地域社会及其居民的神)、产土神(关东一带对氏神的称呼)逐渐混同起来。同时，“镇守”也作为祭祀镇守神的神社的指称使用。

不吸烟，对此极为避忌，但是不知道现在情况如何。在西津轻深浦附近一个叫作广户的村子，过去曾经也不分男女，人人都不吸烟。关于这个并没有留下理由，但是恐怕也是出于信仰。这两个实例，菅江氏的《笔之所至》①有所记载。这些确是看起来非常不起眼的小事，但一开始想到这种做法，并且很容易就同意了的人们，他们的想法仍然很神秘。能登的长尾村，有一种据说过去传自弘法大师的烟草品种，已经成为地方名产。萨摩的冠岳有一种被称作苏我烟草的，与苏我马子②拉上关系的天然烟草。看来也有这种令人意外的信仰。

……在公认的历史中，只有烟草是我们从西洋人那里学的，但是在醉心之法上却反而超过了老师，至少会行西洋人不行之事，言西洋人不言之语。这也是从过去一位老年女性亲戚那里知道的……鸦片在中国造成了比战争还严重的后果，据说白人最初将它带给厦门驻军的时候，是作为掺在烟草里的东西出售的。服用的说法，吸食的说法，以及熏食的说法，其差别就在这里。初期的情况不得而知，至少今天的西洋人只是将熏起的烟含在口中，甚至很少有从鼻

① 《笔之所至》，江户时代后期国学者、旅行家菅江真澄（1754—1829）于1816年所著随笔。

② 苏我马子（？—626），飞鸟时代的中央豪族。

孔将烟喷出的。与此相反，我们虽然吸烟吸得很慢，但是很多人不将烟吸到呼吸的最深处决不罢休。因为这个缘故，烟草给神经系统带来的影响，应该与西洋原本的情况大为不同。深吸一口将烟草点燃的习惯，确实与自古以来的 morai，也就是共食的心理有关。过去，女性好友之间这样做很常见，但不仅仅是把烟管借给别人或是为对方点烟，而是自己也悠然地深吸一口以后再把烟递给对方。最近变成卷烟以后不知道情况有何变化，但是这种风习在烟花之地特别盛行之事，常常可以在近世的市井文学中见到。“吸燃烟草”这样的说法其实是比较新的，以前这种做法被称作 tsukezashi。众所周知，tsukezashi 原本是喝酒的一种礼仪，也就是不将杯中的酒喝尽就把酒杯递给心仪之人，恐怕是出自最初大家共用一个酒杯分而饮之的做法。这种做法成为男女之间互通情意的方式亦属自然，因而在年轻人中常常会导致争执，甚至会有拔刀相见之事。烟草的传递也用与酒相同的名称，虽然物品种类不同，但是目的都在于二人分享由此而来的恍惚之感。因此，向神灵供奉美酒，然后拜领撤下来的酒这种想法，和将刚刚切好的烟草供奉给地藏菩萨的旨趣，恐怕有着并非偶然的共通之处。往遥远离岛祭祀的女性们，曾经如何消费从王廷拜领的数十枚烟叶，让人甚是好奇，要追寻其过程却实在不易。但是，从日本人生活的片断中细心搜集古老体验的痕迹，应该是可以做到的。即便语言已经不再表现和传播这些事实，但如果是强烈的感觉，总不会不以某种形式显现出来。如此则将问题再推进一步，我想吸烟与女性的关系，能够与香和信仰之间年深日久的关系联结起来。

（昭和十四年二月《飞驒人》）

# 饮酒方式的变迁

## 一

饮酒的风习是日本固有的，也就是说，这是从甚至不知何时的久远过去开始持续至今的事，这一点是毫无疑义的。但是，这种风习的内容，过去与今天却有很大的变迁。仅就这一点，作为日本人无论如何必须了解清楚。因为，如果对此风习的古今变化没有完整认识，则无法判断人们今后是否可以自由地喝酒。

饮酒方式发生了什么样的变化，翻阅书籍的话，上面没有相关的内容。但是，要想知道的话，也另有方法。尤其是最近的历史，很多人自己也还记得。大体上每个人所喝的分量，似乎比半世纪前减少了很多。不能喝酒的人增加了，这确是事实，但主要原因是很能喝的人减少了，平均消费量呈现出减少的倾向。所谓斗酒不辞之类关于酒豪的传说，逐渐进入了旧话的领域。原本是吟咏作为街头一景的微醺贺年归客的和歌中有这样一句：

看到微醺的贺年归客就如见斜斜掠过大道的春天到来

这种情形虽然不能说今天绝对没有，但已经相当少见了。醉酒被认为是一种病，其治疗方法是立即戒酒。吐得七荤八素这种过去与节日如影随形的惨淡光景，现在已经有很多妇孺完全不知道了。这种现象显然是一种急性中毒症状，又或者可以解释为主人方面的招待是如此彻底而奏效的证据，原本并没有人会因为照顾这些酒醉的人而蹙眉，女性们是将其作为酒宴后的收拾工作对待的。

并非仅仅因为过去酒的价钱便宜所以喝得多这样一种经济上的理由，恐怕还因为一般来说酒的毒在过去来得急遽。如果查阅中世的记录的话，公务宴会也会出现大量被称为“渊醉”“沉醉”的现象，很多人都已经醉酒失态，还有非常多人装出这种失态模样。虽然价钱贵了，但是酒的质量也已经好到过去的酒无法相比的程度，不管幸或不幸，酒逐渐获得了作为嗜好品的资格。

## 二

饮酒的机会和过去相比增加了非常多，可以说是饮酒方式变迁的结果之一。如果没有大量无论何时都想喝酒的人，酒类制作销售一条龙的生意就没有成立的理由，而被称为“又六”①之类的商店也不会繁荣起来。尤其是近年的酒类瓶装零售的方式，很快就让在偏僻的乡村买酒变得容易起来。饮酒的癖好由此普及这一点并无争议，但是这种做法是完全不用考虑时机、想喝就喝的习惯已经得到公认后才出现的，这至多不过是次生的新原因。酒的售卖只是利用了人类的这个弱点，从而产生并且繁荣起来的业务而已。

但是，在过去纯粹自给经济的时代，即使想喝也没有办法得到酒也是事实。喝酒的机会是限定的，而且很早就已经预订好，大体与供神的日子相同，这样说应该没错。就这样，计算着日子，以在当天刚好可以喝为标准，各家各户自己准备起来。因此，消费不自由这一点自不待言，人们也不可能喝到很好的酒。但是，有了这一条件，也就是只要派人到市镇去，无论何时都能买到草席包裹

① 又六，日本著名清酒的品牌名称。

的四斗樽[①]的桶装酒以后，才有了今天这样能随时举办酒宴的情况。毫无争议，酒的普及由于这种四斗樽的发明马上变得容易了。然而，这种桶屋的业务，也就是用竹篾箍成大的桶或者樽的技术，在近世之前，甚至在都会也很少有人知道。

过去，酒是在瓮里制造的，如在《更级日记》[②]里看到的那样，造酒的瓮被埋在地里，运送酒用的是比较小的瓶子。村里造酒的话会有村桶，此外还有赠答用的角樽[③]，但这些都是把桧木板弯折后钉起来做成的木制容器，应该不会很大。四国、九州的很多地方，现在仍然会在宴会的次日或者再次日，将帮忙的人和家里人聚集起来，提供慰劳的饮食，这被称作"喝瓶底"或"倒瓶"。北国一带则将这种聚餐称作"残酒"。也就是说，在这个时候将为宴会准备的酒喝到一点不剩，让瓶子随便翻倒。这天过后，应该会有很长一段无酒的日子。但是，在这种情况当中，还是会有正月的酒、供神的酒以及与拜年的客人共饮的酒，因为预知到需要使用，可能会在做秋季收获后的祭礼用酒的时候，另外多做一瓶留下来备用，而在平常

---

① 四斗樽，大约能装四斗酒或其他物品的较大的有盖木桶。

② 《更级日记》，平安时代中期的日记文学，菅原孝标女(1008？—?)作，追记其在1020年13岁时随卸任的父亲返京的旅途以及其后四年的经历，作为平安时代中期下级贵族之女的生活记录，具有重要价值。

③ 角樽，两侧固定的把手高高竖起如双角的酒桶，在各种庆祝仪式上使用。

生活的种种安排中，则没有准备正月用酒的痕迹。不知道是从什么时候开始采用这种便利之法的，总之，酒的储藏似乎就是以此为动机一点点开始的。

过去的正月祝贺歌中，常常有因为“旧酒的香气”而令人欣喜的语句。它们被计入正月的乐事之一，这一点是确定的。不难想象，储藏成了酿酒技术改良的基础。至少储藏过的酒出现了品质的高下之分，奈良、河内的天野等地能造出好酒，对酒的评价就高了起来，人们也就慕其名想要喝喝看。这就是“铭酒”这一说法的起源。本来酒一定是由女性制造的，但是这种所谓铭酒的产地，大多是与女性没有关系的寺庙，这种现象有点少见。足利时代后期京都人的日记等文献，特别记录了被称为“inaka”的酒从地方时不时地被送上来，得到贵人们的赏玩。虽说酒的产地是在乡下，不用说也是富豪之家。他们这样将引以为豪的自家手制的酒特地带到京城，可见此时储藏的做法已经流布，有些家里已经有了可以忍住不喝的酒。但酒多到可以自由使用的程度，恐怕只能限定于有财力的人家。事实上，一般还是在秋天谷物特别充裕的季节里，各家各户以祭礼或忘秋之会等能够开怀畅饮为目标自行酿酒，若能储存起来备用当然好，但是似乎大多是聚集在一起将酒全部喝掉。《旷野集》有付句[1]道：

秋到也村里的酒桶用起来

而《续猿蓑》中又有句道：

偷看一眼扑哧扑哧甜酒酿

可见，此时还有很多人非常期待地等着甜酒酿发酵成酒的日子。不用说，这是一年中，甚至一生中屈指可数的好日子。因此，终于等到这一天时，谁都会放开怀抱一醉方休。

## 三

此外还有一个规矩，过去大家一定要聚集在一起喝酒。自斟自饮，一个人细细品酒这种事，对那个时代的人来说是无法想象的。现在还会在久别重逢时想到喝酒，或者是初次见面要拉近距离就必

① 付句，在俳谐的长短句互相配合中，配合前句的句子。

须喝酒，都是在无意识地继承过去的习惯。这种共同饮食就是“酒盛り(sakamori)”。所谓moru[①]应该是morau一词的主动形式，意指与他人共用一个酒杯。有主人的正式场合自不待言，即使是各自拿出酒凑起来喝的聚会，如果不能做到随心所欲地喝到醉为止，这次酒宴的目的就不能说已经达到。也就是说，这和其他民族互相舔血以结兄弟之谊的做法是同一系统的，都是极其重要的社交方式，因此也就必须有各种各样复杂的礼仪。

在婚礼、出行或者回归的贺宴之类的场合，现在还有很多地方严格遵守着古老的礼仪。这些场合中的饮酒和我们现在日常饮酒的最大不同之处，简单地说就是酒杯比现在的大得多。这种大酒杯有三个一组、五个一组，简言之就是分别用这几个相同的杯子，在座的人按顺序喝，三个一组的杯子喝一巡则为三献，如此三回，则为三三九次。这种三献之仪原本并不仅限于婚礼。当在座的宾客很多时，等着酒杯传递到自己这里殊非易事。最初是被称为“顺流”或“一通”的做法，由主座开始，左右交替地向下传递，后来又应需求变成被称为“登杯”或者“上酌”等，由末座的人开始向上座传递。不管是哪一种做法，等着大酒杯传递到自己手上的时间里，好酒的

① moru是前文sakamori中“mori”的动词形式。

人都是喉头作响，咽着口水，望眼欲穿。这样一定数量的巡杯结束后，正式的酒宴就算完成了。但是，不胜酒力者就此败下阵来的同时，也有人还没喝够。为了让这些酒豪们尽情喝醉，后来出现了各种各样的酒宴形式。又唱歌又跳舞以助酒兴，被称为“下酒菜”，又或者是当场宣布将赠以意外的回礼，让客人兴致高昂起来再干一杯。主人方面自然是以强行劝酒表示款待之情，但是如果劝酒不得法的话也会使客人心生不满。因此，主人会尽量选很能喝的人负责招待客人，他们的能力会受到很高的评价。由酒量大又能说会道的男性负责陪客，被称作“飨”的小规模共饮在各个角落开始了。又或者是客人之间互相闹着“你喝我就喝”，进行称作“竞杯”的斗酒。还有被称为“打雷杯”的，拿着杯子转来转去做出不知道落到谁头上的样子，实际上会交到预先就知道的那个人手上。又或者是“指名”之类，让有点不好意思的人喝。若在一旁听酒宴的喧嚣，大抵都是这类没完没了的无趣对话。但是这样的酒宴形式，在很想喝的人和不想喝的人里头，都还是会有人觉得麻烦。为了能够更加自由地喝，不知何时又发明了“各人杯”这种喝法。每人一个小小的漆杯，从一开始就放在各个客人的膳台上。用上这个喝法以后，不用再等着一群人共用的大杯传递到自己面前，就可以和对面的客人一起喝了。今天这样白色的小小的陶瓷酒盅，就是这种“各人杯”进化以后的产物，对两百年前的酒客来说，不用说是做梦都想不到的便利酒器。另一方面，喝酒的方式也因此与过去大为不同，变得不正式起来。饮酒者的目的或者动机，可能以这个陶瓷酒盅的出现为界，发生了巨大变化。小酒壶可能是为了温酒，比酒盅稍早一点就开始独立使用起来了，但是至少酒席上洗杯子用的杯洗不可能在酒盅之前出现。把洗杯子称为 aratameru，原本也是换别的杯子的意思。看看《金色夜叉》[①]里被称作赤樫满枝的女性，一边说“没有换过哟”一边把杯子递给贯一就会知道，本来的原则是不换杯子，将同一个杯子里的酒分着喝。但是，今天甚至有人以为 aratameru 是爽快地把酒喝完的意思。从前的规矩就这样被忘记了。

## 四

中国文人吟咏独酌之趣的作品似乎自古就有，但是我们这里今天仍然是多数人都会希望有人和自己一起喝酒。即使是单独喝，也要让一个人坐在自己面前斟酒，时不时还会让斟酒的人喝一杯。对

---

① 《金色夜叉》，尾崎红叶(1868—1903)作，1897 年 1 月至 1902 年 5 月连载于《读卖新闻》的长篇小说，未完。

静悄悄自斟自饮的人，很多人会觉得他可怜或者乖僻。个中原因，今天还可以找到。绅士光顾露天小摊这种事，现在渐渐可以让别人知道了，但是直到不久前，在路边来一杯之类事情，对稳重自持的人来说是无论如何做不到的。即使是卖酒的店家，也不是家家都表示可以“居酒”。到这些地方喝酒的，往往是很多年都无法参加酒宴的人，比如受人资助的人或者下人之类不能公然喝酒的人，不能买了回家喝，就在店里喝，因而称作“居酒”。这种做法被称作 dehai、deppatsu 或者 kakuuchi，都是用“害羞”的隐语当作其可笑的叫法。而且，这样的做法也是卖酒的店家多起来以后的事，在此之前，连这种机会都没有。

但是，这种来一杯的喝法，现在德岛县等地还保留着 ogenzo 的方言，由此可以知道这种习惯的由来。genzo 如果写作汉字的话就是“见参”，也就是 miemairasu，意思是和陌生人第一次见面或者是和关系变化了的人见面。在关东，女婿第一次到妻子娘家，又或者是双方家人以亲属的身份接触的酒宴被称作 genzo 或 ichigen，ichigen 也就是第一回的见参，并没有限定在婚礼当天的理由。现在，关西则称盆或者正月休假回家为 genzo，而离职的老下人回来看望旧主也被称作 genzo。在这一词语前加上表示敬意的词，成为 ogenzo，也仅用于和地位高于自己的人见面的场合。在

《狂言记》①中，“明天是见参吧?”也是确定下人位置的意思。也就是说，在今天受接见基础上，再缔结主从契约的仪式被称作见参。在这种场合，从者会得到主人的酒。即便如此，也并非和主人对酌，而是主人方面倒酒，让从者喝一杯。在《狂言记》中，一般是用扇子，又或者是帽筒盖一样的东西挡在脸前，做出喝酒的样子。也就是说，即使在那个时代，下人的做法也是自己喝酒，并无与主人对酌之事。后来，逐渐演变成用给酒钱代替让其喝酒的做法，但是出入于古风之家的人，主人还是会让下人喝一杯再去，老大爷坐在厨房的一角，一个人“嗞嗞”地喝着主人家所赠的酒的光景还是不时会看到。在大户农家还自家造酒的年代，这是主妇让男人们好好工作的有力武器。日本东北地区，还为此出现了被称为 hiyake 的单柄小木桶，用来直接从酒瓶舀出浊酒或稗酒，主人说着“天冷喝一杯再走”，用以慰劳特别辛劳工作的人。不用说，对平等的客人是不能做出这样失礼的事的。也就是说，没有人一起喝酒，独自仰头来一杯的做法，如果要说是有主之人的特权的话，那也可以算是。

今天所谓晚酌的起源，无疑也是一样的。这种喝法在岐阜县被称作 ochifure，而九州的东半部分则称之作 yatsugai 或 eiki。虽然意

---

① 《狂言记》，江户时代作为读物流布的狂言词章版本的总称。

思尚未清楚，但是鹿儿岛、熊本等诸县的 daiyame 或 dariyami 的说法，显然是抚慰疲劳之意，也就是指劳动者为慰劳自己而喝的酒。东京则称之为 oshikise，所谓 shikise 原本是指给下人的衣服。堂堂一家之主，得到一件赏给下人的衣服也殊为可笑。此事的起源，除了主妇的恩慈，是对主人一日辛劳的赏赐的戏称以外，很难有其他理解。对主妇来说，家里总是举办主人与酒友共饮的酒宴，也是一件麻烦事。不管这种叫法是否妥当，主妇对主人独酌一事恐怕甚是欣喜。对这种让人不太舒服的叫法，主人也是一边苦笑，一边由主妇在每天晚饭时配上一壶小酒，拍着脑袋喝上几杯，归根结底还是因为酒好喝，过去聚集在一起喝过的味道无法忘记，养成了既非祝贺亦非纪念，既无喜亦无悲的日子里也想喝一点的习惯而已。另一个原因是，这发生在想买酒的时候，即使是夜里也能马上要买多少就有多少的便利时世。虽然说在久远的神代，日本就有了被称为酒的东西，但是如果以为过去的人们也能像现在这样，只要妻子同意就可以每天晚上喝上一点，那就大错特错了。

## 五

虽然要举例说明已经有点困难了，但是我认为，中世以前的酒比现在要难喝得多。喝酒的目的与其说是满足口腹之欲，不如说主要是想醉，如果用艰深的话来说，就是为了体验酒带来的异常心理。酒被供奉给神的同时，氏子①们也一起喝，简言之就是想共有这种陶然的心境的愿望。现在在和新认识的人交往时，不一起喝醉失态一次的话，就无法推心置腹的感觉仍然相当强烈，这就是这种旧习的痕迹。简言之，我们仍然带着这种古风的感觉的碎片，进入今天的新文化当中。如果有酒的滥用的话，可以说现在的过渡期特别容易发生这种弊害。也就是说，我们一方面囿于古老的名义和承诺，另一方面又要应对新的交通经济实情，顺应着两者之间对自己而言最为便利的部分。两者间的新旧关系，恐怕必须要静下心来重新反省一下。

这次的大事件发生以后，日本人的探求心和发明力不可思议地发生了大飞跃。此前未曾思考过的有形无形的问题得到了注意，新方案被切实地提出来，待时过境迁后再回顾这种情况，则愈发明显地感觉到这证明了国民智能之卓越。把至今为止国民不知不觉忽视了的事当作一个问题去对待，没有比现在更好的时机了。停留在认

---

① 氏子，受氏神护佑，地缘上居住于氏神护佑的村落等区域，以神社为中心集结的居民。

为历史的学问无论何时都只是古老知识的这种旧想法上，是毫无理由的。关于我们的饮酒习惯的利弊，也务必了解今天和过去之间情况的变化，对现在的状态是否符合国之福祉，必须有明确的认识。各人能够对此自由判断的历史知识，如果说现在尚未具备的话，历史的学问至少必须发展到让大家想要了解即可得到的水平。无论何时都被民间的议论所左右，没有任何自信，甚至连可否都无法辩明，实为掌握权力的指导者之耻。

（昭和十四年二月《改造》）

# 普通人的文艺

## 一

昭和八年五月，我第一次登上隐岐岛。在西乡町逗留的时候，恰逢旅馆附近的大社教分院①正在举行某种庆祝活动，岛上很受欢迎的乡村相扑力士们，兴致勃勃地从各村赶来参加。不巧当天起了风暴，庆祝活动数度中断，根本无法进行下去。因为听起来相当热闹，于是我借了一把伞，傍晚时分晃晃悠悠去看看情况，只见土俵被雨淋湿了，人影全无，只是从周围灯影摇曳的茶棚里传来酒宴的声音。乡村力士的支持者们，因为无聊而喝了起来。男人们只是吵吵闹闹，没有什么像样的对话，坐在他们中间的女人则用好听的声

① 这里的大社教分院，即出云大社西乡分院。

音唱着歌。一位女人年龄三十四五岁，头上包着手巾，一边袖子用布条挽起，穿着短下摆的日常衣服。原以为是茶棚的老板娘在上酒的时候唱歌取悦客人，但是认真看看，她稍微待了一会就离开到用苇帘隔开的另一家茶棚去了。除了她以外，还有好几位差不多年龄的女性往来席间，而且用手打着拍子唱着歌。被称作“艺者”的人在这里也有不少，而且过着和别处没有什么不同的生活。用一个名称来概括她们恐怕不合适，但是不管怎么说，我知道了这座岛上现在仍然有这样一种唱歌的女性。

最初，我以为她们是从同一个村子来的，但是听打招呼时说的话，发现她们来到这里以后才认识并一起玩的。来到这样的地方就能认识很多人，而且大家都预先就知道她们歌唱得好，她们到底是有什么样的境遇与生涯的女性呢？虽然这种唱歌不算是职业，但似乎也是有某种报酬的，但是问她们的话，她们又只是笑笑谁也不说。也有人说岛上有很多这种轻佻的女人，只不过为了喝点酒闹腾闹腾而来的，但我还是觉得无法被说服。幽远的回忆被勾了起来。在四十余年前关东的乡下，似乎神社庆典的日子里，傍晚时分在茶棚的角落也会看到同样的光景。喝酒的时候如果没有女人，而且是没有最会带动气氛的女人的话，过去也是不会发展成酒宴的。今天这样纳税而且为官方认可的职业女性是新的现象，但在以前也有相同的需要是不难想象的。只不过，是另外的谁去充当这个角色，以我们的社会史知识无法回答而已。

九州某岛的方言集中，特别注明 sakamori 是指男女相会喝酒，如果只有男人喝酒的话，不称作酒宴。我认为古代的酒宴可能也是这个意思。天皇家的特殊仪式，女性也会参加，而且不单单是在酒席间替男人倒酒，从她们的日记中可以看到“奴家也醉了”的记录。考虑到过去酒是由主妇管理的，而且酿酒的也是老妪，由她们负责分配方属正式，这一点也颇可以接受。只是，近世的妇德大有进步，很多贞淑妇人都开始对此恶而远之，由谁去代替她们承担这一职责成了一个问题。

## 二

酒在末法时代被滥用妄用的情况之前，必须让应该喝酒的人喝是一种仪式，劝酒歌实际上就是劳动歌的一种。因此，参与当中的女性的任务，比想象更为繁难。即使在进入由于在行军之时，无法由女性伴酒，而让眉目清秀的少年代替的时代后，所谓“肴”还是指把扇子放在膝盖上，或者是站起来跳一支舞。这种风习如今仍然可见于正式的飨宴，所谓“肴”绝不是指大口大口吃着落满尘埃的刺身和鱼糕之类。当座中客人有很多平时不熟悉的外乡人，或者是不知道礼仪的粗汉的话，女性就会越来越无法忍受这样的任务，于是酒宴组织者逐渐倾向于委托受过专门训练的人。这一点在都市里尤其显著。

这种喝酒的礼仪在农村似乎还被严格遵守着。除了酒瓮中总是没有酒，用酒机会极少的人家以外，在座的人都互不见外，即使大声歌唱、轻浮戏谑，也不会有什么可担心的。在我国语言中，酒宴被称作 utage，如果没有女性最为热心的参与，实际上是无法理会这种感觉的。在充满古风的村落里长大的人中，年轻一点的应该也会跟我有同样的印象。总是很少说话，在人前有一点顾虑的主妇和有点怪癖的顽固老婆婆，出席一生中只有几次的重要酒席的时候，也会主动在小规模共饮的飨上劝酒，如果有人要求的话也会爽朗地唱起符合当时情景的小曲之类。无须详细说明也可以知道，这在单纯的兴味之上，显然还会带来一种特殊的感动。整体而言，唱歌在农民当中，过去远比现在更受重视。这种例子一点一点地流传开来，唱歌渐渐地被计入体面女人的平常才能当中。或者是做好哪天看样子说不定要唱歌的心理准备，或者是趁着醉意即兴来一首，无论如何，除记住听过的歌以外没有其他练习方法，所以大多数女性的心底，都会一直存着一些用不上的歌。民谣的扎根之处意外之深。它也曾“发芽开花”，但因为实在间隔太久，就此枯萎以致痕迹全无，没有被任何人注意到就结束了。现在回头再看的话，唱歌从这个时候的状态转移到职业歌者的过程，也约略可以得知。一开始，是流行歌的频频移植。对于流行曲，上了年纪的人跟不上，就算想模仿也只能得到可笑的结果而已，不知何时就变成了纯粹的听众，他们当中听到年轻人的歌感到厌烦的也随之越来越多。在我出生的房子附近住着寡居的婆媳，她们以孙子的成长作为唯一的乐事，靠做付日薪的短工拮据度日。不久，婆婆老糊涂起来，开始一天到晚都拍着手唱歌。我们觉得好玩，就去听她唱：

酒在酒馆啊茶在茶屋

姑娘啊在大阪的新町

她唱的歌，应该也是很久以前的新曲吧。她听过这首歌以后，就记下来了。酒的供应变得宽裕起来以后，酒宴在什么地方都可以举行。就这样，想要自由自在卖酒的女性，特地唱起另一种歌来，把男人从古风的酒宴“策反”过来了。酒馆新兴起来，家里的主妇失去了对酒的管理权，是普通人的文艺衰微的最大原因。

## 三

至于在海边的渔村，渔船开始往来于本地港口与远方港口之间而很少回到村里以后，村里女人们的歌声也逐渐从酒宴消失，只能看到男人们用难听的声音高声喧闹，想要早点让酒席陷入一片狼藉。今天在日本海冷清的海滩上，还可以看到古风崩解后残留下来的一点古老规矩，时不时听说在远离海岸的海面上昼夜拼命劳作的渔夫，回来后并不会回家，而是马上把村里的姑娘们都叫来办起酒宴。这原本应该不是城里人想象的那样粗俗混乱的习惯。与此非常相似的做法，原来在农村也有很多。一般是秋天的收获结束后，确定日子男女一起游乐，而在这样的宴席上，既有酒也有歌声。一部分好事之人推断这样的酒宴是男女间可以自由恣肆交往的公认机会，但若是如此，则此风不可能持续很久。因为，正如人人都知道的那样，爱情必然伴随着嫉妒，必须是独占性的。因此，这种酒宴会导致正式的婚姻自不待言，风气也并不会因此而败坏。如果说有什么必须谴责的坏事的话，那应该是另一种新的体验，也就是酒宴的形式一点点发生变化，参与其中的另一种女性学习和传唱轻薄的恋歌，村里的少女们默默地听了以后的结果。最近，在诹访的山浦地区，小池安右卫门君采集了当地老夫老妇所记得的数百首歌。有趣的是，这些歌的过半数，是隔了一道山岭的长久保新町的妓女们所唱嘟嘟逸①调的歌。村里的姑娘们既然模仿着唱起了这样的歌，理所当然地，她们的想法也会发生变化。即便是不声不响地听，风气也无法不因此变坏。无论如何，她们自己的情感和才华，都失去了被发现和选择的机会。所谓有口无心的诺言容易许，也是无可奈何的事。只是，所幸这种状态在日本来得迟，去得也快。在此之后又当以什么样的目标去试探对方的心意，则又尚未可定。需要重新考察民间文艺中被年深日久埋藏着的表达方式这一点，在其他方面也可以看到，但由于婚姻是全民族人人都必须认真思考的问题，因而需要特别细致地去彻底探寻双方交涉的痕迹。若将此视作闲人之闲事，我是不介意的，但为了世间着想，希望不会如此。

## 四

唱歌使男女间的关系融洽一事，《古今集》的序言中已有断定。

---

① 嘟嘟逸，宽政末期至文化年间形成的俗曲之一，由 7、7、7、5 共 26 字组成，多为细致入微表现男女之情的作品。

这不是进入彩纸和短笺的时代才新出现的现象，关于这一点我想应该已经非常清楚了。但是，以为只有首先受过文字教育的人才能拥有这种特权，也就是说认为唱歌的男女之间无须互诉衷情的人，现在颇为不少。然而，现实与此正好相反，上流阶级缔结婚姻时互通消息已经仪礼化、形式化了，平常的男女之间的婚姻却名副其实地是借由唱歌推动的。即使市镇和港口上行为放纵的女人们已经失去了对酒和歌的管理权，这两者和婚姻之间的关系也仍然是很紧密的。即便是寻求一夜的临时伴侣，男人们也必定会遵守这个先唱歌以使关系融洽的顺序，保持着和他们不相衬的信义。这样一种奇妙的习惯，不可能是突然出现的。过去的酒宴决定着人生的幸与不幸，因而是非常重要的机会，如果由这种现象反过来推测的话，仔细推敲还可以看到其留存的痕迹。现代的游荡文学中，充满了由酒结缘，因歌动心，结下意料之外的姻缘的故事。今天，若非实在是闲人，没有谁会去仔细思考这些事情，这也是理所当然的。但是，在过去的社会状态下，也就是在人们很少会到出生地以外的地方去，既没有茶屋，也没有花街柳巷的时世当中，当时已经使用的配偶选定之法是极为认真的。在没有其他记录以供了解的情况下，必须将这些当作间接资料使用。

（昭和十年 《短歌研究》）

# 古宇利岛的故事

在冲绳，很早以前八郎为朝[①]登陆的运天港外海，有一座被称为古宇利的岛。这是一座非常缺水、光秃秃的岛屿，但是据说这里有一个由岛名传承下来的久远的神代的故事。岛上居民的祖先是由兄妹二人所生的。为了使这座岛成为人类的岛屿，兄妹二人在灵鸟的教导下结为夫妻，因此现在这座岛被称作古宇利。将恋(koi)转读为 ra 行的 kouri 是冲绳当地的动词语法，如果要用文字写下来的话，就是恋爱之岛。

和这个相同的故事，实际上已经在中世的书里作为土佐妹背岛[②]

① 八郎为朝，即源为朝(1139—1170)，平安时代末期武将，源为义(1096—1156)之子。

② 土佐妹背岛，《宇治拾遗物语》《今昔物语》等记载的兄妹漂流至无人岛，婚配产子的兄妹婚故事的发生地。据说今属高知县宿毛市的“冲之岛”就是该无人岛。

的由来被记录了下来。再往西南的各个岛屿去寻找的话，也并非没有这样的例子，其中包括割据台湾山地的蕃民，几乎每个部落都保存着这样的故事。若作朴素单纯的推论，则将人类的起源寄托于乱伦实属自然，而且他们当中甚至还有和诺亚方舟相同的，世界为洪水淹没，只有符合神意的人才能生存下来的信仰。土佐则有从能登和土佐两国漂流而来的男女两人，在这里相遇成为岛上居民的始祖的传说，这恐怕是想象的翅膀完全成熟以后的飞跃。在八丈岛被称为“种姥”，又或者是“橹生儿”的故事说的是，在大海啸中有一位抱着橹的女性，是唯一活下来的人，幸而当时她已经怀孕，后来生了个儿子，人类因此没有绝种。

关于这些故事广泛而长久地流传这一事实，我想今后必定会有人去阐述其中的幽玄理论，但这不是我现在想要尝试的事情。作为一个小小的话题，我想提供的是 koi 这样一个日语词语的令人意外的内容进化。我认为，我们的语言无论大小，没有一个不是源起于有形的事物，没有一个不发生于能看到、能摸到的东西。那么，这个词语是在什么时候，因为什么机缘变成现在这样不知其所往，又难以想象其际涯的、大如汪洋的词的？可以的话，我希望再一次静下心来思考一下这个问题。

关于“恋慕(kofuru)”的词源与动词“乞求(kou”)相同一事，很可能已经有人阐述过了。词语在任何时候，都会由于时代和社会的事情而分化。其中，kou 始终没有表现出令人瞩目的词形变化。与此相反，只有这个限定用于男女间关系的 kofuru 一词，由于有很多不同的用法，必须要依靠记忆和想象才记得住，因而很早就产生了名词，稍晚一点又形容词化了。而且无论是谁，都一直在用这个词。村落是恋爱的唯一活动场所，如果男女二人能够无论日夜都衣袖相牵，互相看着对方的脸度过人生的话，必须被赋以恋爱之名的情况已经很少，更不用说“令人爱恋”这样的形容词之类，则应该更没有被新造出来的机会。但是，我们的历史与此完全相反。男人的工作在山野、在海上，又或者是在遥远的异乡。即便不是如此，由于日本的婚姻制度，只要上一辈的主妇还在管家，年轻人在白天就要分开来，过着雉鸡雌雄分居一样的生活。恋爱比其他任何事物都更多地以丰富的文艺咏叹，其主要原因之一就在这里。

这恐怕最初是周围更加随时随地可以看得到的人类行为。我们身边就有一个例子，但是它也正在被逐渐遗忘。在中世的相扑专用词汇中，“乞手”就是挑战的意思。在《古今著闻集》①的第十五章中

---

① 《古今著闻集》，镰仓时代中期的说话集，橘成季（？—1272）著，20 卷，收录说话约 720 篇。

可以看到好几个例子。略举其中一二的。例如，一个叫时弘的男人，“频频向宗平乞求相扑，总是说如果输了时弘就把头割下来，如果宗平输了那么宗平就把头割下来”。又或者一个叫弘光的力士，对一个叫伊成的年轻力士表示轻侮，“据说以左手乞手”。这里的“弘光伸出的是左手，而伊成则用右手把他紧紧抱住”，由此看来，现在所谓抱摔的动作，原本是被称作 tekou 的。他的用法和普通的乞请不同，即便有 tekoi 的名词，相扑界也不会把它当作表达企盼之情的形容词使用。它因为缺乏变化，不久就被弃用了。

“恋爱”这一词的内容与此相反，逐渐向外扩张，同时也不知不觉就变得高雅起来。应该说，这正是拜和歌所赐。但是，指导民众使用其固有的意义这样的事，到底无法办到。因此，若非将这个说法整个弃用，就无法避免清浊二流所用语言的意义不断让这个理解变得混乱。近世文学方面，也有井原西鹤①等人，因为原来是持有唯物史观的，可能无论什么事情都会向其背面寻找理由去进行解释，实际上自古以来 koi 就是俗物。因此，在读芭蕉翁朴素的俳谐

① 井原西鹤(1642—1693)，江户时代前期浮世小说、净琉璃作者，俳人。大阪人，本名平山藤五，别号鹤永、二万翁等。在谈林俳谐中，以自由奔放的句子而被称作荷兰西鹤，曾一昼夜独吟二万三千句，为在一定时间里独吟尽量多句子的矢数俳谐竞赛画上休止符。后专注于浮世小说的写作，留下了大量雅俗折中的杰作。

中，会看到这样的句子：

送出松果武隈之礼

草枕难眠恋爱却颇驯熟

此事难向岐神说

像这样的俗世之言也可以想象。另外，著名的《炭俵》中有此一联：

干叶切丝置饭上却心神难定

良人不赶马之日在家中相恋

七刻响起收丝人的脚步声

这些显然是寒素农舍里最凡庸者的生活，和歌已经远离了这些题材，而俳谐却仍然以这些客观的情趣为对象加以吟咏。宜麦①的《续绘歌仙》虽是由同一派的人解说，却已经不解其意，徒有如傀儡

① 川路宜麦（1757—1828），江户时代中后期徘人，善画，著有《绘歌仙》《续绘歌仙》。

戏一般的画。语言就是这样，在短短的岁月里受到学问的影响，含义发生变化，逐渐与过去人们的感觉不同起来。

现在读《六帖》①的恋歌，十中有一是求婚的歌，其中又有一半左右的内容是告别以后为对方担心，其他大部分都是已经结缔契约者的咏叹。在男女二人很快就在同一屋檐下生活的今天看来，这都是一些会让人想“如此鄙俗之事有可能发生吗?”的文艺作品，因为古人年轻的岁月里只有夜里男方才到女方处，所以才会不时出现这样的名作。换言之，这些文学作品不过是日本婚姻制度的产物。到了中世，婚姻在相隔遥远的地方之间缔结，而娘家的情况也有所变化，媳妇入门的时间越来越早，除非是偷情的男人，否则已经不需要这样与女方互通消息，恋歌也成了不体面、不正经的事物，而另一方面又仍然题咏恋歌，单单堆砌辞藻、空言无物的风气一直流行，令人觉得甚是奇怪。说吉田兼好是好色法师似乎冤枉，但是正因为有平生的练习才会被求代笔，实际上同一时代的顿阿②的集子中，萍水相逢之恋和离别之恋的题咏比比皆是。虽然据说契冲身为

---

① 《六帖》,《古今和歌六帖》的略称，平安时代私人编撰的和歌集，撰者、成书年代不详，共6卷。

② 顿阿(1289—1372)，南北朝时期歌人，俗名二阶堂贞宗，和歌四天王之一。

僧侣厌恶这些歌，但是慈延也好澄月也好[①]，都没有因为这种作品就被认为是不守佛法的僧人。不仅如此，深闺中的尊贵小姐们，也会乞求老师，吟咏学习这些歌，我们在少年的时候也虽然不解其意，却似乎并非不擅此道。所谓不知恋爱滋味，原本适用于尚未结婚的人。而那些知道恋爱滋味的人们，却由于时移世易而不再感到有必要吟咏恋歌了。

（昭和八年六月《短歌民族》）

---

① 慈延(1748—1805)，江户时代中期僧人、歌人，信浓人，和歌四天王之一。澄月(1714—1798)，江户时代中期歌僧，宽政期和歌四天王之一。

# 关于漂泊妇人

## 一

《卯辰集》①所收加贺山中温泉的三吟歌仙中，下面这一续特别有名，但是，我还没有看到过关于它的注解。

雪霰飘降中左边山上的菅草寺　　北枝
在乡间谋生的游女②四五人　　曾良
墙上留书有恋慕之人的名字　　翁
虽未剃发却绝鱼荤　　北枝

① 《卯辰集》，江户时代前中期俳人立花北枝所撰俳谐集，1691 年刊行。
② 游女，一般指前近代社会在游廓、驿镇向男性提供性服务以谋生的女性，而本处所引俳谐中的“游女”与此不相符，故有下文的疑问。

这里产生的第一个问题是，俗称菅草寺的寺庙在什么地方。如果这不过是谈林风①那一类由作者凭空创造的名字的话，那么这段连句的写实意义就大减了。但是，我总觉得不是这样，因此一直在查找。隐约记得可能是在近江，但是即便不是如此，只要确实存在，那么就产生了第二个问题。这座寺庙在山谷的略高处，被杉树林掩藏，只能看到屋顶的一角，从庙里下来的小路到了三岔口处，有四五位看起来不像当地人的女性经过，也可能是在路边卖茶的小屋里坐着休息。这样在旅途上的女性，在那个时代的人们也能够看一眼就称之为游女吗？会不会是今天我们认为是往昔的游女的女性，在芭蕉翁的时代还过着在乡间谋生的生活呢？无论如何，这些句中所描述的情形都必须是在现实经验的基础上，才能成为让我们好奇的问题。

在曾良到加贺国来伴随师翁的数日前，芭蕉翁在越后一个名为市振的海边驿站住宿，偶然和两位新潟的游女同宿一店。芭蕉翁一边同情着她们的境遇，一边被这一夜的邂逅引发兴致，心有所感吟诵了一句：

---

① 谈林风，以大阪的西山宗因为中心，在延宝年间(1673—1681)盛行的俳谐一派，形式上以奇巧的俳风和自由的表现形式为特点，蕉风兴起后逐渐衰退。

## 与游女一室共寝如萩与月

曾良听了后，急忙记在自己的记事簿上。如果只是游女有时候会在外旅行这一点，对芭蕉翁而言是最近就实际体验过的事情。因此，也许有人会认为，只要记得与游女邂逅的事，这样的连接句就自然会在脑中浮现。但是这两位新潟的女性，是以到伊势参拜为目的，由一位年长男性送到国境的关所的。江户、大阪的净琉璃剧中出现的有恩主的游女，只有在私奔之时才会外出，但是在地方则似乎直到最近仍然相当自由。事实上，在芭蕉翁以后又过了上百年，就有号称越前三国某人的游女俳人来到江户，在各个旧识的家中到处游玩的例子。有很多游女会经过长途旅行从远方而来。我们觉得好奇的只是，她们三五成群，做所谓在乡间漂泊的营生这一点。因为，这已经不是单纯的旅行了。

在乡间谋生这个说法，其实在《源氏物语》的夕颜卷也能看到。京里的小民在那个时候，已经知道在秋收的丰裕时节，到农村各处游走、做小生意赚钱的各种门道。而且，这种事到现在仍然在继续。我们的地方文化因此受到刺激，虽然什么都没有做却一直在变化和革新，而且得以养成自主发展的力量。最近，能够证明这一点的实例逐渐被提了出来。国家的全貌并非保持原样，无论好坏，使国家变成新模样的外部力量，如空中吹散的花粉和孢子之类一般的事物，很可能曾经有过这样一群极为温柔的女性参与其中，而且直到最近仍然在发挥其功能。这样一个问题，以游历文人不经意的一行诗句的形式，出现在我们面前。

## 二

在思考这个问题之前，恐怕首先有必要注意一下芭蕉翁对曾良的这一句是如何应接的。我的解释是，因为墙上留书不是游女这种人会做的事，留下这些墨迹的应该是此前来这里住过的某个男人。而且，留书时写的不是自己名字的，一般也不会写别的男人的名字，所以这里的“恋慕之人”指的是游女。叫她们 kimi 也好，上臈(joro)也好，恐怕都是因为她们在平常日子里化着妆，穿着鲜艳的衣裳，在民间相当引人注目。[①] 无论如何，紧接在后面的北枝的付句中，她们被描写成上流社会的未亡人，因丈夫先逝而观照无常，可见前句基本上可以理解为女性的名字。因此，这句的连接方式，

---

① kimi 和上臈(亦写作“上臘”)，用在女性身上，原意均指上流妇女、贵妇人。“臈”“臘”原意为僧人积累安居之功(佛教用语，指在4月15日至7月15日内不外出，在寺坐禅修行)的年数，“上臈”即高僧。

应该相当于所谓 nioi 或者 utsuri。曾良是想着眼前可见的游女在乡间游走谋生的情形去描写的，而前句已经描述了它的背景，到了北枝这里，则让人感到这种事常常发生，把它当作一个概括性的事实去模糊地描写。这种现象在由不同的人分别创作的表达情感的二句连歌里一般不会发生，但是这个例子里是有时间的推移的。也就是说，在游女不时来歇息的店家的墙壁上，不知何时被写上了受到高评价的女人的名字，说不定旁边还写着“想把我的命给你”之类的文辞。如此一来，这个墙上的留书有着笔者所不知道的趣味。说不定这里的故事正是在市振的“同一家店”里的经历。虽然小宫君说并非不可思议，但是每知道芭蕉翁的一点事，我都会感到惊讶。

无论如何，游女到既非市镇亦非港口的地方去讨生活这样的事，芭蕉翁也很了解，使曾良转向了最为适合他的想法的，而且是崭新的俳谐的境界的，完全是一位良师所应该做的那样，导出了后面的付句。这确是恳切之至，同时，我认为若非因为在这个时期，这种游女的生活应该是相当普通的社会状态，是吟咏不出这样的句子的。在北国，游女不时会外出行游一事，虽是偶然，但还是留下了另一个证据。它在《葫芦》的第三歌仙中：

浮世无非苦泪和冷雨　　里东

雪橇之上游女身影寒　　野径

一贯文穿起百文钱　　乙州

中间一句里，游女乘着雪橇穿行在雪中，身影看起来甚是清冷。这个样子，即便有借口，也无法说成是到伊势神宫去参拜，再加上后面付句中的一贯文、百文钱之类，无论如何都无法让人不认为是游女的身价钱。游女原本被称作 ukareme，她们有歌舞管弦之技，这种技能被称作 asobi，而 asobi 又恰好可以写作汉字“游”，两者之间哪一个是本源，到后来已经不清楚了，但至少“行游”一词有不停留在一处的漂泊生涯之意，和游行上人①的例子做一对比即可知道。即便是行游妇女，在乡间游走谋生也丝毫不会令人有可疑之感。让人开始感到这种情形有违常理的，应该是近代②的青楼文学。实际上，就在这个时期，远途旅行的女性明显减少了。歌中的比丘尼被市井中的卖春妇代替，但这些歌很快又收敛了。由此，乡间又变得冷清起来，代之而起的是歌唱被视作恶习的事物。我们正

① 游行上人，在各地行游的僧人。

② 近代，日本历史时代区分之一，封建制废止以后的时代，指明治维新以后到现代为止的时代。

尝试认真探究的婚姻制度，也受到了很大影响。

## 三

读《深处的小路》①之类的文章，不难发现令芭蕉翁感伤的一家店里的游女等，她们“无法信守的盟约，不可靠的平常业因”，与今天所说的如竹浮川上一般的浮浪之身并无不同，但她们的打扮，绝不会是真正在乡间游走谋生之人所能做到的。曾良所描写的四五人的一群，又走的是完全不同的道路。在这里，如果再次就字面意义上的“游女”，也就是游走四方谋生的妇女都有哪些种类进行思考的话，越后在过去和现在都是很多女性旅行的地区。干净利落地穿着双色织花的劳作衣物，打上护腿，背着营草的篼帽和小小的行李，游走四方卖药的姑娘们，因为实在是眼前太过常见的事物，无法对其加以评判，但是她们的工作似乎是历史上就有的。在此之前，还有肩扛三弦，脚踏高齿木屐，头包手巾的异样的旅行装束的瞽女，在春天的乡野小路上如候鸟一般，喧哗着牵在一起行走。如果问她

① 《深处的小路》，松尾芭蕉所著俳谐纪行，1 册，1702 年出版，记录芭蕉翁与门人曾良于1689 年3 月从江户深川出发，周游奥州、北陆各名所旧迹，9 月到达大垣的见闻。

们的话，她们都会说来自越后。实际上，她们在所到之处得到补给，有缘的话甚至会停留在某个地方。现在，被认为是她们的末流的人，拿着政府公认的证书在东京过着很好的生活。我们所目击的，不用说，是她们极度衰颓的最后模样。她们过去曾经是一个有约束的组织。就我所知，诹访和松本等地，还有静冈，关于她们都有各种记录，而在越后则数以高田为中心的组织最为有力。市川信次①君曾经拜访过其中还活着的老人，调查记录了她们记忆中的礼仪和规定。根据年资和阅历，按顺序担任头领之责的做法，和真言宗的臈次②制相同。这种制度的监督是相当严苛的，简言之就是古来的惯例得到了严格的遵守。对村里的农家给她们的物资和数量，巡回领取的时间和人都是确定好的。分配比例虽然不成文，但也是固定的。这些全部都不会得到明治新政府的官方承认，其后遵守规矩的人逐渐消失，生活的基础也被颠覆了。与九州的盲僧等相比较的话，佛寺的势力无法覆盖她们，这也是使人感兴趣的特色之一。因此，瞽女们在仪式上也不念经，只讲分段构成的长篇叙事诗。也

---

① 市川信次(1901—1982)，新潟县上越市民俗学者，师从柳田国男，涩泽敬三所创阁楼博物馆成员，日本常民文化研究所同人，长期进行高田瞽女的田野调查和研究。

② 臈次，法臈(安居)的次序，僧人受戒后所积累的法臈年数。

就是说，我们所说的游艺，就是她们的官方职分。这种技艺的学习据说是相当严格的。良家女子中若有不幸失明者，由父母像出嫁一样打扮好，送到瞽女之家中。这种累积年资逐渐上升到更高地位的做法，与尼庵等的制度并无不同。不用说，她们的品行与今天所说的游女是完全不同的。此外，这些瞽女们为了有人带路，会养育双眼能视物的小姑娘以供驱使，据说这种做法与雇工相同，等到了年纪便替这些小姑娘安排婚事，绝无不检点的做法。

但是，这样正式的瞽女巡回的村庄，似乎一直都限定在很小的区域。所谓游走乡间谋生，指的是离开了这个区域到外面去，她们就未必如原本那样受到严格的监管。例如，在信州，很偶然会有道德不甚坚定者，必定是外来的游方瞽女，也就是越后被称作 goze 的。在关东的乡间，坚守规矩的世家每年都只会请固定的瞽女，在上总还有保留着 reinogoze① 这种地名的村落。但是，我这一代在懂事以后，就算记得见过这个人，来来去去的也只有不知根底的瞽女了。此外，还经常听到生于不幸之家，眼能视物的少女被瞽女带走四处行游的事。这种情形现在只有老人才记得了，当来了瞽女，村里就会出现小小的骚动。所谓不好的村子，就是指这种女人来了以

① reinogoze，即“按惯例固定请的那个瞽女”之意。

后，会待很久的村子。不知道是怎样确定的，瞽女每年留宿的人家都是固定的。但是，和在越后的老家附近留宿于不会被当地人轻视的世家相反，在这里则会留宿在没有约束的年轻夫妇家，有时候也会住在卖酒或者炖煮熟食的人家，诸如此类。因为，到了晚上，想记住几首新歌的人就会聚集到她们留宿的地方来。和只在白天沿门卖唱不同，她们可以借此多得到一点收入，至少能省下食宿的花销。如果“卖笑”一语完全取其字面意义的话，从她们这里买得最多的恐怕是粗野的乡间笑声。同时，所谓辗转流动的生活，在她们身上也得到了最为贴切的体现。

## 四

但是，曾良的付句所描写的游女，我并不认为她们可能是盲人。当时，除了前面所说的一种瞽女以外，似乎还有各种上臈在村落间游走，只不过瞽女因为有制度的保护，一直到最后都没有转变而已。我一直想在还来得及的时候，把地方的人们已经碎片化的记忆，还有哪些叫法的游女在游走调查并记录下来。秋田地区的风俗中，妇女裸体参加求雨的例子可见一二。女性相扑似乎也和这个有点关系，据说举办这个的话来年必然多雨。这样的人，她们的故乡也必定会在某个地方。在石川县某处，拿着与过去的时事木版画很像的单张新闻纸，一边唱着一边卖这种纸的也必定是一群女性，有的人会称之为女性相声。她们看起来似乎不是附近村落知根知底的人。其中游方艺人等全年巡回演出的人，应该有很多我们是知道其背景的，当然也有一些是成年以后才加入这个行业的，然而她们行动背后的力量是有系谱的。例如，离开熊野移居到伊势、热田一带，很快又让位于另一种势力而消失了的比丘尼众等，在这片国土上曾经蔓延过的漂泊妇人的名称是很多的。无论是没有后代地死去，还是生下优秀的孩子，女性死后便无声无息是平常之事。一旦名字消失，要问其终结也不再可能，但是如果没有她们就无法传播的歌曲和故事，变成了长久的纪念，留在全国的各个角落，让我们的民间文艺得以成长，使以割据为能事的土地经营者对自然和社会的情操得到统一。这样的功绩，不得不认为大部分应当归功于这些柔弱的漂泊者至今为止的看法，实在是太过偏颇了。

关于应该被视作游女成因的这个问题，还处于留待解决的状态。女性一般会和家捆绑在一起，而家又是将其不可移动的基础打入土里的，正如《古志》中的努奈河媛的歌中所咏的那样，女性不同于男性，只会在一处缔结婚姻。但是，游女们往来于千里山川，将一身托于无限数的命运，如果这样做有原因的话，必定是不同寻常的。因此，大量历史学家关于其原因的观点中，第一是出身的差别。我也曾经想象过，在江口、川尻的船屋中老去，或在野上、坂本的路边打着伞，向东来西往的旅人送出爽朗歌声的女性们，从最初开始就存在这样的生活样式，是进入日本的人们的后裔。但是，近代所记录的时事却完全没有支持这些推测，反而是反对的资料汗牛充栋。至少在中世以后，新加入游女行列的原因有很多。先把父母贫困，将女儿送到外面谋生这样小说风格的记录放在一边，普通家庭出身的女孩逐渐成为她们中一员的门路，似乎大为开放了。以在地方有势力的神社或寺庙为后盾，靠宣传其信仰谋生的女性之类，不乏因为太过古老而无法知道其家庭出身的，但现实是，当中加入了很多新的志愿者。整体而言，认为沿门乞物之辈全部都是模样落魄之人的观点，恐怕是有些偏颇的。因为，作为与农渔山村固定在某地的生计相对的一种谋生方式，有一些事情让人感觉应该还有某种仅在她们当中存在的动机、目的之类。在福岛县面向大海的村落里，不少有名的世家都祭祀着 shinme 神。这个 shinme 神与仙台附近的 tode 神、南部领的 oshira 神大致相同，通常是用木头雕刻的木偶神。据说，一直传承这个神的人家，现在都陷入了困境。就这样，这个神常常出现在这些人家的女人梦里，不断催促她们离家远行，如果不照做她们就会生病。想要避过此难，她们必须每年至少一次，悄悄地背着这个神偶到没有人认识的地方去游历一圈再回来。今天，这种事已经变得比什么都麻烦。这种事也许可以从精神病理的方向得到说明，但是无论如何，过去从寻常人家脱离出来，进入这种漂泊生活的女性，很多时候在其背后都有某种无法拒绝的暗示起着作用。正如在能剧的各种狂曲中看见的那样，那些在异地他乡尚未能得到信任的人们，为了寻得自己新的立身之地，恐怕自然不得不讲起故事或是歌舞起来。所谓带着神秘气质的女性，无论今昔都大多是饶舌地，又或者是不顾脸面地，讲述像是只有她自己知道的神秘事实。因为她们向庸众讲述诸神的事迹，当时的人甚至认为，神特别选择了一个纯洁美丽的人，让她迷乱。因此，如果将来对这种应该被称作宗教性动机的情况有更多了解的话，也许就可以说，歌和故事之类不仅是初期的业态，还是导致游女这样在全国各地漂泊的、原初的力量。至少，承认游女是被某些人所贱视的职业之类的，与此相比不过是极小的偶然而已的时候，应该就会到来了。

## 五

为了简短地结束这个话题，我在最后再引用一个例子。在冲绳，游女被称作 zuri，汉字写作“尾类”等，但是这个叫法的起源尚不明确。在那霸的市街边缘画出三个区域让她们集中居住，是从近世才开始的，而且似乎是政策强制实行的结果。在这样做之前，她们应该散住在各地，但关于她们生活方式的记录尚未发现，仅在民间传说、歌谣之类的片段里，能够找到 zuri 游走于乡间的痕迹。但是，北邻的大岛诸岛的情况则与此相反，所谓游廓在哪里都没有，而游女则在每个岛上都有。zuri 在这里被称作 zore 或者 dore。这一词语本身似乎也带有“游历”的意思，此外据说还有 mawarizore 的说法。她们与关东的瞽女的不同之处仅在于眼睛可以视物，此外其他地方都非常相似。她们在各个村落留宿的人家都是固定的，到了夜里青年们就会在这里聚集，让她们唱各种长短歌曲。还有特别为其支付酒钱的一位青年可与其结一夜姻缘的说法，她们的道德感不用说是比较淡的，但是若论其职业，则不外乎是将歌曲送到大量公众面前而已。实际上，不仅无数的古来名曲借由她们得以保存和利用，同时她们还是新作者。《奄美大岛民谣大观》[①]记载，岛上的宴饮中即兴所作的歌最受珍重，尤其是在有男女竞歌游戏的场合，对歌时表现敏慧之人会得到异性的长久爱慕。在岛上，弹三弦基本上

① 《奄美大岛民谣大观》，文英吉(1890—1957)编著，1933 年出版。

是男性的技能，女性则都将才能倾注于歌唱的旋律和言辞上。男性歌手大多是一乡名士，与此相对的，因为唱歌而为人所知的女性，则似乎大多是zore。

zore这个名称，有时会用在比较广泛的意义上。评论一个女性心定不下来，换过好几个男人时，也会说她“有zore之名”。有歌唱道：“并非因为唱过歌而有zore之名。”由此看来，恐怕是因为能歌的才女吸引的人自然会多，于是有了难以长期坚守节操的倾向。由于在海岛这样的小社会，人们之间没有比职业更明显的区别，所以可能是仅仅因为所谓zore的名声在外，而多少令人更加容易接近了。以前读故事册子《和泉式部》，其中“往昔曾有名为和泉式部的游女”一句，使我甚是吃惊。但是，在此书面世的时期，我国的游女应该和大岛的zore差不多。在大岛的笠利，一位名为鹤松的女性，尽管不是那么古旧时代的人，仍然被作为岛上的一位和泉式部加以赞颂，她所吟咏的歌现在仍然留在人们的记忆里。在歌词中留下美名的女性，进入明治时代以后仍然有很多。其中节子的名为“富”的zore恐怕是最后一位，现在八十余岁高寿，嫁与猎人为妻，一直生活到现在，而且据说仍然记得很多古老的故事。这些女性的末路固然使人感兴趣，但是她们如何开始这样的生活则更加令人不可思议。尽管岛上似乎没有所谓游女的家族传承，但是却接连出现，这里应该藏着至今未曾被思考过的其他原因。

## 六

zore 在大岛也被称为 sakashi 这一点，我感到颇有深意。sakashi 无疑是有才气的、能够根据当时的情况唱歌应酬的人的名称，但是在此之外，似乎还必须具备美妙的声音和清秀的眉目，以及饮酒戏谑的气概。这些条件的一半是天生的。但是，不能说这就是幸福，原因是在过去很多时候会因此而失去进入正经人家的机会。在过去的传说时代，这样的人被称作 morofushi，也就是将一生奉献给神社，为其歌舞的人；或是据说嫁给了水的精灵，最后静静地拖着长长的衣裾沉入池沼底下；也可能会在山间河谷的岸边洗着野菜，向路过的贵人唱出艳辞丽句，得到赏识后到其家中供职，让家乡的父兄为之高兴。但是，随着世事推移，这些也都变成了美丽故事的梦幻而已。即使她们拥有让人一时恍惚的力量，也不足以消弭自己平常的不安。这样的女性非常喜欢参加男男女女的酒宴。虽然不如南方的岛屿那么多，但是在寒冷的东北偏僻村落里，也不时会有如此天赋异禀的女性。例如，青森的

《浅濑石川乡土志》[1]中也有相关记载：直到明治维新前后，城下町里的年轻武士会有带着酒，晚上偷偷去当地一些著名的善歌美人处玩乐的习惯，其中一位名为鹤的女子尤其著名。日本海一侧的港口，船只往来的间隔当中，等待合适风向和晴天的日子年年都很长，这些女性会派上用场一事自不待言。但是，奇怪的是和大岛的sakashi刚好相反，这里却煞风景地用goke这样的说法称呼这些女性。goke自古其汉字就被写作"后家"，虽然后来逐渐限定于死了丈夫的不幸女性，但是这一词语的用法在奥羽则通常较为广泛。长久独居的人都被称作goke，又或是陪在年老男性身边照顾日常寝食的女性，也被称作goke。简言之，就是没有能力依靠唯一一个与其定下盟约的青年并维持单纯的夫妇之情的可怜之人，除此以外再无其他意义。没有这种人的社会固然令人期待，奈何无论内外，不仅都需要这样的临时伴侣，而且她们也借此打发一生中最好时光里的寂寞。从一开始，她们就无法为晚年打算。正因如此，才逐渐产生了与她们有关的为了结下缘分而试探人心，或者为明日之难测的哀叹忧愁之歌。她们的漂泊有着过于明白的动机。在年轻美丽的岁数

---

① 《浅濑石川乡土志》，青森县黑石市浅濑石川地方志，佐藤雨山、工藤亲作著，1931年刊行。

里，她们受到众人的追捧，也可以住在父母家里。如果类似的人不多的话，也可以成为村里的 zore 度过一生。但是年老色衰以后再也没有吸引异性的能力，便不得不成群结队尝试远赴天涯之旅。这些应该就是曾良等人所看到的，在乡间游走谋生的游女。

迄今为止，书写游女历史的人们，尽管都切实关注到文献中的史料，但都只关注她们个人的境遇，完全没有注意过她们作为群体的生活。这可谓是奇怪的现代风视角。游女稍微年长，簇拥的人越来越少，渐渐开始借着歌谣和酒的兴头，互相试探男女之间心灵的角角落落，努力把握难得的安定下来的机会。即使是无心之人淡淡的旁观，也实在是令人颇感陌生的人生风景，更不用说醉过以后再醒来的旅人，恐怕看到这种情景而无法不深深叹息。我们每次读到都为之心动的连句中，有"热田三歌仙"中的如下一联：

| | |
|---|---|
| 游艺人歌咏的名月关 | 桐叶 |
| 有趣的游女秋夜自晚至明 | 翁 |
| 灯火在风中摇曳红粉碟 | 叩端 |

这几句所描写的确是成群结队旅行的女性们的生活，在静静地沉醉于她们的歌声的人们背后，秋夜渐晓，东方的白云似乎带着浅

浅寒意飘过来。这种连人生的角落里的寂寞也不会遗漏的，正是我们的芭蕉翁的俳谐。恋爱毕竟不是那种应该交由人来人往的十字街头的行人谈论的、细小而简单的问题。

（昭和九年四月《俳句研究》）

# 寡妇与农业[①]

## 一

关于乡村生活，尚有几个未曾说明的问题。这与其说是观察者的遗漏，不如说是仅靠汉语思考问题的弊害。例如，一季稻作作业的结束，原本以日语是如何表达的呢？这种似乎已经彻底了解的问题即使再被提出来，现在一时间也无法简短地回答。对耕作的人们来说，这是比什么都重要的一个分割点。在历书还没有从中国传过来之前，也有一种说法，认为两年之间的境界是以作物成熟为标志的。到了近代，这个时候也一定会有感谢的祭礼，而各家各户也会

① 原注：这篇文章因为是数月前于某学校演讲的手稿，其说明大部分是启蒙性的。不够时间将这些内容理清顺序重新修改。切望先辈诸君对这样不懂装懂的做法，不会抱有反感。

有飨宴。这一天虽然没有一定的名称，但确是不可空过的一日。kariage 似乎是这一天最普通的古老日语说法。此外，还有“刈上祝（kariageiwai）”或者“刈上盆（kariagebon）”的说法（《富山市近在方言集》），现在各地还有在这一天举行某种小型庆祝的习惯。也就是说，这个说法意味着过去曾经有过水田的生产以收割作为终结的时代。在大宝令①的时代，物资分配是以稻束进行的。田赋的出纳原本就是直到正税出举，都以多少束多少把来计算的。这就是以“颖”，也就是稻穗来运送和贮藏的、曾经很普遍的证据。如今爪哇等地的稻作生产也还是如此，从照片上看完全是用剪刀和背篓来进行作业的。这是一种需要大量人手，而且完全放弃对稻秆的利用的生产方式。

在现在的日本农业当中，收割并不是稻米生产作业完成的标志。无论是自耕农还是佃农，稻米生产劳动都一直持续到把糙米装入俵袋②中，也就是直到舂米场的工作结束为止。因此，又出现了

---

① 大宝令，即大宝律令，大宝元年（701）制定的日本律令。

② 俵袋，以稻草编成，用于储存和运输谷物、薯类、盐、木炭、水产品等的袋子。其中，装米用的米俵尤为发达，近世以 1 石的收获所征年贡确定俵的大小，多采用可装米 4 斗或 4 斗 5 升的俵袋。此外，能够扛起一个米俵被视作成人的象征。同时，米俵长期以来被视作财富的象征。

被称作 usujimai、“庭仕舞(niwajimai)”①的庆祝仪式。但是，这种arasuri 方法的发明是新近的事，直到近一百年前，很多地方的稻米贮藏还是将谷子囤起来，去壳的工作不过是准备餐食的过程。在去壳臼传来之前，要得到糙米还需要经过用木臼和手杵进行的劳动。古代的舂米部和今天的舂米坊的任务不同，前者主要是以将谷子舂成糙米为目的的。应该被称作大米精白的趣味流行起来的现象，简单地说，是舂米机械使臼和手杵失去作用以后的事。日本东部的很多城市里都存在“粡町(aramachi)”这一地名，可见糙米的调制原本是在城下②的市街进行的工作。

人们很早就不得不承认，将稻谷以穗的形式运送和贮藏存在缺陷。正因如此，人们发明了俵袋。《延喜式》中规定公私运米五斗为俵，但是如果着意寻找的话，说不定也能找到比这更加古旧的记录。正好在那个时代，有一位名为俵藤太秀郎的名士。据说，因为他住在近江的田原，以住地作为家名，作为驱除蜈蚣的报酬，从龙王那里获赠了一个俵袋，因而被称作俵藤太。事物本源的传说自是谎言，据说这是无论如何向外取米都取不完的聚宝米俵，有一次他

① jimai 是日语“終い(shimai)”的浊化，汉字也可写作“仕舞”。

② 城下，即“城下町”。

拍打了俵袋的底部，一条白色的小蛇飞了出来，从此就变成了一个空俵袋，这样的说法更是大谎言。但是，比这个传说更古老的《信贵山缘起》[①]中，有大和的某位富翁的米库的米俵划过天空飞往信贵山的画，明显可见，当时不仅是朝廷，各地的农民也都使用俵袋。无论如何，自从京都人开始在乡间拥有领地并将领地田中所产稻米运到京都之日算起，再用稻束的形式安全运送已令人难以指望。在国司制度[②]下，建立了各国的田赋除最小限度的供御用米以外，都尽量在各地全部用完，以避免运送带来不利的制度。剩余部分虽然令其贮藏，但是远方诸国会尽量将其中大部分用作交易，换成轻便的绢布之类送上京城。这是当时的地方财政法。虽然这是一种农业仓库，但是其动机主要在于行政的方便，而将稻谷贷出去的制度，似乎也是因为有每年都更换存稻的必要而产生的，其计算又非常粗糙，额外的收益便逐渐使地方的豪族滋长起来。就这样，他们的势力超过了界限，军阵往来变得越来越多，俵袋的需要愈发增长，像伏见稻荷的神像那样挑着稻子前往远方的人，我们也逐渐见

① 《信贵山缘起》，平安时代末期的故事绘卷，亦称《信贵山缘起绘卷》，内容为再兴信贵山的修行僧命莲的相关故事，纸本着色，3 卷。

② 国司制度，在律令制(古代日本以律令为基本法的中央集权制度及以此为基础的政治体制)下，由中央向诸国派遣地方官管理一国政务的制度。

不到了。

## 二

在稻谷被装在俵袋里之前的状态，现在还可以看到一点痕迹的，是在冲绳北部农村的“稻真积(inemajin)”。从这一带到奄美大岛，被认为最有特色的高仓[①]的构造，从外形来看，可以说显然是由此进化而来的。稻真积是在每个收获的季节临时设置的贮藏方法，地点大多在耕地的附近，用石头垒成圆形的台基，稻穗朝里将稻子向上堆起来，是一种极为简单而随意的做法。但是，这种做法似乎在日本广为分布。现在日本内地的 niho 或者是稻村之类，虽然以稻村为名，实际上堆起来的只有稻秆。若非在交通非常不便的山间深处，这样把稻子堆放在房子外面就会令人不安，但过去应该还是有稻穗的 ineniho。与日本东部将这种做法称作 niho 或 nyo 相对，西部则称作 hozumi，也有的地方将其音转为 kozumi、suzumi、susuki 等。在十月少雨的中国地区和九州，现在仍然有将收割的工作在田间全部完成的习惯，从远处就能够自然看到生产物所在的地方，用

① 高仓，为防虫害、鼠害和潮湿，将地台架高的仓库。

席子将谷子围起来放在田地的正中央，有时候从火车上远眺也会偶然看到此景。虽然这不是农业生产的问题，但是到秋天的谷祭可喜可贺地结束为止，不能将生产物搬进家中的信仰，似乎还留下了一些痕迹。

总之，在使用脱壳臼和扬谷机，用俵袋装的糙米成为商品之前的时代里，稻作生产的终结应该就是在脱粒的工作结束以后。这一时期，远从所谓俵藤太在世的时候开始，近到明治维新之前，持续了约一千年。幕府的领地从很久以前开始就改成了用米纳年贡，但是小大名的领地则直到江户时代结束，仍有很多地方是收取俵袋装谷作为年贡的。在这样的状态下，很多地方将水田农业的结束称作 kokinte，也并非不可思议。使用这一说法的地区，日本海一侧有越前、加贺、能登等，而将 miteru 作为终结的意思使用的地区，将脱粒称作 kokimite 也是理所当然的，但这些现在正在逐渐被遗忘。根据我最近所读的《石川县珠洲郡志》①，该郡的木郎村将收割结束的休息日称作 kokinte，宝立村则称之作 kokinchi，直村称之作 kokin-cho，都会在这一天准备庆祝用的牡丹饼，供奉神祇，也供人食用。也就是说，在稻子脱粒以后，田里的工作也就告一段落，这一天的

① 《石川县珠洲郡志》，石川县珠洲郡所编地方志，1923 年出版。

幸福必须要加以纪念。

今天很可能只剩下有古风的人还在用这个说法，但这曾是有着相当漫长的历史，同时也是有着人生中最为切身的内容的一个日语词。从农夫的角度看，这是一个和娶妻、入赘、产子、成人、节气、正月等同样，使用时必定会心潮澎湃的词。在信州筑摩、安昙①的各个村落等地，这个一年一度的重要庆祝日，一般被称作 kobasyage。但是，似乎很多人都忘记了为什么这样说，后来这个词变成在表示任何工作完结时都使用的说法。kobasyage 在相邻的富山县被称作 koebashiage，到了新潟县则有的村落称之为 korobashiage(《温故之笺》②)，总而言之都是将脱粒工具收拾好的意思。所谓 ageru③ 意即“收起来”，所谓 kobashi 正确地说应该是 kokibashi，也就是被称作“扱箸”的脱粒箸。由信州北部边境的下水内郡、美浓的山县郡、三河的宝饭郡等各郡的方言志可见，也称过去的水稻脱粒工具为 kobashi。佐渡岛是一个有着各种古老语言的地方，这里也有 koki-

---

① 筑摩、安昙，均为古信浓国旧地名。筑摩为信浓国古郡名，1880 年分为东西两郡，1968 年西筑摩郡改称木曾郡。安昙为长野县中西部、松本市西部的旧村域，2005 年编入松本市。

② 《温故之笺》，越后长冈藩文书编集而成，初篇于明治二十三年(1890)出版，第三十六篇于明治二十六年(1893)出版。

③ ageru 为前文 age 的动词形式。

bashi 或者是 koibashi 的叫法。koku① 这个动作变得不重要以后，这个动词也渐渐不再使用，仅仅在 kokiorosu、shigoki 等复合形态的词中还留有一点残迹，但在方言中还有少许使用。在农业方面，要将大豆和芝麻的果实打下来的时候，偶尔还会有一些需要用到这个动词的地方。正如在放屁和说谎等粗俗的情境下用到 koku 这个动词所暗示的那样，简言之就是让某种东西勉强通过狭窄的地方，让附在上面的东西掉下来的做法。在过去的数千年中，日本的水稻脱粒，正是以此为目的，简单地将两根竹片合在一起，从其中间拉着稻子通过，将谷子刮下来。直到江户时代末期，《三世相》②《女大学》③等家庭用书的扉页上，还刊载了很多这样的农业图。实际上，我等年少之时，还经常在看到这些图片的时候，对它和实际的作业情况差异实在太大感到不可思议。

---

① koku 为前文 koki 的动词形式。

② 《三世相》，“三世相”之说认为，对过去、现在、未来(三世)的因果吉凶，可以从佛教、卜筮、阴阳五行等学说以及各人生日、面相等方面解说。江户时代以此说为基础，将日常生活所必要的干支、上下弦月、日食、月食、解梦、占卜等分为 208 项，加上插图编成百科全书，名为《三世相》，甚为流行。

③ 《女大学》，江户时代中期以后普及的女训书，作者、成书年代不详。全书一卷，共 19 条，内容为封建社会女性观，在江户中期广为流行。

## 三

用这种脱粒箸使水稻脱粒，无论如何都是一种无法提高效率的方法，因此在很久以前就逐渐被改良。例如，在佐渡脱粒箸就徒剩kokibashi之名，实际上在百余年前就已经改为将竹子或是铁的小管子套在左手的两根指头上，夹着稻穗从中间拉过，使其脱粒的工具。虽然很微小，但这也是改良，证据就是如果一开始就是这种装置的话，就没有被命名为“箸”①的道理。而且，这样微小的发明，也还是流传到山间海岸，分布广泛。尤其是铁制的管，农家是无法自己手工制作的，因而它应该是作为商品，在某处有其制造所和宣传中心的，于是愈发容易普及。在萨摩的知览，水稻脱粒工具被称为kanakuda，土佐的中村附近称之为kanabashi，它们有可能都是这种工具的改良品。无论如何，这些应该都不是很古旧的名称。

在关东东北部被称作karahashi的水稻脱粒工具则不是铁制的。虽然我还没有看到实物，但似乎是将数支破开并削尖的竹片像梳齿

① kokibashi的“bashi”即是“hashi(箸)”的浊化。

一样排列起来，将稻束呈扇形分开，从这些齿之间拉过，那么这就不是“刮”而是“梳”了。但是，在我出生的中国地区，人们则按照古来的习惯称同样构造的工具为 inekoki。另一方面，使用 karahashi 的名称的地区似乎也相当多。据我所知，就有群马县的佐野、枥木县的那须、福岛县的伊达等实例。karahashi 不用说是 karakokihashi 的简称，恰与 tsuruume modoki 被简称为 tsurumodoki、白木莲被简称作白莲是同样的。kara 即是新种改良品之意，和农具中的唐臼、唐锄一般，有很多被冠以 kara 或 to。实际上，这些可能确实是从中国人那里间接学来的。因为，即使是在锁国时代，农书也是唯一可以自由引进的，而且中国农民的技术，确是有着今天仍然值得敬服的巧妙之处。日本今天的农业方法中，不能说完全没有仅限于本国的发明改造，但其他大部分是从国外采用而来的。即便是直接从同胞邻人那里学来的，其中也有这样一些经过数千里、数千年跋涉而来的事物。

但是，这种所谓文化传播是有条件的。其一，这些是能够学习的智慧；其二，有不得不学习的经济上的必要。如果没有缘分，则即使发明存在人们也不会知道，究其原因，简言之是不具备相应的条件。今天屡屡成为问题的模仿与选择的分歧也在于此。尤其是，其中若有即使必要也无法采用的其他理由存在时，虽然也会有在无意义模仿过程中自然品尝到其恩惠的事，但是至少像民间故事中经常说的那样，让乌鸦模仿鹈鹕似的新技术引进永远不会有结果，这一点也是明白无误的。

从这个意义上讲，所谓“唐扱箸”的发明乃至普及的事实，为我们提供了非常多有意思的经济史问题。将我们在千年的漫长期间用惯了的由两根筷子构成的水稻脱粒工具，一日之间加以改良的原因是什么？也就是，即使外部的原因不过是偶然际遇，发挥内在作用的动机到底是基于什么产生的这样一个问题。在不同的地区、不同的村落，也许会有不同的情况，但是大体来讲首先可能有两点。其一是劳动力的改善，也就是想要尽量进行具有更多价值的劳动。即人们希望在做同样的劳动时乐趣更多，痛苦更少，而且效果更佳。这是从很久以前到如今都一以贯之的潮流，同时也是推动社会发展到今天这般模样的文化动力。即便这种愿望给予了个人主义、资本主义的发生与发展以很大帮助，但它也是令人无法勉强抱之以憎恶和鄙薄的、人类非常重要的成长要素。实际上，可以说正因为这个原因，现在的人们仍然可以对社会的未来感到乐观。如若解放我们的思考，将我们的经验积累到一定程度，注意到至今为止的盲目辛劳大部分可以省略，则实为自然之至。虽然好逸恶劳现在仍然被归入恶德之中，但是徒劳无功也同样自古就被忌讳和嫌弃。

第二点是我打算暂时称之为小农化倾向的现象，这一点可能是日本的特殊情况。也就是说，由于农村的共同作业的限制，农民当中逐渐出现了尽量将所有生产仅限在家人当中完成的想法。毋庸置疑，这种现象的目的和第一点是一致的，但是另一方面，良民也就是独立农家的数量增加了，像过去那样的协同农法逐渐难以维持，他们尽力避免其烦劳，以限定在各自家中进行农业生产，自然而然如上述一般，开始感到高效率的，所谓机械节省劳动力的必要性。当然，其结果愈发促进了各个小农场的孤立性倾向亦是事实，如果没有采用这样的新方法的话，日本的大量农村也许至今还不得不维持着自古以来的生产协作，但是这样的情况也难以断言必然是幸福的。简单地说，在耕地无法增加的情况下，如果因为不断分家而使农户的数量增加起来的话，像过去那样实行古风的大规模农业生产方法到底是不可能的。

## 四

换一种说法的话，近世农村的劳动组织，即便没有 karagoki、karausu 等的引进，仍然面对着必然会发生变化的时代命运。只不过，只有水稻脱粒工具的改良带来了特别大的影响。即使是同样的新工具和方法，也不过是对所谓劳力改良有所贡献，大多在组织方面甚少发挥作用。作为比较，在这里举 karasao 作为例子。它也显然是从中国引进的工具，但是却反过来促进了一种新的共同作业。实际上，直到最近日本的各地还存在各种不同的脱粒方法。一方面既有铁制的脱粒箸已经广为人知的地方，另一方面也有比用两根竹筷更为原始的脱粒作业。窥知日本农村生活变迁的史料中，有名为吾山的徘人所编辑的《物类称呼》①六卷。该书刊载了宝历某年的序文，从中可以看到，当时已经有远江的 kanakobashi、西国地区的千把扱(senbagoki)的叫法。然而，在二十余年后，1777 年来朝的荷兰商馆馆长的通贝里②在其江户往来旅行途中有如下见闻。这应该是在九州沿途的事，根据他的记述，当地的水稻脱粒是用极为简单的方式进行的，将成束的水稻在木桶或墙上之类地方拍打，谷粒就会

① 《物类称呼》，江户时代徘人、方言研究者越谷吾山(1717—1788)编撰的方言辞典，1775 年刊，收录日本全国方言词约 4000 个。

② 通贝里(Carl Peter Thunberg，1743—1828)，瑞典博物学者、医生，师从植物学家林奈。1775 年以长崎荷兰商馆医师的身份赴日，在日本停留一年半左右，1776 年离开。通贝里在日期间，在长崎和前往江户参勤途中进行了大量的植物采集和记录，其后撰写和出版了大量关于日本植物的研究论文和书籍，有“日本植物学界之父”之称。原书中记其身份和赴日年份似有讹误。通贝里与同样由长崎出岛抵达日本并长期停留的肯普费(Engelbert Kaempfer)、西博尔德(Philipp Franz von Siebold)并称出岛三学者。

全部脱落。这和水稻品种所具有的应该被称作“落粒性”的性质有关，很难认为无论哪里的农业生产都曾经使用过这样的方法。to-boshi，又有大唐米等名的水稻，虽然多产强壮，但是可能因为接近原种，具有特别容易落粒的性质，不便于收割，在以稻穗的方式贮藏的时代，这是一个很大的缺点。但是，如果使用这样简单的脱粒方法的话，可能也有的地方会选择这种容易脱粒的水稻品种。总之，据说种植水稻的地区也曾经有过将谷物的穗集中在宽大的竹席上，用棒敲打进行脱粒的方法。其后，另一种新的水稻脱粒器械出现以后，一日当中就可以打下大量的谷粒，脱粒方法由此变得粗疏起来，稻穗上还残留着若干稻粒，产生了将这些穗聚集起来用棒敲打，再一次对残留的稻粒进行脱粒作业的必要。关东的平原地区，将这一作业称为 bocchara uchi 或 bojiuchi 等，在过去以谷粒的方式贮藏的时代，严格说来这是最终作业。虽然有人说 bocchara uchi 的 bocchi 是堆的意思，意指堆积起来的稻秆，但是从有的地方也称之为 bota 来看，可能本来是由敲打稻秆或敲打稻穗讹传而来的。这个敲打稻穗和稻秆的工作是如何辛苦，在庭院的土地上用棒敲打五六遍试试看就可以想象。不仅会对拿棒的手有反作用力，而且不得不一直弯着腰劳动会使人甚为难受。在前面的序文中已经说过，从插秧、除草开始，这种弯着腰的作业在日本相当多，而且都是很繁忙的工作。这恐怕是很多农民年老以后腰会蜷曲起来的原因之一。为了减轻这种劳动的痛苦，改良受到欢迎是当然的。karasao 的方言，上方称之为 kururi 棒（bo），茨城县等地则称作 furuchi gaeshi、furuchibo 又或者是 furibo。据说，在福岛被称作 furiuchi 或者 furiuchibai，在佐渡被称作 furibai。无论是 bai 还是 bo、棹，都是同一个意义，furuchi 则无疑是 furiuchi，即由甩打的发音缩短而来。也就是说，此前是以不会旋转的棒敲打，有了这个工具以后，便不需要弯着腰也能够敲打稻秆或其他谷物。而在这一改良的中间，还有一种使用像片假名的 he 字一样弯曲的棒，以其背部敲打的做法。直到最近，在信州的上伊那郡还能看到这种工具。使用这种工具比使用直的棒轻松得多，仅仅如此已经是巨大的改良。很多发明在事后回顾起来都像是并无特殊之处，但是在变化之时，当事者却能感受到很大的愉悦。更何况出现了甩动旋转的 kururi 棒，劳动变得有节奏起来，更容易配合歌的调子，很多人在一起劳动时甚至会因此产生一定程度的兴奋之感。最初开始使用这种工具时的满足感，恐怕会在使用唐扱箸之上。但是，在作业的强度方面，则并不是很大的进步。这是农事改良中以减轻痛苦为主，同时便于共同作业的例子，即使同样是被冠以 kara 一词的新创造，它与所谓的 karahashi 显然是不同的。

# 五

karahashi 的效果与此正相反，是非常节约劳动力的。也就是说，它为孤立农业的存在提供了特别大的便利。诸君当中最近也许有人知道，清水文弥翁的《乡土史话》[①]中，记述了一次在野州那须[②]的农村进行的实验。据其记载，karahashi 是由破开的竹片制成的，每人每日需要借此脱粒水稻三十六把、稻谷约七斗二十一贯。但是，如果使用名古屋产的“千把(senba)koki”，则其工作效率顿时可提高一倍。也就是说，这可能是铁制的。到了现在，这两种机具都已经废弛，改良水稻脱粒机的工作效率据说是每日四十俵，亦即竹制 karahashi 的二十七八倍，不用说在其以后应该也出现了更为有效的工具。简言之，在一百年前以一人之力需要耗费一个月以上的工作量，今天只要一个整天就可以全部完成。

上述代替竹制 karahashi 的铁制千把 koki，虽然确实很早就有了，但它的普及是非常晚近的事情。即使是在中国地区交通最为便

---

① 《乡土史话》，清水文弥著，1927 年出版，内容以农民生活为主。

② 野州那须，今栃木县那须郡。

利的农村，距今不过四十年前，也就是在我还是少年的时候，仍然在用竹制的水稻脱粒工具。有一家被称为“kanagoki 屋(ya)”的行商，每年秋天从伯耆来，以分期付款的方式销售铁制的水稻脱粒工具。kanagoki 即是 kana inekoki 的略称，采用了和那须等地方所说的 senba 同样的省略方式。想到这里，我又注意到越后等地在距今一百三四十年前，有的村落就已经在使用这种被称为 senba 的脱粒工具。《温故之笺》(篇十)中记述了越后长冈藩的水田生产情况，过去是用五六支破开的竹片并立在木制的基台上，每次将七八棵稻子夹着扯过去脱粒，成年男性一人一日也只能完成一百五十把水稻的脱粒。据其记载，宽政初年有人从阿波带来了被称为 senba 的机械，因为一天可以脱粒千把而有了这一名称①，原本的叫法已经不为人所知。在日本东北地区，则是在五六年前于福岛县南部一座面临县道交叉点的旅馆，碰到过一群从越后前来销售同样机械的行商，对他们进行了详尽的访谈(《乡土研究》四卷八号)。也就是说，这是一种需要非常多旅费等杂费的销售方法，因此可见当时在此地这种机械还没有得到普及。在鹿儿岛的种子岛等地，根据稍微更早之前到该地旅行的草野教授的说法，仍在使用竹片做的水稻脱粒工具，

---

① senba 即“千把”。

每次只能脱落几根水稻的谷粒，并将脱下来的谷粒用臼来进行从脱壳到精白等一连串的作业。有人尝试从日本内地托人买来唯一一台铁制的水稻脱粒器，周围的人都感到特别稀奇，纷纷来借用，这台机器很快就被用坏了(《乡土研究》二卷十号)。

所谓 kanagoki 的优越性能，虽然确实足以令当时的农村人惊叹，但是 senbakoki 这个叫法实际上在很久以前就已经为世人所知，在很多地方，如福岛、枥木等地所指的是 karahashi，也就是竹制的水稻脱粒器。这是因为，这种梳齿状的竹制的水稻脱粒工具将原来简单的两根脱粒箸取而代之的时候，比其后它本身被铁制的工具代替之时，给予农民的印象更加强烈。与后者仅仅是使效率急速增长相反，前者则是因此而使外在的作业形式为之一变，内在方面对私有经济组织带来了最为显著的影响。对这一突如其来的情况变化，用稍微夸张的说法加以表现的，正是 senba 一词。这未必是对一天可以进行千把水稻的脱粒经过实证检验以后所赋予的名称。senba 这一名称在西部的大分县海部郡、肥前的千千岩以及熊本县八代郡等地都可以听到，但主要是在东北部的各个角落使用。宫城县北部的登米郡及其他地区、岩手县的气仙郡等地，若说到 senbakoki 则一般似乎指的是梳齿式的水稻脱粒器，也就是其南邻的阿武隈流域等地称为 karahashi 的工具。往北到南部领，则将其略称为 senkoki，津轻的农村又更为简略，很多人将其称为 henkoki。根据在前文也引用过的《物类称呼》，上州、信州则有称同样的工具为 sendakoki 的方言。也就是说，即便不是铁制的水稻脱粒工具，与旧来的脱粒箸相比，确实是可以用“千把”又或者“千驮”去加以夸张的大革命。

在信州的松本等地，有称现在的水稻脱粒器为 manba① 的说法。这恐怕是在铁制品出现之际，作为“千把以上”的意思，为宣传用而发明的。有地方可能没有完全听明白这个宣传用的词，甚至出现了在爱知县叶栗郡被称为 manga，在福井县部分地区被称为 mangua 的叫法。在信州的高远附近也被称为 manga，而且为了区分，称改良锄的一种为 mannoga，称马拉的耙为 maguwa。整体而言，很多新的农家用品都有这种新异的名称，这是对农民的单纯和正直的利用。原本被冠以“万能”“万力”等之名的农具，都和这个 manba 同样是宣传名称，也就是说，这表明这些农具已经作为商品提供给农民。senba 这一词语，在以前也被我们用来扒围炉里的炭火的工具，也就是在奥州被称为 okikaki 的，在九州被称为火（hi）sukui 的工具所占用。这些叫法现在已经不明其意，但是这恐怕也是用来形容其效率的广告语。但是，到后来这个名称被水稻脱粒器抢走以

---

① manba 即“万把”。

后，这些工具就大为“谦逊”起来，改为“十能”之类的叫法。名称只要达到初期的目的，其后只不过是靠着惰性让我们去一直用它罢了。

## 六

因为上述原因，这种对地方方言的刨根问底，通常不过是好事者的闲言而已。水稻脱粒器是叫 senba 还是叫 karahashi，如果这不是前一阶段经济组织的一个目标的话，就没有必要像我这样在彻底搞明白各地异同上费尽心力。同时，如果除了这些材料，没有其他途径可以据以认识几乎不留痕迹地变迁着的农村生活的时代样貌的话，无论多么细微的事情，我们都不能疏忽对待。这些材料虽然没有被写在书里，没有被著书立说的人注意到，但却是我们的祖先在无意识之中，为后代留下的重要的经济史史料。事物的名称绝不会毫无意义地产生，即使是小儿，也会在其最深的感动基础之上创造词语。缺少游戏余裕的农民，没有理由想出不符合生活的符号。只不过在我们当中，能够理解其意趣的人不多而已。例如，在纪州的南部牟娄郡部分地区，也有人称水稻脱粒工具为 katase，这是不是“竹(take)senba”的略称，我也还未能搞清楚它的意义。我认为这样的例子还会出现很多，并会对其一直予以关注。

与其相邻的三重县的《度会郡方言集》，也就是神宫周围的村落所用的方言中，据说现在仍然称水稻脱粒器为yamame。yamame是寡妇之意。为什么给水稻脱粒器取这样一个名称呢？恐怕现在人们已经忘记了它的本义，而在无意义地使用这个名称，但是原本可能称之为yamame tafushi，也可能是yamame nakase，因为这两个词太长而将后面的尾巴切掉了。在吾山的《物类称呼》中，我们也可以发现水稻脱粒工具在畿内被称为goke tafushi，在越后则被称为goke nakase。关于其说明，《和汉三才图会》中所记载的最得要领。《和汉三才图会》是较《物类称呼》早四十年问世的书，在作者居住的摄津附近，人们已经在使用“后家①倒(goke daoshi)”的名称。如果将其文章改写成白话体的话，内容如下：按，古时为小麦和水稻脱粒，将两根小管用绳索穿过连接起来，手持小管夹着麦、稻的穗以脱粒。一到秋收时节，近邻的贱妇孀婆因此被雇佣，借之得以饱腹。但是，近年制有水稻脱粒器，其形状如床机而窄，上植大钉数十枚，与manguwa有少许相似。将稻穗挂在上门往回抽，其力十倍于竹制的脱粒工具。孀婆由此失业，因而被称为“后家倒”。最近，又

① 后家，即“寡妇”之意。

有以铁为齿者，号称铁水稻脱粒器。(以上)不用说，这一名称与其说是表述事实，毋宁说不过是为了使印象鲜明而特意采用的奇警之语，人们因而能够将此清晰记得。“后家”未必会仅仅因为这种竹制水稻脱粒器的发明而被打倒或哭泣，但是恰巧在这一发明被采用的时代或者地方，有着寡妇、小儿逐渐被排除出农业劳作的倾向。

男主人在壮年就死去的农民家庭，自古就绝不少见。这种家庭要维持家业，在农业上有着较其他任何行业都困难的特点。在今天，这事实上也大抵是农家废业的原因之一，而且大多都伴随着离散零落的现象。读一读《地方凡例录》[①]就可以窥知，以不让产量和村里的户数减少为原则的前代的农政下，为了应付这种情况设计了各种方法。如果有女儿的话，即便是年龄不相符也要招婿，而寡妇则尽量招夫入住。这种事情必然会导致家庭关系变得复杂，也会成为令老人不幸的火种，然而，连避免这种情况也无法得到许可。有的时候，有男儿十岁左右，其母亲为了儿子的将来考虑不招第二任丈夫，在这种情况下，通常是先暂停其家的经营，母子分离，

① 《地方凡例录》，江户时代的农政书，高崎藩士大石久敬(1725—1794)著，11卷，1794年成书。

母亲靠做帮佣度日，等待继承人的长大。但是，在此期间土地管理就会变得困难，因而像下面这样的训令在各个领国都很多见：

> 其应产量由村中之人视情况分配，待日后重新再有足够劳动力之时，应当归还云云。

但是，如果租税很重的话，在村中很难找到愿意接手其农田的人，如果像新田场那样负担很轻的话，人们会很愿意接手却不愿意归还，又或者是很难取回来。因而，现在还可以大致推测得到，当初为了让这些不幸的寡妇在这种情况下不至于伤心落泪，应该还附加了某些其他条件。

## 七

近世的大小诸藩，都竞相由官方刊行被称为“孝义传”的一类书籍，以传扬受到表彰的节妇孝子的笃行。但是，读着这些书马上能够感觉到的，是寡妇谋生之艰难，尤其是在水田地带的农业生产上，这确是至为艰难的事。无论如何不让须眉的寡妇，在稻作生产中，到底还是有很多女性难以胜任的力气活。其中，饲育牛马以翻地或者整土的地方，对女性而言栽培水稻几乎是应该放弃的重劳动。在这种时候，一门之中有某个可靠的人，或是村中长老深怀慈悲，她们方得获准耕作很少的旱地之类，其他则通过做日工或帮佣等的收入以补足生计。这类女性善守贞操，直到子女成长到足以独当一面，才能保原有田地不失并交到后代手里。但是，做到这一点的先决条件是，村里的一般农业生产现场，是否需要女性这类不完全的劳动力呢？正如大家所知道的那样，在插秧时节，现在仍然几乎和过去一样，要从自家以外请专门插秧的女性。虽然在近世进行了各种农事改良，但是在插秧的作业方面，仍然没有找到仅凭自家的劳动力即可完成的方法。尤其是增加了桑田整理和其他春夏之交的工作后，这一时期的劳动力是极度不足的，连小学都准许请农忙假，被称为“掷秧把小子”之类的十一二岁少年，都会被安排各种不同的任务。在气仙郡等地，掷秧把的人被称为 kannaido。这种 kannaido 在中部以西被称为 kennaido，也就是“食客”之意。孀寡妇人这样的孤寂之人，不用说在这一时期也会有工作，但是这与一年的漫长岁月相比根本不算什么。在纪州等地的俚语中，有小麦播种百日收割三日、水稻收割百日插秧三日的说法。尤其是实行了地方品种统一以后，较前更加繁忙的只有插秧这段日子，而这样繁忙的工作很快就会结束。仅仅为了这几天而住在村里是不可行的。另一方面，像秋天收割的时候那样，农民正是最大方之时，也就是掉落的稻穗或者别的什么都让人随便捡的时候，如果寡妇来到田里却捡不到稻穗，对她们来说无疑是非常大的打击。当然，像养蚕、织布、纺纱之类，多少与农村有关系的副业也是可以找到的。但是无论如何，如果她们的工作和土地之间的关系变得淡薄起来，即使是住在村里，也难以避免逐渐被当作异数看待的结果。

在村里开设小饮食店、杂货店或做小商贩之类，也许会被当作寡妇们自立的一个方便之法，但是其影响却比想象更大。若是赌博、卖春等显而易见的弊害的话，毋宁是自己和别人都会警戒的事。还有一些分量没有这么重，在很长时期里暗暗地发生的生活变化。变化的第一个阶段是饮食的爱好。与营养问题并没有任何关系，当时出现了被称为熟食店的营生，这种无论何时都可以买到的做好的食物，必然使表现冠婚丧祭这样的人生大事意义的特殊饮食，尤其是每年的节供登场举行这种仪式日子的价值，变得逐渐稀薄起来。所谓节供，即是节日的上供之物，也就是神灵和一家全员共同享用的食物。在九州各地，以古语被称为 norei（maorai、直会）的也是指确定好日历中最为重要的一天，与各位神灵共同摄取相同食物的做法。饼、团子、红米饭、某种汤之类，各有其名，各有定时，其数量也着实不少，一年算下来，其种类有四五十之多。但是，将糖果饼类放在店头贩卖，在单纯的浪费之外，更重要的是使上述的节日中共同饮食的快乐和严肃之感大打折扣，即使是到了庆祝 kokinte、kobas-yage 的日子，很多地方的人们也不过是无所事事地玩耍罢了。

与此相同的情况还体现在饮酒上面。饮酒风俗的起源并不能算很晚近，至少在水稻脱粒器发明之前就已经有了。四处行游的女性酿酒卖给陌生人，成为各国铭酒起源的例子有很多。但是，这些也都仅限于在神社和佛寺周围，若非如此，也只是在人来人往的大道边上。在村里除了应该喝酒的日子和场所以外，随时可以像喝茶一样喝酒的根源则在于各村中的小饮食店。这种被公认为寡妇的谋生方式之一的职业，偶然促成了饮食法则的解放。无须广泛涉猎群书，现在应该还有人记得，我们的酒原来是在使用前先酿好，与太平洋岛民的 kava 完全相同。自不待言，这些酒不像现在由京都运来贩卖的酒那么好喝，其差别正如各家各户自制的饼和砂糖饼一般。将所谓的一夜酒在家中的酒瓮里酿好备用，等待其酿成时的心情，同时也是对祭礼或者节日的微妙的心理准备。但是，酒在平常日子的消费变得可能并盛行以后，造酒工坊最后演变成了地方资本的积聚之所，自酿的酒于是成了被蔑视的对象。很多地主之家变成了酒坊，有钱人家也欢迎冲着喝酒来干粗重活计的人，可以说这实在是一种罕见的地方特色。村落里资本的利用方法比较少应该也是其原因之一，但是另一个原因恐怕是这样的世家，很可能有着不为人所见的优良酵母，能够造出比较好喝的酒来。

## 八

酒食的变迁不过是作为“后家倒”的影响而被提出来的一个例子而已，除此以外还可以推测出各种各样的历史结果。最后再举一个例子。如果要特别说明寡妇与农业经济关系匪浅的话，那就是插秧女子外出务工的新现象。当农场分立起来，试图以机械去代替外部劳动力的补给时，在全年当中只会在插秧的时期会出现人手不足的现象，自然就会一次性地从别的村落成批雇人来帮忙。于是，就会有成群的女性从种早稻的地方或者水田比较少的地方受雇而来。伊势一志郡的岛女，信州川中岛附近的越后插秧女，秋田县由利郡等地的庄内插秧女等，现在已经形成了像是年年老主顾一样的人群，总是到固定的人家的水田去插秧，而开始新缔结这种契约的地方，也渐渐地多了起来。因此，工钱的支付方法也是现代风的，包工头之类的人肯定也已经出现了。以前就有一些人在插秧的投资期由雇主提供饭食，吃完就离开，到了秋天的收获季节再一次来到雇主的村里领受说好的大米报酬，此外还获准捡地上掉落的稻穗。这可能就是村内的寡妇参加完整稻作作业时代的遗风。在渔业方面，对拉网之类的捕获物也有被称为 kandara 的极为大方的分配方法。在丰收之时，农民的心情是很特殊的。正如看到米勒的名画时会想到的那样，在西洋也同样将拾穗视为寡妇的额外收入。这可能是女性在成为寡妇以后也不容易和农业作业绝缘的古老理由。从《俳谐小文库》①可以读到芭蕉翁的三吟(元禄六年)中，有以下俳谐的连句：

单衣度日伯劳鸣　　史邦

水稻脱粒工钱谷一升　　Haseo

蓼穗分开酱油渍　　岱水

这一联连句的意思是，想象着直到伯劳鸣叫的季节仍然穿着单衣的人，去帮忙做水稻脱粒的工作，得到一升稻谷作为报酬，还意外收到雇主请吃醋渍鱼的邀请。我想第一句的主人公应该是女性。可见，在俳圣芭蕉周游行脚的时代，乡村里这种风情还很常见。

有了运转的机器后，这样繁杂的脱粒工作的报酬都无须支付，只

① 《俳谐小文库》，即《芭蕉庵小文库》，蕉门徘人中村史邦在芭蕉殁后，因追慕芭蕉而编纂，1696 年成书。

需家里人就可以在一天里完成一千把二千把的脱粒工作，如此一来，小农场虽小，但也可以形成独立的企业。因此，又反过来引起了非常麻烦的农业劳动供给方式的问题。出租土地的地主的最大弱点是，即便将来能够收回土地，但是自己如何才能经营，绝对是难以预见的。其主要原因，是没有安全补充这种暂时性劳动力的途径。而且，如果为了避免这种情况，以仅靠一家之内现存的劳动力就能应付插秧的工作为限度去确定各自农场大小的话，小农恐怕也没有希望会比现在更为成熟和稳固，依然会在一年中的一半甚至三分之二时间里，像如今这样为慢性失业而烦闷。也就是说，日本的农业因为有这样本质上的限制，即使雇农得到好条件成为自耕农，也无法形成独立繁荣的农场。

我相信，将来学者的研究当然可以解决这个难题。但是，无论如何现在的情况是，为什么日本的农业会变得如此困难，不知道原因的人似乎还有很多。这是误以为一切农业经济的知识都恰如寡妇的熟食店里的食物，已经调理好，完全可以食用，只要去买就随时都可以得到一般的结果。年轻的学生进入社会后，第一项活动必须是观察和思索。必须是以自己的头脑去构筑判断。像今天的世界这样，学问的现炒现卖变得如此困难的时代，可谓古往今来尚无先例。

（昭和四年十一月　农业经济研究所）

# 山伏[1]与遗犯

## 一

俳谐的连歌有很多难解之处的理由，仅稍微注意到的就确实有三点。首先是常年来被许可的特殊语法和省略越来越霸道。其次是将俳谐的突兀意外视作常法，即产生了对太实在的表现轻蔑对待的风气。谈林派无疑应该对此负起七八成的责任，但是这种审美的夸张被一直继承下来，视为正途，而且“味道”“音韵”之类无法明确表述的说法也盛行起来。我们认为，归根结底要通过某种说明才行，这里又涉及第三个理由，也就是歌会参加者的支持。能够位列歌仙百韵之席的俳人，不仅曾经在经历和心境上相似互通，而且再

---

① 山伏，在山中修行的修验道行者。

次通过感性的统一，得以敏锐地理解同伴的心情。此外，还存在着试图对这些特点加以指导的中坚力量。在某种情况下，甚至他们本人在多年以后回想起来，可能也会因自己的奇思异想而震惊。更不用说后世的读者之类，显然不被他们放在眼里。在这一点上，正式的连歌亦是如此，其固执与耽溺实难想象。而且，这一方面虽然在辞句上并无可疑之处，但却被束之高阁、无人问津。另一方面，俳谐的长短句连接虽然如此难解，但我们仍然坚持探究，绝不仅仅是因为时代比较晚近而有亲近之感。因为，现今世上的研究和穿凿，无疑是正倾向于遥远的过去。

用一种非常平凡无趣的说法来说，俳谐体现了时代的生活。不用说翰林词苑的文章，从军中纪事到人情书物，即便数万种小说，尚没有书写尽平凡人心的角角落落，但俳谐偶然的记录中，却保留了非常微小的一点痕迹并吸引我们去了解。试图将俚俗和文艺连接起来，无疑从最初开始就是俳谐之道的本来志向。但是，这种影响人的力量的着力之处，不知何时表里之间发生了反转。芭蕉翁的态度既不奔向奇警，又不落入俗套，总是在各自的实际体验之间直接寻求诗境，这一点正是其新鲜之处所在。这是因为世间变化的强烈刺激，还是因为观察者的普通余裕，要彻底究明这一问题，我还没有这样的能力，但无论如何，在某位优秀导师的指导下，贞享、元禄的俳谐充满活力，顿时群集而成时代之风。但是，其后走向衰微而有中兴之说，复活之声高扬的同时，却助长了拟古之风，与当下社会的关系淡薄起来。这种情况自古以来亦无数次反复出现于各国文学史中。

我们对蕉门的俳谐所抱有的特殊喜爱，主要是源自这种新兴的风气或是自由的魅力。无疑在其之前也有萌芽，在其后也有遗风流传，但是俳谐像芭蕉翁之世描绘东国那样精彩的生活描写，是前所未有的。在江户时代，近世的市井学者中，也有很多人无意识地将俳谐作为世相史料使用，但是不知道是什么原因，对这种俳谐风格的变化给予注意的人却似乎很少。就我所见，贞德①门流以京都为本山，因为对古典的风雅极为尊重，没有对卑贱山民的生活风景进行描写，但事物的名称形态至少能够证明其古老的存在。但是，到了其后兴起的宗因一派，空太过于想，虽然也对故事、世事作了最为丰富的援引，但并不受援引的拘束，而是一头扎进学问见闻之中，自顾自地描绘了一个梦想的世界。在芭蕉翁的弟子中，才子其角的俳句风格，几乎在其一生之中都为其他人所推崇。如果漫不经

① 松永贞德(1571—1654)，江户时代初期俳人、歌人、国学者，京都人，贞门俳谐之祖。

心地将这些都收入当时的世相史料，不知道会陷入何等错误的历史观当中。

因此，在这种正风俳谐的界线得以清楚地被划分之前，没有什么人尝试深入其中，实属幸运。例如，《冬日》中广为人知的所谓神释的付句中：

三日斗鸡派上鹦鹉　　重五
白发老人收割独活　　荷兮

又或者是第四卷中：

石竹花装饰的早正月　　杜国
手鼓奉纳在拜祭弁庆的神社　　野水
寅日清晨早起的铁匠　　翁

如此等等，虽然现在仍然有人说某处确有这样的事情，但是我认为这完全是编造的。若是春天到初夏之间令人感到忌讳的凶事连续发生，为了早早结束这一年，人们会将六月朔日命以“早正月”之名，再打一次年糕。形式上过正月的风习，确实存在于江户初期的各处乡间，甚至留下了制止这种做法的法令。但是，在这一天装饰石竹①是空想，同时后面一句中拜祭弁庆的神社也并非实际存在。这一联句产生的基础是，如果有这样的神社的话，人们也许会敲着手鼓去拜祭。也许是为了使这一联句具有朴素的内容，于是作者在这里附上了“寅日”一句，但是其兴头是毫无理由地发展的，后面出现的“南京之地”一句，以及出现“老人收割独活”之类的句子，其原因也与此甚为相似。其中一方吟咏出在三月三日弥生的节句的斗鸡中，以鹦鹉代替鸡出场这样一种豁出去的趣向以后，为了接招，无论如何也必须想出更在其之上的狂肆的空想。静静地看着这种连歌肆意发展而没有人将其收回来，我想这应该就是谈林一流像烟花一样的原因吧。

## 二

绘画等的发展历程在某些点上也和俳谐有稍许并行之处。当初，突破幼稚而优雅的贞门俳谐，梅翁一派豪放的恶谑开始出现之

---

① 石竹为秋季的代表性花卉“秋七草”之一，在6月朔日的“早正月”应无此花。

时，没有人不带着展开鸟羽僧正①的画卷一样的痛快之感，满怀喜悦地去欢迎它，但即便是百鬼夜行之路也有穷尽之处，空想并没有无边无际展开的道理。很快，这一派画师只好将其圆熟自在的笔法让给像大津绘②那样试图将人的姿态描绘出来的画派，自己消失无踪，这也是自然而然的事。只是，在俳谐方面，并没有像经过北斋、华山、晓斋、清亲，达到如今漫画的隆盛这样的历程，大家不过是在像外城一样的发句③处闭城坚守，自己限制了对具有丰富变化的世相的描写。但是反过来，又使这一事业从最初开始，就不是像大津的市街上卖的那种单薄软弱之物。因为，俳谐的目标，并不是仅靠一点点线和色彩就可以表达的轻飘飘的人生。

思考付句的人，通常会被教育要先在心里画出一幅场景。歌仙会使人联想到三十五幅男女僧俗的画匾排列开来的情景，时至今日，我们为了便利起见，仍然将这种每两句接续起来的方式称为“场景

---

① 鸟羽僧正(1053—1140)，平安时代天台宗僧人，法号觉猷，因居于鸟羽离宫内的证金刚院而俗称鸟羽僧正，擅长于讽刺画，据说是《鸟兽戏画》《信贵山缘起》的作者，但无确证。

② 大津绘，江户时代在大津的追分、三井寺附近的，以轻妙笔触描绘，带有民艺色彩的画派。

③ 发句，和歌、汉诗的第一句，或连歌、连句卷头的第一句。连歌、连句的发句作为一首独立的诗吟咏而成的作品，亦称“发句”，明治以后称为“俳句”。

(tableau)”。但是，俳谐的场景不是固定的平面画板。首先，俳谐的场景里有一定的时间长度，有起伏动荡，有闪光，还有应该被称之为等待中的沉默的东西。即便是借着前句的余韵，仅仅靠十四个字或者是十七个字的日语的力量，能够让这样极为复杂、梦幻般的组合，在众人的心里留下鲜明印象，其范围虽然狭窄，但也已经是很重大的工作。充满古风的乡间劳动歌当中，可能也偶有同样的情景创造，但是至少在世间被称为文学的东西当中，这样巧妙而悄然地达到所需效果的，绝无二例。与其说因为在他国没有同侪，便认为其不合于文学的定义，毋宁说对文学的看法正应以此为准进行改造。

这种文学形式如果是在谈林派那种豪言壮语的时代，还可以被评为一种游戏，也就是将所谓词句接龙加以改造的形式，但是正风初期的俳人，则是带着各自的生活经验中最为重要的部分聚到一起的，将其用自己深爱的韵律按顺序联结起来，从心底为之悲喜，为之哄笑。他们单纯的心醉神迷，即使是隔着二百年的云雾也能够窥知。从这种像谜一样，又或是人们对此接近心照不宣的表现方法中，我们费尽辛苦地努力去把握本人的想法的原因，简单地说也只是俳谐里有这些人所讲述的事实，必须通过它们，才能让某些正在逐渐消失的过去复活。令人感到比任何事都幸运的是，与很多古老知识仅仅以干枯的树叶标本一样的形式被保存下来相反，俳谐中的事物是以当时的鲜活姿态原样被保存下来的。一旦声息相通，不过相隔几代诞生于同一片国土的我们，没有道理不能理解和感动。仅仅因为风俗习惯的一些片段性变化，就将其视作如此遥远的过去，是不自然的。为了让历史成为一种温暖的学问，我们必须再一次重新认识古今的俳谐。

## 三

连句变得无法理解的另一个理由是，时代的变化使人们的注意发生了偏移。从另一方面来说，在这些为今天的人们所敬而远之的俳谐当中，封存着为人所遗忘的、人们过去感受到痛切的人生片段。如果只是想知道那些都是什么样的经验，其实并不困难。纵览大量俳谐书卷，始终作为咏叹对象的问题是很有限的。这些问题，是我们今天仍然在有意无意之中为之烦恼的社交感觉，尤其是血缘的恩爱义理，又或者是男女之间的关系之类。它们被认为是有着贯彻古今的不变法则的事物，然而仅仅在很短的时期以后，就已经不得不这样在黑暗中摸索方能理解。这一点是一个令人深感有趣的发现。

我们甚至认为，家的兴衰变动和婚姻制度之间的关系，如果不利用俳谐作为主要史料，则几乎无法搞清楚其在近世以来的变化。古来无数的故事都不过是追从固定的形式，又或者是只记录优秀特异的事例，而一直忽视平凡日常的恋爱。像游女的记录之类亦是如此，从一个侧面反映这一至为重要的社会事实的推移，这一点确实有意义，但这些记录大多仅仅拮取都府的一角中最为机械的生活，最终成为完全无用的文学作品。但是，在俳谐以恋爱为题材的歌会上，正是这种在文学作品中受到蔑视的、在民间无处不在的小小情思，常常由联想带出而成为鲜明的存在，再与从绘卷中也能看到的女郎①的罗曼史相交错，从而使一卷俳谐的色彩为之一变。究其原因，因其作者大多是僧侣或隐居老人，有着不会为情所扰的冷静洞察力，这一点也使我们深感有趣。正因为对恋爱的历史极难得有客观冷静的记述，我可以预言，今后将会迎来这些资料为社会学者所珍重之日。

在俳谐的连歌中，另一个被频繁使用的题材是军阵杀伐的生活，以及与之相伴随的勇猛和武家气质。必须承认，这些内容是与恋爱互为表里、掀起感情波澜的重大要素，但不知为何，它们大多

---

① 女郎，卖春妇的古称之一。原为女子的俗称，江户时代起为游女、卖春妇的别称。

是由读书得来的知识，都不以实际体验为基础，有着明显的游戏倾向。而且，已经有很多关于武士的故事流传于世间，需要通过俳谐集之类了解的事物并不多。与此相反，在所谓神释方面，尽管善书雄辩之人辈出，但是他们所遗漏的小小的事物，很多却都被俳人观察到了。我们层层累积了十余世纪的信仰生活，到了明治时代突然为之一变。神社佛阁即使保留了名字和形式，周遭人们的生活却已经不同于从前。有很多职业过去曾经在世间大为盛行，现在却连其存在都得不到承认。甚至出现了忘记上述种种，却还在提倡维持古风的学者，因为在图书文籍中，这些事实在太过平凡，并没有预先留下能够让今天的人发现这种错误的记述。只有作为俚俗之友的俳谐的记录，偶然为我们述说着那些往事。

## 四

这样的例子非常多，而在这里，我打算思考一下山伏的问题。修验的价值为明治的新政策所否定，他们当中的一半因追慕佛法而强迫自己成为僧人，另一半则无法忘记神社的威德，还俗并被编入普通神职。关东、奥羽的乡间，一边维持着修验堂，一边彻底成为农民的也不在少数。这仅仅是因为职业的消失，顺利地融合或者被社会上的其他组织同化，理应需要一些年月。因为山伏是以血缘继承的，所以他们的传统记忆相当浓厚，其数量也很多。实际上，无论好坏，他们带有的风气今天仍然遗留在各个角落。试图回顾过去以解释当下的人，当然要详细了解那些失去的事实。但是，我们只能从肯普费①的《江户参府记》知道一点东国下级修验者们平常日子的生活，再往上追溯的话，也只能从能剧的狂言中关于某某山伏的数篇中，勉强察知这些人在社会上的地位。但是，在俳谐的连句中，除了开头六句以外，其余部分会多次提到他们的生活。而且，这也是浮生当中一种有趣的特别片段。

虽然不能仅就一两句的内容进行臆断，但是如果进行多重比较的话，所幸还是可以得到丰富的资料的。仅我现在能够想到的很少几句付句，也能够对江户中期的山伏的境遇有一个大概的了解，至少可看出俗世之人是如何看待他们的。

　　鼠对月吐出云彩　　　　　　夕菊

① 肯普费(Engelbert Kaempfer，1651—1716)，出生于德国的医生、博物学者，在欧洲各地游学后被录用为瑞典国王波斯使节团书记官，从此开始游历亚洲各国。1690 年 9 月到达日本长崎，停留 2 年余。1691 年、1692 年两次随荷兰商馆长前往幕府，并谒见当时的将军德川纲吉。著有《迴国奇观》《日本志》(均为日译书名)等书，被认为是最早系统介绍日本的欧洲人。出岛三学者之一。

秋山里山伏的祈祷声　　翁

无人砍伐却倒下的神木　　友之

这里的“鼠”恐怕带着赖豪①阿阇梨的联想，怀有一种故事性的创作意图，但是由此想到神木自然倒下，可能是当时的常识。此外还有《深川集》中著名的一连：

循我踪迹钲鼓来　　岚兰

山伏丧命枭首在关前　　翁

身无铠甲难存此世间　　洒堂

这显然是一幅历史画，然而当时这种传说仍然给人们留下了鲜明的印象，使念佛修行的光景显得尤其凄怆。战国时代，山伏经常被用作密探，又或者不时会由于反抗武士而丧命，且本人并不以为意。这些口碑在朋辈之间口口相传，不禁令人感叹他们的执念之

① 赖豪(1002—1084)，平安时代的天台宗僧人，伊贺守藤原有家之子。在近江园城寺为僧时，为白河天皇祈祷皇子诞生，甚有灵验，成功后作为赏赐请求，被准许建立园城寺戒坛，因延历寺阻挠而未获许可，绝食而死。传说赖豪死后怨灵化作数千只老鼠，咬破延历寺经书。

深，而他们暗里经营的营生之地的痕迹，也可见于俳谐中：

| | |
|---|---|
| 厌烦之极的漂泊最近又留恋 | 北柳 |
| 落齿难再吹螺贝 | 翁 |
| 月寒烤热头巾再包头 | 文鸟 |

这中间的一句所说的就是老去的山伏的生活情状。可以说旅行就是他们的本业，很多修验者总是行走在外：

| | |
|---|---|
| 角力落败亦无言 | 猿虽 |
| 山北脚下一座山伏村 | 翁 |
| 残檐将倾蜂巢在 | 卓袋 |

可能其他地方也有山伏，近江的地方志中记载，只有山伏的村落有几处。村中的山伏以周游行走谋生，但是也有一部分到大道上募化。参加这种村落的角力比赛，即便输了也不能随便发牢骚，山伏就是如此强健豪迈之人。

| | |
|---|---|
| 此地今又闻莺鸣 | 落梧 |

传来山伏罡骂声　　野水

脱轴山车嘎嘎响　　梧

最后一句似乎是以越之大德①的故事为典的，但中间一句到底还是实写山伏在村里的粗野情状。说到这里，想起了《续猿蓑》中的夏夜一章也有一例：

丛中入村有捷径　　支考

婿多嘴来翁絮叨　　翁

有事之时即山伏　　曲翠

这里所说的是这些山伏不再外出巡游谋生，仅在农事闲暇时才作为僧人行事。即便如此，翁婿二人因为都比较多嘴，为普通百姓所忌惮。另外还有更为清晰的描写，见于《葫芦》的起头一卷：

① 越之大德，即奈良时代的修验僧泰澄(682—767)，因开创加贺国的修验道灵峰白山而被称为“越之大德”。

拥挤的诹访温泉日暮　　曲水

身高过人一山伏　　翁

所言善否唯由其定　　珍硕

因为其后面接着极为绚丽的恋爱文句，人们被其吸引而没有注意到此句，这里相当生动地描绘了旅行中山伏令人厌恶的口角之癖：

躲避夕雨晾筱悬　　斧卜

夸奖小儿却语带为难　　北枝

第二句几乎是穿透性地描写了山伏的特点。后世的巡游山伏似乎就是这样，拥有连禅僧也自愧不如的锐利机锋，并将之滥用于普通人身上，以此威吓别人，以求安身立命于世间。而且，即使职业变成政治家、律师等，仍然使用相同的方法谋生的人，在今天的日本也颇有一些。我想，认为这种现象令人不快的人，应该回头再细细思考一下山伏的历史。

## 五

俳谐是日本唯一因为我们的保护而留存下来的有闲文学①。也许会有人认为将其用在如此低俗的研究上是不妥当的，但是就我看来，这几乎是俳谐唯一能够在未来持续下去的原因。不仅是山伏的问题，其他还有几个前代社会的特质，如今的时世，已经只能靠这些充满感铭的记录才能够对以前的相关问题勉强追寻。例如，普通人口中常说的风流与粗野的区别之类，如果没有俳谐便无法理解，但是因为这个问题太过尖刻，在此放在一边不谈。所谓神释之句中，也有对人保持尊重的遁世意味，如像“向道之心起时如花含蕾”等句所表现的剃发前后的复杂感觉，又或者是“露霜小村里潜心敲钲”这种念佛旅行者的悲怨之情。此外，万日千日中的群众心理，乡间只在祭礼之日才苏醒的童心等，有很多问题让人想尝试去讨论和思考。但这些都是相似相近的方法，简言之，这种川柳②研究家

① 有闲文学，不以经济利益为目的的消遣文学。

② 川柳，由俳谐派生的近代文艺。川柳与俳句同样有5·7·5的字数规定，但川柳没有俳句那样的季语等限制，现在以口语为主体，允许出现字数超过规定等现象，受规律限制的语言游戏色彩较弱。

水平的论述，我们只要对连句稍作鉴赏就可以了解。

最后，还有一点需要事先说明。这一时代的富于同情的生活描写，都是以各位俳人各自的实际体验为依据的，以及它并不是像现代的文学者那样的私有物。其中一人了解到的事物、观察到的世情，如果总是仅仅为自己的名利使用的话，哪怕是很短的时期，正风俳谐恐怕也不会达到那样的繁荣程度。割据于各地的俳谐连众即使只是很小的一群人，他们之间某一人所感受到的事物，也会在不知不觉间成为其朋辈的修养。这也许就是俳谐令人惊讶的感化之力，同时也是模仿难以根绝的微妙理法所在。芭蕉是优秀的指导者，同时也是明敏无比的世相观察家，但他也从别人的经验那里，间接地了解到很多那个时代的人生情状。不知道这是因为今天已经衰颓的夜话的力量，还是旅人那种悄然渗透一般的善于倾听，无论是恋爱还是信仰，俳谐都能够将显然发生在别人身上的事情，表达得像发生在本人身上一样。这一点，是当时和后来那种带着书面气息，又或者是追从概念，抑或局促于自己小小的见闻的连句之间无可争议的不同点之一。近年来，我尝试对流放到岛上的人的生活作了一些思考，在俳谐当中，只有芭蕉翁早在二百多年前就已经对这个问题所隐藏的各个方面知之甚详。虽然没有听说过芭蕉翁曾经登上过海岛，又或者是和被赦免回来的人亲密交游，但是至少他在连句中多次咏叹的海岛生活却很生动写实，而且就我所见，这些海岛似乎是三宅、八丈等，总之是伊豆的某个岛屿，不像是凭空想象出来的。海岛遣犯的境遇，用现在的话来说是带着异国情调的，而且他们大多是落魄的江户人，其间流动着人之常情。作为俳谐的题材，其作用更胜于旅途、隐逸、花街柳巷的生活之类。将这些情境储存在心里，每次都恰当地用在俳谐当中，是一种无以类比、令人钦慕的修养。存在于元禄俳谐中的民俗史料的价值，仅从这一点看就应该给予很高的评价。虽然无法引用大量的例句，但在这里，我打算就我们一读之下，便会因不知芭蕉翁在何时得知此事而惊叹的例子，略举二三，作为本篇的结束。

满载渔舟停靠月下海岸　　　　重养
身如朝露的岛上乞儿黑如墨　　翁
朝暮之风日渐寒冷　　　　　　知足

这是《千鸟挂集》[①]中的一联。在七岛上，遣犯原则上须自谋活

① 《千鸟挂集》,《俳谐千鸟挂集》的略称，下里知足(1640—1704)编，1712 年刊行，2 卷。

路，因而总是在海滩上走来走去捡一些很糟糕的东西吃，每当有船入港，他们便将羞耻心抛在一边，向船聚拢，这在当时似乎是常见的。读到此句，眼前便会浮现俊宽①那样令人怜悯的模样。其次是《初茄子》的最初一卷：

早上传来居家寺庙的钟声　　曾良
岛上乞儿今日也无续命之食　　翁
憔悴如落花折茱萸　　不玉

八丈岛的宗福寺等寺庙，自古以来住持就有妻儿，且像乡间武士一般富裕。这句描写的是，听着这种寺庙的钟声，遣犯连自己那一天的食物都无计可施的光景。而且，这座岛上的遣犯中有很多就是僧侣。

夜深时撞破墙壁的鹿角　　曾良
岛上侍寝之人痛苦于月下　　翁

① 俊宽（1143—1179），平安时代末期僧人，因被发觉在鹿谷与藤原成亲等密谋讨伐平清盛而被流放，殁于鬼界岛。

种种祈愿托于鲜花　　　　　　　　　　等躬

这是《深处的小路拾遗》中的句子。伊豆的岛屿不像对马、五岛那样有众多的鹿，因此这句可能是勉强联上。但是，即便在鹿角也能扎破的小屋中居住，很多遣犯仍然找到了岛上的侍寝之人并与之住在一起。在八丈岛上，习惯将这种女性称为“汲水人”，这应该是对女性听到男人的怀旧故事被惹哭这样一种温柔体贴的爱情的咏叹。如果这不是某个人身上的真事，只不过是作者的创作的话，其想象力是相当惊人的。因此，事实就是，众多的岛上遣犯总是找到这样深具同情心的“汲水人”，以此为唯一慰藉而艰难地活着。

（昭和七年八月　俳句讲座）

# 生活的俳谐

## 一

至今为止，我们对本国文艺的态度都太过单纯，因而太多人在一生当中，都过着完全与文学没有关系的日子。如果可以的话，我希望能够对此有所改变，至少有必要增加一些对文艺的新看法。在这样的思路下，我将就日本的文学业绩当中，恐怕是世界上独一无二的俳谐的社会地位，以及它与我们普通人的关系在什么样的侧面具有特别深刻的意义进行探讨。

首先，我想说明的一点是，我是一个在热心方面不输于任何人的俳谐研究者，用今天的话来讲，尤其是芭蕉翁的崇拜者，但是，至今为止，我从未想过要尝试一下俳谐创作。恐怕会有人说我是因为做不到才会不尝试创作，事实上我是想都没有想过，用一句话来说就是，我对发句是很厌恶的。不用说，我是怀疑发句的极度流行埋没了俳谐的真正意义并为之忧虑的人之一。这种怀疑，是有一些根据的。在芭蕉翁示寂数十年后，著名的《七部集》结集，成为末法之徒所依赖的经典，但是《七部集》存在多个异本，文本不确定自不待言，更糟糕的是在误写误刻的推定之下，很多人随心所欲地支持各自的解释，其情状与一千数百年前成书，因年月久远而被传本所淹没的《万叶集》完全没有区别。不过二百四五十年前的作品，已经需要注释才能理解已然少见，而将两种版本以上的注解放在一起比较的话，其差异又判若黑白。这种情况证明，除某一种以外，其他都是捏造的，有的时候甚至可能都是错的。而这些解释中，每一个又都是被称作某宗师的人的说法，也就是说，他们甚至连《七部集》都并不理解，主要只是作作发句而已。这着实令人震惊。

## 二

“俳句”一语，恐怕是明治以来的新词。因为在日本，通用着像将第一高等学校称作为一高之类的略语，将“俳谐连歌的发句”略称为俳句，也可算机敏。但是，我所尊敬的芭蕉翁为之奉献一生的俳谐，因此变得更为不可解也是无可争议之事。在这个意义上，作为新时代文章之道的有功之人，我们最为感谢的正冈子规①氏，可能不是俳谐道的中兴开山之人，而是俳句这一派新文艺的一世祖。因为子规在其著述中，明确表示长短句联结的付合②，也就是芭蕉翁所提倡的俳谐的连歌不是文学。也许这样将所谓俳句放在一个独立的位置才是安全的，又或者为了像今天这样即将开拓俳句的新境地，这样做是必要的。但是，这对我们来说是难以忍受的抹杀。为什么俳谐中最有历史的部分不能成为文学呢？又或者为什么一位优秀的文人就能够断言这不是文学？我想这对将来日本文化史专业的少数学生而言，可能是有深刻意义的课题，但是我怀疑对一般人来说，这到底能不能带来兴味，因此，我想，今天可以先把从正面对这个问题进行细致讨论一事放在一边。

但是，作为一种最为显著的社会现象，我想在这里和诸君共同讨论一下的，首先是这种不能被从国外带进来的文学的定义完全包容的特殊文艺，为什么仅仅会在日本出现。这是哪怕完全不游戏于

---

① 正冈子规(1867—1902)，明治时期的俳人、歌人，出生于爱媛县松山市，本名常规，别号獭祭斋书屋主人、竹之里人。入职日本新闻社后，在该报开展俳句革新运动，之后因病卧床，其后创刊《子规》，组织根岸短歌会等，提倡直书事实的写生俳句、写生文。

② 付合，连歌、连句中，长句(5・7・5)和短句(7・7)互相配合的吟咏创作，其先行一句为前句，后行一句为付句。

俳谐之道的日本人，也会忍不住要思考的问题。其次，是什么理由使被崇尚到正风不易程度的蕉门俳谐，只有发句留存于世，其他却很快就被抛弃，变成甚至自称同一流派的人也无法说明的东西。这绝不仅是世间所说的古池塘、连句之类的问题。最后，还有一个更具有现实意义的疑问是，这种乍看不可解的前代遗物，通过其自身的存在这一明明白白的事实，打算告诉日本今后将要走入社会的年轻学生什么。简短地说，俳谐除了它的艺术价值以外，会为我们提供什么样的文化史价值。即便完全没有人知道答案，也不应该随便相信其没有价值的话。很多重要的科学都起于近世，而在这些科学被提倡之前，人们对眼前的事物也只能视若无睹。而且，这种无意识的惰性，是非常有力而可怕的。

## 三

面对上面的三个问题，遗憾的是，我只能回答其中很少一部分。为了能够聚集未来众多研究者的力量，我现在只能指出一个解答的方向。俳谐，又或者是诽谐这一说法，在日本的古代文学作品里也可以看到。而且，这一说法从中国引进自不待言，但是符合这一字面说法的内容，应该在它被引进来之前即已存在。当碰到这种无形物的名词时，两国间语言的对译是否正确总是会成为一个问题，但是在俳谐这一点上似乎并没有大的讹误。虽然对人来说调笑取乐之事范围很广，但这并不是俳谐的全部内容。在取乐当中最为下等的是放肆，也就是伴随着下流的秘密、情欲的满足的调笑，而最有害的恐怕是嘲骂。从《史记》中记载的东方朔的谈笑在宫廷表演可以推知，这两者在中国也没有被包含在俳谐当中。日本的俳谐也在上流的文学当中备受追捧，显然不是直接伤害对方的调笑。俳谐的一个特征是与严肃认真对立，以故意的模仿失败为乐。做出因为自己能力不足，想要照着优秀的人的做法做一次却不成功的样子，我称这种表现为自嘲的调笑。擅长于这种自嘲式调笑的，实际上很多是才智出众的人，也就是说，这是为了惹人发笑而最为纯熟地隐藏起自己才能的人才拥有的技艺。今天表示装傻的 tobokeru，在古时候被称为 shireru、shiremono，后来又由此变化为 jirakoku 或者 jira 等，“开玩笑”的说法与此也非常相近，可以说是调笑取乐中最早实现艺术化的。

这使我想到，我国人的言语和行为，总是附随着严肃的事情，这一点恐怕是国风使然，并不是人类共同的一般习性。狂言的起源，就是跟随在正式的仪礼之后，对其进行错误和失败的模仿，又或者是做一些和仪礼完全没有关系的愚蠢举动。这种让观众哄堂大笑的演技确实可以收到出人意料之功，但是在我看来，这样做的本来目的是通过对照加深人们对前面的正确做法的印象，并让观众记得错误带来的不利和损失，简言之，就是利用人们害怕被人嘲笑的心理设计出来的。从“海幸彦山幸彦”①的故事可见，古代的 wazaogi，也就是演员的任务原本就是如此②。在“昔话”也就是民间故事里，有一种我们称之为“隔壁老大爷型”的故事，自古以来就是这种自嘲的代表。善良的老大爷意外走了大好运之后，一定会马上跟着一段隔壁的坏大爷很羡慕他，想模仿却不成功，吃了大苦头的故事。因此，在故事后面附上人必须要正直，不要随便模仿别人之类的谆谆教诲的例子并不少见。然而，现在听了故事开颜欢笑的人们的想法已经发生了变化，在很多地方只有笑话被保留了下来，但讲给孩子们听的故事仍然是笑话和教诲一起出现。神乐的狮子舞等故

---

① 海幸彦山幸彦，《古事记》《日本书纪》中的神话。海幸彦与山幸彦为兄弟，海幸彦以钓鱼为生，山幸彦以打猎为生。某日，二人在弟弟山幸彦的要求下交换工具，山幸彦将钓钩落入海中，海幸彦无论如何不肯原谅，一意索回。山幸彦在海边悲哭，遇一神翁，之后被带入海中，与海中神女成婚，并寻回钓钩，带着能够掌控潮汐的宝珠回到家中，将钓钩交还兄长。其后，山幸彦以宝珠涨潮，潮水淹没了海幸彦，直至海幸彦表示驯服，山幸彦才将其赦免。此神话是民间故事“浦岛太郎”的原型。

② wazaogi 可写作汉字“俳优”，即演员之意，尤指以滑稽的动作或歌舞娱神或娱人者。海幸彦向山幸彦降伏时，发誓永世为 wazaogi。

事后面，在日本东北附有被称为 okashi①的，在关西附有被称为狂言太夫的内容，看客面对戴着可怕面具的舞台形象调笑取乐。最近流行的某某漫才②之类，也必定会有答话不着边际的对手角色，仅仅在形式上还保留着俳谐旧时的模样。我认为，这和文学上流传下来的俳谐，其形成原理是相同的。所以，被收入《古今集》的《敕撰集》中的数十章著名俳谐，恐怕也可以认为归根结底只是伴随着和歌的一种笑料而已。

思念如星无数相见之法却全无

欲得耳成山的栀子染成秘恋的底色③

像这类和歌，到现在不过是轻微的语言游戏罢了，然而其形式正如歌中所见，有着出人意料的语言包袱，当时宫里的人肯定是捧腹大笑。

① okashi，意为“可笑”。

② 漫才，以二人之间进行滑稽对话使观众发笑的表演。

③ 原文中与“星”相对的，有与“月”发音相同的词，“耳成山”的发音同“无耳之山”，而栀子的发音与“无口”相同，故被称为“轻微的语言游戏”。

## 四

这些关于上代俳谐的记录只剩下很少，但是当和歌大为流行起来，而又达到稍显阻滞的状态时，富有新意的俳谐便立即横空出世。在水无濑离宫的风雅游戏非常盛行的时代，与代表古来歌道的柿本相对立，新诞生了一群被称为“栗本”的戏歌作者。另一方面，和“有心之座”的说法相对，这一群人又自称“无心之座”。然而，虽然这两种名目是新的，但这种不拘一格的表现形式似乎在很早以前就有。因此，现在被称为连歌的文学形式，其本身原来恐怕就是一种俳谐，至少今天流传下来的全都是令人发笑的作品。富有才华的男女文人，无论是谁都对俳谐多少有些涉猎。例如，像和泉式部，也可能只是传说，据说她总是与人进行着出人意料的唱酬。据说有一个男人到贺茂神社去参拜，腿上缠着纸，从她门前走过，她即刻对这个吟道：

岂可这般不恭将纸缠足上

听到她这样说，这个男人也不示弱：

如此恰当下社之名①

这样的回答，唯一优点只是快而已，诚然这是一次不亲切友好的谐音游戏。另外，一位名叫朝日的阿阇梨僧潜入阴阳师安倍某家中，被发现后正要逃走时被抓住了，主人咏道：

西见朝日亦怪哉

和尚闻之应道：

皆因天文博士所见者②

这种句子应该是后来所造，看起来甚至像下句是先作好的。某些情况下，也有下句的十四字先被提出来，挑战上句十七字的例子。关于这种例子有这样一个故事。一位高僧看到某人在路边修葺

① “纸”与“神”发音相同，贺茂神社为贺茂别雷神社（上贺茂神社）和贺茂御祖神社（下鸭神社）的总称，故有此对。

② 安倍的职务是阴阳寮天文博士。

屋顶的情景，对他咏道：

持戒僧家掩好钉眼茸之严

对方回道：

听得漏雨之声亦难免

这里的高僧属于持戒僧人，以不娶妻子闻名，然而当时已经有了“藏好便是上人，没有便是佛”这样无处不在的秘密。因此，这个赠答必定令听者捧腹。诸君也所熟知的武人风雅故事中有这一句连歌：

衣上经丝已绽开①

认真想想这句八幡太郎和贞任的连歌，就会发现，这是单纯的

---

① “经”的发音与兼有城寨等军备作用的武士居馆的“馆”相近，一语双关。这句连歌的场景为阿倍贞任（平安时代中期武将，1019—1062）从居馆败退，被源义家（八幡太郎，平安时代后期武将，1039—1106）追至衣川，源义家出言嘲笑他。

语言游戏，归根结底不是挽弓搭箭、往来驰骋的勇士头脑中会浮现的文句。也就是说，这不过是令人可以窥知当时非常流行这种传说的史料而已。

之后，这种连歌发展到五十句、一百句之多，变成了更加悠长的作品。因此，为了将它和简单的两人共作一首的连歌区别开来，也有人将后面的部分称为“续歌”。这种所谓续歌的形式被固定下来，后人遵照它无限循环往复吟咏相似的文句，为了能够尽快突破这种单调的形式，又另外生出了俳谐连歌的必要性。因此，初期的俳谐师必定出于连歌师之门。像伊势的荒木田守武①那样，一直彻头彻尾只吟咏戏谑的句子的人也并非没有，但其原本的兴味所在，是在冗长的连歌之间，不时插入癫狂、世俗的文句或话语。这一点从《犬菟玖波集》②等即可推知。后来连歌是连歌，俳谐是俳谐，两者变成完全不同的文学形式的原因，简言之就是前者的零落和形式化。因为，原来的俳谐连歌，只要求是掺入俳谐的连歌即可。在很多人受到荒木田守武式俳谐的影响，而认为必须处处皆是谐音游戏和警句连发的时候，只有令人敬仰的芭蕉翁停了下来，再

---

① 荒木田守武(1473—1549)，战国时代伊势神宫祠官，连歌师。

② 《犬菟玖波集》，室町时代俳谐集，亦称《新撰犬筑波集》《俳谐连歌抄》，山崎宗鉴(1465？—1554)撰。

一次安静地进行了思考。我认为，这就是现在令我们感动的正风俳谐。

## 五

简言之，是否同意松永贞德那种在百韵、三十六句的连续当中，不属于俳谐的句子一句都不能有的意见，正是分歧点所在。如果这是不动的法则的话，就没有现今的所谓俳谐之类产生的余地了。尤其是这些人将俳谐的定义毫无约束地扩展开来，除了心的俳谐以外认定了形式的俳谐、语言的俳谐，诸如此类，仅仅遣词造句是现代风格的日常语言即可，但就现存的作品来看，归根到底，内容还是很局促的，仅凭这些词句不足以表现广阔人生的森罗万象，也是理所当然。因为这个原因，虽然贞门的俳谐留下了如此之多，现在却由于乏味而已经很少有人再去关心。而与此相对，芭蕉翁则绝不是急进的革新论者。部分追随前代解释的同时，处处进行基于自身判断的实践，收到了很大的效果。例如，作为俳谐的主题，将重点放在俗事俗情上，由于这个从初期就开始的默契一直得到相当忠实的遵守，哪怕只是描写民众生活，芭蕉翁的作品至今仍令我们心怀感激。还有一点，这是后来的评论家还没有谈论到的问题，即叙述的写实性，这也不是芭蕉翁一派的独创，换言之这是前辈俳谐师们长年积累下来的技巧。芭蕉翁因为尽量继承和吸收了这种技巧，所以确实做到了哪怕是很短的词句也能够使之鲜活有趣。但是，他的弟子们都只继承了其中的部分特点。

那么，如果要说哪一点是芭蕉翁的出色之处，一言以蔽之，我想应该是在俳谐本身的用途上，即回应了我们欢笑的愿望。也许，会存在将这些统一概括为“俳谐”这一专有名词是否妥当的问题，至少惹人发笑不是芭蕉翁俳谐的全部，认为惹人发笑是俳谐不可或缺的要素这一点，与旧传统是相符合的。也就是说，芭蕉翁的俳谐是有资格自称正风的。如果用别的说法表现的话，芭蕉翁的俳谐没有一首不带有逗趣的成分，与此同时，从发句开始就先试图引人发笑的连俳却一首都没有。这与无论如何不按牌理出牌的说话艺人，都不会坐在垫得高高的坐垫上一开始就讲好笑的话是一样的。无疑最初都是先不动声色，让观众预想很快就会越来越滑稽就行了。因此，将发句单独分离出来看，它们全部都很严肃，并不惹人发笑也是理所当然，也就是说“俳谐”这一名称的意义，如果不执拗地加以扩张的话，那么今天的所谓俳句，就并不是俳谐。而芭蕉翁的俳谐的味道，由于这样深思熟虑的调理方法，又变得更为微妙。就我所见，元禄俳谐的重要功绩，不仅仅是对旧来俳谐的利用；同时，它还让连歌重新焕发生机。也就是将一种只有优雅，既没有风情也没有韵味、不断凋萎的艺术，和另一种虽然生机勃勃，但只是闹哄哄的坊间式艺术，恰到好处地配合起来，对其赋予诗情的新尝试。这种俳谐风靡当时的原因，简言之就是它具有过去的滑稽艺术完全看不到的沁人心扉的普通人的感情，尤其是与滑稽相对的忧愁和哀怨等得以自由地处处展现。虽然尝试对它们之间的互动牵连，又或者是远近之间的反映，通过 sabi、hosomi 等其他各种新术语去说明，但是宗师意外地早逝，而当时接受这些教育的俳谐师充斥于国内，每个人都只能以自己的格局对其进行解说和敷衍。这是一首未完成的交响乐，虽然尚留余韵但是没有人继承发展，正如华丽的烟花绽放之后的黑暗一般，变成了冷清寂寥的文艺形式。

## 六

这个议论太过详细，会令有些听众感到无聊，那就不好办了。因此，在这里换个方向，举几个例子加以说明。我特别喜欢读《七部集》，所以从这里面举例就比较容易。将这本书与以前的各派俳谐比较一下的话，它们最明显的区别是分量，也就是付合的长度。《七部集》中，百韵也就是多达百句的连歌只有一首，其他的六十余篇都是歌仙，也就是仅由三十六句连缀而成。除此以外，还有《初怀纸》及其他一二例，大体是以《冬日》开头的时候为界，此后基本上都是依照这种形式。谈林派以前的连俳尽管也有这样的形式，但原则上是以百韵为常见形式的。其中，被称为"十百韵"的由十篇百句构成的形式曾经一度盛行，西鹤等人甚至尝试过独吟千句。这种流行的变化，在俳谐的历史上是很重要的。因为在此前之前，是专以推进为兴的，每句的推敲则很粗陋。不用说，变化的结果在构造上也有所体现，以前的所谓"一波万波"，恰与孩童一开始吵闹，就无法停止、越来越亢奋非常相似。与此相反,《七部集》的歌仙等作品，每句的连接之间都有停顿，又或是有苦吟。不能将这些一概称之为"小韵味"概而论之的原因是，与后代被称作复兴期之类的天明俳谐相比较，元禄俳谐的特征尤其鲜明。简言之，芭蕉翁所企图的，与之前和之后的俳谐都是不同的。也许并没有完全成功，但无论如何它应该是以整体的调和为目标的。也就是说，同样是滑稽，也分为几个阶段，其中最为高涨的部分，在其前后却都被安静寂寥的句子包围起来。即使以变化为主这一点是古今同理，但是芭蕉翁总是注意均衡，避免偏倚。芭蕉翁的俳谐虽然起伏比较大，但是在尽量宽广的区域里设置好几个波动的中心。因为这个原因，其俳谐的"波纹"的模样更是美得无以复加。

举两个例子说明一下。其一是最为有名的《冬日》第一篇的中间部分，承接师翁的“晓寒篝火映身影”，吟出了以下一段：

家贫难堪主去屋已空　　杜国
田中小万门前柳叶飘落时　　荷兮
雾中拽舟之人是跛足　　野水
黄昏中侧目远眺新月细　　杜国
贵人近侍久别返寒町　　重五

这里的“田中小万”是世间追捧的美女。颇为哀伤地咏叹完门前岸边柳叶飘落的傍晚之景，突然又描写她鄙薄拽舟之人的模样，而且连接得甚为自然。其后再次安静地，而且像在《夕颜》一卷中也出现的联想那样，又引回到另一种情境的联想。因此，跛足之人的滑稽越是飞跃性的，其后面便用越是沉稳优雅的句子将它包围起来，在座俳人的诗情甚是调和。这种无言的约定不仅体现在这里，无论何时，只要出现出人意料的滑稽句子之时，必定会有恰到好处的句子在其周围。再举一例，这是最后部分的《续猿蓑》中的例子。因为宗师只吟咏了其中一句，这段付合很少引起人们的注意。特别能表现其变化有趣之处的，是以“奋勇腾飞鹰遭遇强风压”作为发句的一联。在其中段有如下几句：

货郎卸下柿油纸包货担　　里圃
今日酷暑微风无一丝　　马莧
沙滩上荆棘丛生飞蝗鸣　　沾圃
道别话语出口鸣声更如泣　　里圃
火塘留好火种厨火已熄灭　　马莧
睡前再舂米一石　　沾圃

暑热一直以来都不会被收进歌中，这句用的都是平常人的语言，在文艺的集会中这种句子虽然也可以算作俳谐，但还是有点弱，因而在下句接上了乡间的事物。句中的gisu（飞蝗）不是上代的螽斯，而是我们今天所说的飞蝗。大中午烈日当头时只有这种虫子在鸣叫的情景，对我们今人来说甚是令人怀念，回想起了儿时趁大人午睡时悄悄跑出去玩水的日子。因为飞蝗的鸣声和蝉不同，中断的时间比较长，和后面的“道别话语”一句也能很好地接续上。但是马上从令人轻绽笑颜的这一句转向恋爱的句子，还是有一点勉强的。作为替代，又和后面的火塘一句非常吻合，恰如读一篇故事册子之类的读物。因为整体来看都是身边的鄙俗想法，也有人评价俳谐为下等之物，但是在场者齐心将俳谐整体吟咏成一首调和美丽的作品的努力还是值得肯定的。

## 七

中世的连歌对付句的限制比俳谐更多，有"去嫌"①"打越"②之类烦人的规定，虽然每句的变化都是以场面的展开为目的，但是其分立到底有限，感情波动很小。尤其是作者的立场和意图很相似，加上过程又有点长，一不小心就会回到同一个地方，整体来看难免有木板一块的感觉。俳谐简单地说就是由于无法忍受连歌的单调而产生的，但这种状况直到芭蕉翁出现，都不能说被完全打破了。不用说，我们现在看到的，是非常令人愉快的革新倾向途中停顿下来的模样。由这一句一句付句创造的变化，我们称之为场景图的新情趣、新关系，无论将这些称为草图还是场景，实际上都会被指责有太过依赖视觉的倾向。在这当中，有像前面举例的"黄昏中侧目远

---

① 去嫌(sarikirai)，即在同一卷连歌中，禁止同季、同字、同义或近义等关系较为紧密的词频繁出现，须隔若干句才可使用的规定。

② 打越(uchikoshi)，为连歌中付句的前句，付句须避开与打越在趣向、题材等方面相似的事物。

眺新月细”那样完全无声的诗句，也有像“荆棘丛生飞蝗鸣”及其后面一句那样诉诸听觉的情景诗句。中国的联句自不待言，俳谐也是一直到谈林派的时代为止，将其视作单纯的语句接续的想法都无法改变。因此，现在还有像孩童的语句接龙、传火咏句之类接近游戏的形式，蕉门的俳谐则对此努力避免，尽量以心境或者感觉，又或者是幻想为依据。除了一两处例子，还有：

令人敬畏官达五位针灸师

宫司家空余松树门已倾

以及，

吃的柿子带来的柿子都是涩柿子

眺望秋景中田亩的客人

除了这种接近谐音游戏的句子以外，其他大部分都可以说是想象的链条或者是感动的旋律。这些都是个人的生活体验中最为自然的部分，也就是和我们每个人每天的想象往来驰骋的路径是一样的。但是，文学的一个重要条件，是别人和自己的共同经验、共同记忆中最为难得之处。芭蕉翁通过对过去流传下来的俳谐加以改良利用，将其转化为一种稀有的文艺形式。它是以数世纪以来唯有日本人一直维持的特殊文艺生活为基础形成的，这是不争的事实。另一方面，我们的社会组织的特殊性，也就是分成一个个小集团，集团之内紧密结合起来的团体的力量，使这种文艺形式成为可能。这种微小的联合体，古老的日语称之为“连众”，又或是 tsure、togi、doshi。他们不仅在风雅的往来中，在乡间、在儿童的群体里也都存在。这些人之间有着超常的相互理解，而且也最容易有共鸣，有需要用言语表达的东西。我想，这就是使用这样短小的句子形式不时能够达到令人惊叹的人情深处的理由，同时也是身处不同时代、环境的门外汉虽然非常认真地注意到了，但很多地方却也是无法理解的原因所在。

另一个应该思考的点是，使用俳谐这种文艺形式的时势、境遇、年龄的问题。诸君恐怕也会随着年龄增长，对这个说法有越来越多认同感。历史上的所谓弃世之人、隐士当中，对人世冷淡的人意外地少。就脾气态度而言，他们与今天的浪人乃至好打抱不平者颇有几分相似。从正面与时代作斗争自不待言，连大声批评都做不到，讽刺也只能靠匿名的题壁的人，大多在中途就受挫放弃，投身于酒之中，放浪形骸。过去，这种人会躲进一些奇怪的角落，靠文艺静静颐养性情，度过一生。使不再产生这种带着温暖的人生观察者的时代得以到来，正是我们努力的目标，但是这样的时世看样子不会很快到来。因此，如今之世虽然形式稍有改变，但仍然需要这样的清谈文学。然而，现在的俳谐已经不像元禄俳谐那样温雅而充满同情心，我认为实在是日本的一大不幸之事。

## 八

我这次演讲的主要目的，是要说明从这个日本固有的、具有特色的文艺，能够得到多少通过其他手段无法得到的前代知识。但是，在此之前必须先说明的是俳谐的弱点，也就是为什么这么好的文艺形式却不能永远存续的问题。前面说过的连众这一群人的特征，亦即只有作者一方的能力复杂地发达起来，而读者一方的要求却非常少，可以算是一个重要原因。这一点不仅在俳谐上，在一般问题上也是现在仍然存在的现象，也就是说日本现在正处于文艺的成长之路的途中。即便是那种很麻烦的模仿西洋的小说，最为热心的读者也在作者一方。稍微比一般人感触多一点的人，马上想着自己也要试着写起来。诗歌和俳句更不用说，无论在什么时代都是作者比读者人数更多。虽然在现在这个汉文衰颓的时代，写汉诗之类已经成为难事，但是一旦成为大人物，谁都会想去写。也就是说，不期待有谁去读的文艺作品现在仍然存在。前代的俳谐之类的读者范围更是被限定了，换言之，俳谐之类的作品只在互相知道各自心思的人当中被鉴赏，留存至今的篇什不过是这种乐趣的残渣一样的东西而已。随着时代变化，俳句很快变成了不可理解的文句也是自然。人们如果只是不解其趣味所在的话，尚可曲从。要做出明白的样子也行，但是有的句子，不管人们如何思考也完全无法理解，又或者是由于什么人的解说而变成相反的意思。其中一个好的例子就在最近的俳谐研究书中。幸田露伴①先生的书确实很重要，谁对谁错的问题先放在一边，我在里面挑出了几处与目前为止的解释正相反的地方。例如，《冬日》中的：

窗前月下鹤影寒

秋日无风瓶无酒

这里的“无风”，我解为“没有风”，而先生则解之为“起风”。②

① 幸田露伴(1867—1947)，小说家、随笔家、考证家，生于江户，除小说等作品外，还著有《评释芭蕉七部集》等。

② 原文按照字面看，既可能是“无风”，也可能是“起风”，此处从柳田之意，译作“无风”。

又比如《猿蓑》中的：

逆旅寒宿夜寝再启程

朝云尚红如铁水

一般认为这里说的是旅途中的铁匠一早出发的模样，但是幸田先生认为这里没有出现能够让云彩都变红的风炉，所以这里所说的不是铁水而是信州或筑前的地名。日本东北大学的老师们关于此俳句的共同研究成果已经成书出版，关于这些地方的解释从一开始就各不相同，这些老师们把不同意见都列举出来，在书中作了报告。举个更早之前的例子，在看宜麦的《续绘歌仙》之类图解的时候，因为书中内容和我心里所描绘的实在太不一样，我于是对比甚感疑惑。若举一例的话，则有《炭俵》中的一联：

周全算计浮世立身在京城　　芭蕉

外嫁女儿顺利出产令人喜　　野坡

这里的“浮世立身”指的是游荡生活，如果这种生活方式在京都能够成为谋生手段的话，这句说的应该是在酒席助兴之人或是类似的人。但是，绘本画的是在为生产而设的屏风外面，戴着眼镜的老人正在用秤称银子的情景。为什么又出现了这种不同的人有不同解释的情况呢？据我想象，其一是俳句文法上多有不合理之处，其二是随着时代的推移，语言和风俗都已经变化了，但必须指出，主要原因是作者的生涯和教养以及其他所有生活经验，和后世的读者之间已经无法有共通之处。从连歌全盛时代的宗祇①、兼载②之时起继承的俳谐师的学问，和近世俳人之间已经大有不同。他们读书的种类偏向于《源氏物语》《古今集》等部分王朝文学，在此之上再加上禅门法语类的知识。近世人虽然也经常旅行，但是他们的旅行方法似乎与行脚僧非常相似，旅程都非常悠长，而且相当能忍受困苦，习惯于朴素的生活。只有这样有着类似经验的人，才会相交并互相理解，产生共鸣，在此基础上不时诗兴高涨，感觉更为敏锐。很多情况下，对他们来说的默契，我们却无法理解，这也并非不可思议。甚至曾经一度参加过同一连众的人之间，后来也出现了不同

---

① 宗祇（1421—1502），室町后期的连歌师，别号自然斋、种玉庵。据说姓饭尾但无法确定，出生地亦有不同说法，少年时起居于京都，与朝廷贵族和武家的高级武士，以及各地大名、豪族等往来甚多。

② 兼载，指猪苗代兼载（1452—1510），室町中期连歌师，会津人，号宗春、相园坊、耕闲轩。

的说法，越人和支考①、许六和惟然②等人甚至互相谩骂、起了争执。对后世的追随者来说，即便是误解也是老师的观点，因为没有再次开拓新境地的人，很快就又埋头于样式之中。芜村和一茶③在发句方面都是大家，但是天明、文化时期的俳谐，已经再一次成为非常单调的东西。我们对前代文艺的态度必须改变。认识到有不能理解的部分，这是好事，但是这部分也有希望逐渐减少。总之，知人论世，是了解时代的一个要诀。

## 九

作为学问的文艺理解，绝非最近才开始被提倡。某种新的文

---

① 越人，指越智越人(1656—?)，江户时代前期徘人，别号槿花翁，倾向于理智、古典，尊重初期的蕉风。支考，指各务支考(1665—1730)，江户时代前中期徘人，别号东华坊、西华坊、狮子庵等，美浓出身。作为蕉门论客之一，致力于推广以俗语平谈为宗旨，将风姿风情以平易的语言进行描述的蕉风，其后成为美浓派之祖。

② 许六，指森川许六(1656—1715)，江户时代前中期徘人，蕉门十哲之一，彦根藩士。名百仲，别号五老井、菊阿佛，俳风细致巧妙。惟然，指广濑惟然(? —1711)，江户时代前期徘人，美浓出身，通称源之丞，别号素牛、鸟落人等，俳风轻妙洒脱。

③ 芜村，指与谢芜村(1716—1783)，近世中期徘人、画家，摄津国出身。一茶，指小林一茶(1804—1830)，活跃于江户时代的俳谐师，北信浓出身。

艺，特别是其在一个时代、一个国家的来龙去脉，表现了民众过去生活中的哪一部分？彻底探究这类问题的人，江户的市井学者中也颇有几位。因为他们的功绩太过碎片化，其著作一直被作为随笔而受到轻视，但是也存在像京传①、种彦②的著述这样的先驱性研究。同样的态度愈发精透，且进一步推进研究的是喜多村节信③，也就是《嬉游笑览》《画证录》《筠庭杂考》等的作者。通过古老文艺作品的偶然记录，一些人尝试探寻当时风雅人士之间不会谈论的市井中人过去的生活，这种热情应该予以肯定，但缺点是他们关心的问题还是太偏向于都市，没有涉及广阔的农村和渔村生活。此外，他们虽然涉猎了如此多的文献，但是因为时代太过接近，并没有关注到芭蕉翁的俳谐。这些俳谐作品为我们留下了丰富的资料。我们必须对芭蕉翁一门的俳谐表示感谢的，首先是没有对古老的文学进行模仿，抛弃了浪漫的陈旧规矩，同时又抑制了谈林风的空想奔放风气。其次，他们还忠实于俳谐以凡人大众的生活为对象这一自古以

---

① 京传，指山东京传（1761—1816），江户时代后期的通俗文学作家、浮世绘师，江户人，本名岩濑醒，通称传藏。

② 种彦，指柳亭种彦（1783—1842），江户时代后期通俗文学作家，江户人，本名高屋知久，通称彦四郎。

③ 喜多村节信（1783—1856），江户时代后期考证家，通称彦助，后称彦兵卫，字长歧，号筠亭、静舍等。

来的传统。最后是他们对描写技术的精心琢磨，尤其是将写实置于巧妙之上的体贴。很少人能够在利用服从于其教示的连众的敏感性的同时，如此精确地使时代的面貌流传于后世。西鹤、其碛①、近松②等创作的世间故事之类，都作为对世相的描绘而被反复引用，但是在话语很多的同时，题材范围却很狭小。相比之下，俳谐所见所传的，则是所有阶级的小事件，包含了戏剧和小说都不关注的事情。但是，上述双方作者将这样的生活也存在于世间的事实展开在同情者面前，则是相似的。

让我们不对俳谐做出牵强的解释，首先需要看看如今被视作难解之处的部分都在什么地方。大体而言，太过奔逸的空想即便使在场的人感到好笑，但马上人们就会不解其意。这种风气和谈林派一起衰落了，但是其角③之流仍然一直以此为得意之事，同时在《冬日》《春日》二集中，仍然遗留着些许这种习气。如：

*石竹花装饰的早正月*　　　　　　杜国

---

① 其碛，指江岛其碛(1666—1736)，江户中期浮世小说作者，京都人，本名村濑权之丞，通称庄左卫门、市郎左卫门。

② 近松，指近松半二(1725—1783)，江户时代中期净琉璃作者，本名穗积成章。

③ 其角(1661—1707)，江户时代中期徘人，芭蕉门下弟子，江户出身。初姓榎本，后改称宝井，别号螺舍、晋子、宝晋斋、狂而堂等。

手鼓奉纳在拜祭弁庆的神社　　　　野水

拜祭弁庆的神社不管在哪里搜寻都不会有，但是因为实在出人意料，读的人就会被其迷惑。虽然正月里用石竹花做装饰也令人吃惊，但这里称作“早正月”，某种坏年头，一般会在年中开始新的一年，从那天起第二年就开始了。如果知道这一天大多是六月朔日的话，这个月份哪怕是野石竹也想用来装饰一下的幻想还算比较自然，可以肯定。

一阳来复正月早　　　　清风

樱花缘何不重开　　　　芭蕉

这样的付句也是与上述俳句几乎相近的趣向，其后频繁出现的是被称为“万日”“千日”的群集念佛活动，只要想想当时是佛事如此频繁的年代，就可以知道其中意味。芭蕉翁常将海岛遣犯的生活写入俳句一事是比较有名的，这也是因为在贞享、元禄之交，将三宅、八丈等岛作为刑罚使用的时代，岛上的消息能频繁传到江户，这一点想象一下即可明白。

## 一〇

即使我们还能大致理解俳谐，到年轻的诸君这一代便逐渐变得不明其意。如果没有其他说明方法，那么可以尽早注意到俳谐并将俳谐当作史料。如果从《七部集》以外援引几个例子的话，有：

| | |
|---|---|
| 蒟蒻色黑实罕见 | 沾蓬 |
| 祭礼行列之末大人卫兵多 | 曾良 |
| 今年所见孩童皆有疮痕 | 芭蕉 |

因为是乡间祭礼，蒟蒻的颜色是少见的黑色，这种付句做法正是俳谐的特色。来看祭礼的儿童，不管是谁都有曾经得过天花的痕迹。这里所说的是今年天花也流行了，但是在种痘普及之后，这种情景变成了不通过这一句便难以想起的情形。另外，在祭礼行列的末尾，行走着由大人派来的很多持粗制长枪的，用今天的话来说就是仪仗兵，来看热闹的满脸痘痕的少年少女们的身影，愈发活跃起来。

小地头面前萩芒成列　　扇车

没完没了的拙劣舞舞　　以之

舞舞与越前幸若①等是属于同一系统的，民间的古风艺术，一派传人曾经能够以之谋生，但是后来受到能剧和歌舞伎的挤压而灭亡了。这似乎从最初开始就是冗长乏味的舞蹈，而刚好到了芭蕉翁的时代，似乎又变得比以前更为拙劣。所谓萩芒一句，是指在庆祝的日子或其他日子，穿着萩芒纹样衣服的少女，几个人一起看热闹的情景。

互助茸屋顶村中秋正浓　　曾良

下女奉茶给上总巡回念佛众　　芭蕉

这里的互助 yui 被标注了汉字"雇"。yui 指农村里人们互相帮助完成工作的惯例，现在仍然是全国各地通用的方言，只有东京附近已经很少使用这个说法。既然上总的念佛团体行游到此地，这里应该不会是离上总很远的地方，由此可知当时关东仍然使用 yui 这

① 幸若舞，室町时代流行的伴有说唱的一种曲舞，被认为是能剧、歌舞伎的原型。

个说法。

薄暮时分敲落烟管灰归家去　　去来
插秧女戏谑抛来泥秧苗　　芭蕉

插秧的日子里，连姑娘们都兴奋起来，经常开玩笑地将带泥的秧苗抛到过路的人身上。远国有些地方把这种玩笑称为“御祝仪”或“苗祝”并当作惯例，但是在芭蕉翁门人所熟知的京都到江户之间的乡野，到了近世已经很少有这种说法了。关于这一点，也同样由此一句就可以知道，这种玩笑或者惯例直到元禄年间仍然存在。

花落谷粒萌出芽二叶　　以之
不似春光火屋张白幕　　桃鲤
缈缈云霞挂山垭　　淡水

所谓“火屋”是火葬场设置的临时小屋，过去曾有为了不让它晒到太阳而拉起布幕遮盖起来的习俗。与暮春时节樱花飘落、秧床初绿的艳丽光景相比，这又是一种令人意外的冷寂反映。宽政年间的日光道中游记里曾有在今市附近看到过这种情景的记录，但是在那之前，蕉门连众就已经深深体验过这样令人悲伤的意趣了。

露霜之洼凝马血　　岚雪
不论和尚老翁追立夫　　芭蕉
土饼捣来祭礼令人惊　　芭蕉

所谓“追立夫”，应该是指无论是谁，抓住一个行走途中的人以供差使。从这立马联想到“土饼”，是因为此连众对现在仍然存留形式的尾张国府宫的追傩祭甚为了解。这个祭礼的惯例是让一个人背上土制的年糕，将其当作鬼追赶到其倒下为止。据说因为谁也不愿意接受这个差使，便抓一个路过的人令其充任这个角色。接下来作为结尾，再举《七部集》中著名的句子为例：

无踪无迹金二万两
爱子冠名作他人
火伤见之心悲戚

这是其角和越人的两人对吟，吟咏父母因为巫术而将自己的孩子命名为“他人”的风习。这一俗信现在还在一些地方留有痕迹，现实中名士也有名为“他人”或“他人次郎”的。“外吉”“外男”等名字应该也是由相同动机而来。我们今天读元禄俳谐时发现的很多难解之处，无疑是保存了各种有趣事物的前代生活中由于被视作凡俗而无人关注的记录。而且，只要对其稍作注意和比较，便不仅可以了解其记录的事实，还可以窥视到对此富于同情的同时代人对这些生活现象的看法。文艺在无意识中，为后代的国民提供了如此之多活生生的史料，有志于研究文化的人不对其主动利用，是错误的。

## 一一

毋庸置言，现在已经不是挑出一些珍奇的片段，看看，这里记载了玻璃瓶装的药酒，这句吟咏了猪的睡姿之类，如此这般炫耀随笔风格的时代了。诸君必须注意从这一特殊文艺形式的整体去广泛地体味渗透其中的民众生活，但是其中一部分由于某种原因，还有一些难以捕捉真意的词句。在这种情况下，作为准备工作，也有必要注意其各个细部的形成经过。我玩味俳谐的方式是，如果有什么看起来很有趣但是还无法让人清楚地理解其旨趣的句子，便会时不时想起来小声念颂，这样念着念着，有时候就会突然想明白。俳谐在对文化史的各个方面进行考察上起到作用的事也颇有几例，我至今为止发表的论文中，由于俳谐而注意到某一问题，并且毫无缘由地就将其弄清楚了的例子非止二三。如果把这些例子都列出来就太长了，如棉花进入农村逐渐取代麻质衣服的时代的模样，住在村落里的寡妇的生计由于农具的改良而经受巨变，被称作所谓“后家哭”的水稻脱粒器具的普及，以及很早就关注的行游四方的女性的问题，所谓巫女、歌唱比丘尼之类的人给地方带来的影响，修验者、山伏一派宗教家凌驾于常人之上的精神威力等。为了探求形成今天种种世相的原因，我多次利用芭蕉翁的文艺作品，对被视为同系同种的初期俳谐暂且不论，从他后期的热心追随者们的作品里，却几乎得不到任何有参考价值的内容。我认为这恐怕是因为我们对这位正风俳谐祖师的精髓，现在尚未能够正确认识。到底这个假说是否准确，我将会继续深入探究。

行文至此，我想试着提出来和诸君共同思考一下的问题是——也许有点过于奇特——过去人们是在什么样的情况下哭的，它多大程度表现在俳谐中。这些问题仅仅是作为一个样本被抽取出来的，以供实验。现在和一百年前相比，不仅是人们哭的次数变少了，而且哭的原因和场合也大为减少。这并不是因为我们变得冷漠了，就像看看孩童的样子就会明白那样，恐怕是因为能够细微地表现内心感情的语言发达和普及起来了。现在人们虽然动不动就用热泪盈眶、两眼发热等说法，但是事实上，已经没有男人会只因对方表情不好就提高嗓门了。女性方面还保留着这种传统，这种表现确实被认为哀怨而美丽，但是所谓“男儿泪”已经是徒有其名了。也就是说，这样一种单纯的激烈感情已经在事前就被消化掉，在普通人中已经极少再被表现出来了。在俳谐兴盛如繁花的时代，视乎在并非表演的时候，男人也是会哭的。例如：

| | |
|---|---|
| 西国武士从者连草枕 | 洒堂 |
| 说起旧事野郎泣 | 许六 |
| 春宵过后晨起着舞衣 | 芭蕉 |
| 东边追来月澄明 | 岚兰 |

这里许六和师翁的联句，应该说的是男子已过如春盛时，怀旧之情难以忍受的情景，但是其中极为细微的感情并非我所能说明。

| | |
|---|---|
| 地板清尘上铺圆座垫 | 洒堂 |
| 帘后袖口红色映日光 | 里东 |
| 遥想少主皆是小儿时 | 芭蕉 |
| 把酒身颤泣下喜难当 | 兀峰 |

如果稍微详细说明的话，这一联中引人注意的是，第二和第四句的结尾词语形式相似，以及整体而言场面略有些平淡。但是，前段描绘的是宽广的古老大殿中，住着几位美丽的年轻贵族小姐，正如观赏旧画卷一般，而芭蕉的付句就将场景引到了战国的军记故事。看到主家小姐和公子成人的模样，白发老臣想起旧时的事，喜极而泣。因此，虽然兀峰的一句略有过度用力之嫌，但是很好地描写了古时朴直的武士，尤其是其不善言辞、悲喜之间感激到连受赐的酒也无法喝的情景。如果这段描写拍成电影，恐怕又会是长长的台词。全靠俳谐，我们才会不期然地，得以和这种古风的感情产生共鸣。在《七部集》中，还有一处与众不同的哭法。这是在《葫芦》中：

| | |
|---|---|
| 活鲷鱼上岸正春色 | 珍硕 |
| 此村虽大无医者 | 荷兮 |
| 能打算盘即称博学 | 越人 |
| 平淡世间不无聊 | 荷兮 |
| 酒冷之时常哭泣 | 越人 |
| 远眺秋色暮夕天地广 | 荷兮 |
| 荞麦花白山腹中 | 越人 |

这个哭泣的善饮之人恐怕是从别处来的客居之人，正如村中人不知道他为什么哭一样，诸君等现代人也会对此觉得奇怪，有可能他自己也无法说清楚。但是，至少像这样的男人哭出来的事实是存在的。在同一集中还有下面一例：

| | |
|---|---|
| 荐花荐月煽起庄屋兴 | 珍硕 |
| 带着盐煮蕨菜去赏花 | 怒谁 |
| 每当春来思京城 | 里东 |
| 难堪野居和尚泣 | 珍硕 |
| 居酒屋里闹一场 | 乙州 |

这里的珍硕和前面的洒堂实际上是同一个人，奇怪的是总在付句的席上连出有关哭的句子。不用说这并不是因为他个人的爱好，应该也不是对哭泣有特别的同情和理解。而是直到这个时代，他所见的别扭之人，又或者是精神失衡的中年人，不时会与风雅之人为伍，其放荡不羁的生活得到承认。他们的醉酒而哭也可能是一种精神病理现象。但是，至少这种复杂的心境在当时的日本还没有能够用恰当的语言表达的方法。其结果是，酒受到了人们失去理智般的欢迎，不仅产生了古来作为神酒的用法，连有着健全言语功能，又

或者是并非没有某种手段去表达不平和烦闷的人，也学着别人投入这种致幻剂的怀抱。恰好出生在当代这样缺少俳谐，又或者是俳谐畸形发达的时世，我们尤其应该对此进行改善和整理。我们必须尊敬先贤这些最容易被埋没的生活，也就是所谓角落里的喜怒哀乐、无处不在的民众的幸福和不幸等，从而建立起如纪念碑般的事业。

品味我国文艺的方法，当然不会只有这样一种。我只是说有这么一种鉴赏态度。除了打算将来以戏剧等文艺作品为安身立命之本的少数人以外，我向其他众多的有识之士推荐这种方法。

（昭和十二年六月　第一高等学校演讲）

# 女性史学

## 一

意欲对女性给予教育的父兄和先辈的想法，迄今为止有两种类型。其一是授予她和男子相同的学问，另一种是像我这样，想办法让她走上比较适合女性分工的道路。作为所谓职业教育，对女性的学问种类加以限定恐怕对女性本身是不利的。因为，可能会增加不想输给男人的独立女性无法工作的情况，给她们造成不必要的制约。但是，作为家庭的一员，女性毫无意义地找到一份男性也能做的工作，去和男性竞争，对家庭来说却是一种损失。因为，在今天这样就业困难，也就是人多工作少的时代，这会造成男女一起失业的结果。从雇主的角度看，如果只是需要劳动力的话，无论是雇佣电气技工还是烟囱清洁工，可能都愿意将工作交给低薪酬而且肯吃苦的女性。不知道是幸还是不幸，由于现在女性还不足以胜任这些工作，即使薪酬比较高，雇主也还是会雇佣男性。但是如果能力相等的话，则失业说不定也就变成男人会经常面临的情况了。实际上，也可能会由于夫妇一起工作赚钱而在不知不觉间双方的最低收入都下降了，很多家庭因而被迫作不必要的忍耐。从这一点上来讲，一个家庭有一个人工作就可以支持夫妻子女的衣食住，这样一种迄今为止的大原则确实不错。因此，问题便归结于，仅仅待在家里接受丈夫扶养的女人，无所事事地睡午觉，在邻里之间到处传播闲言碎语，每天以此度日是好还是不好这一点上。

职业和修养，如今实际上已经一分为二，因此尤其是学问中不能成为职业的那部分，如果能够精进的话，也能够对世间的幸福有所贡献。另一方面，现在住在都市中的年轻劳动者，可以的话，希望可以利用工作的余暇来学习以提高自身的修养和学问水平，但是由于实在疲劳而无法充分投入，他们中的很多人会对住在局促乡间的青年所谓晴耕雨读的生活羡慕不已。国家尽量缩短他们不得不为了每天的衣食劳动的时间，目的也在于此。因此，妇人的工作比较少而轻这一点，如果结果是不能使其余力用在更为尊贵的事情上，那么对社会来说就完全是无意义的。像今天这样女性教育如此兴盛的时代，却仍然有那么多有闲暇时间的夫人，即便她们并没有做什么坏事，也已经是一种社会病。至少，可以推论出现在的教育方法不好，又或者是会出现既然如此，不如让她们工作的意见。

## 二

轻视女性的职业，又或者是为职业女性难过的想法，无疑是错误的。只不过，我觉得可笑的是，无论是谁都希望自己的女儿、妹妹尽可能安逸，无需到社会上去工作，而同时如果说让她们接受什么样的教育的话，则又都是为所谓万一的情况下，也就是丈夫因得病、酗酒等而失业，带着孩子成了未亡人，家中濒临破产而不得不像旧时那样卖身做佣人的情况做准备的教育，女性也希望接受这样的教育。近世有“富时学艺穷时卖最是不幸”的川柳，可以说这种做法带来了意外效果。从最初起就带着这种打算，在最好完全用不上的教育上倾尽全力的做法，我想有必要再讨论一下。因为报纸、杂志之类对此大书特书，给人一种社会上充斥着不幸悲惨之事的印象。如果从百分比上来讲的话，现状是百分之九十八、九十九的家庭，女性都过着平安无事的日子，为一些小事操心，不知不觉将学校教的知识一点点忘掉。今后的社会变得更好还是更坏，全都取决于这些人的想法以及大多数人每天的生活方式，因此和偶尔有人在外面做出遭人诟病的不妥之事的问题相比，这些女性闲得发慌，为有什么事情好做而迷惘的人如此之多，才更是普通妇女界的耻辱。为万一的情况做好准备当然也很重要，但这必须是已经完成了平常日子的平常工作以后再去讨论的问题。

说到女性的学问，特别是符合女性特点的学问，此前一直有无论如何总是限定于食物热量的计算、儿童的卫生管理之类的倾向。这些对生活来说也是不可欠缺的，但属于技术。所谓学问，就我的理解来看，其所利所得应该不限于自己一人之身，而是必须让社会整体比以前更为聪明。也就是说，应该以广泛地提高人类智慧水准为目的。现在恰逢社会的一个变化节点，旧规矩与新思考互相抵触，有很多过去没有遇到过的生活问题迫切需要解决。将这些问题全部交给男性，甚至对他们的迷惘或错误坐视不理，就是女性应当承担的角色吗？将某个问题从疲于应付本职工作的人手上接过来，或者至少暗示一些好的想法、新的观点，应该被认为是女性命中注定无法做到的事情吗？贤明的先觉者应该再三思考的点正在这里。关于妇人参政权的问题，如各位所知，现在势头有少许消退，但必定很快又会再次兴盛起来。今天的女性，又或者是针对她们的教育方法，到底是否已经为做到参与国政、为非女性不可的社会奉献做好准备了呢？我对这一点非常担心。

和男性的普通选举一样，让女性也一起为国事分忧的说法，理论上谁也不会拒绝，只不过有人以为期尚早、手续麻烦之类为理由反对而已。其实现完全取决于其时的政治，说不定明天就会有人说“那就试试吧”。一旦说到这种尝试是否真的会有效果，又或者是否已经准备好，则又自然变成了另一个问题。不要陷入像男性的前例那样，真的实行选举以后并没有显著变化这样一种举国之耻的结果，关于这一点必须先互相提醒。现在的政治实在是太过遵循原来的做法，但是现实问题却正在急剧增加。新出现了一些作风古老的政治家无法处理的大事件，又或者是原来没有注意到的事引起了人们的注意。如此一来，国民的普通知识还不足以解决这些问题这一点，也变得显而易见起来。我们确实有理由，而且无论用什么方法，都必须将学问再向前推进一步。男性原本就在这个问题上极其努力，对女性而言，现在也已经不再是在一边默默旁观、暗中啧啧惊叹的时代了。

## 三

不能断言历史能够为我们全部解决这些难题，不能理解的事情、无法说明的事实，一定有其隐藏的原因，而原因又必然都在比现在更早的时候。也就是说，原因在历史没有被写下来的那些部分里。不用说，女性并不见得一定会找到这些答案，但是实际上迄今为止，因为她们对这方面实在太不关心，所以仅仅在她们手边，可能就留下了很多重要的暗示。因此，重新通过她们所特有的细微注意力去寻找的话，可能会找到很多。但是，如果仅仅通过阅读书本，试图从书上学到什么，就只会失望。因为，书本大多是出自男性之手，所写的也只有他们所理解和认可的内容。因为我也是男的，所以我这个男人所说的话也不过是供参考而已。但是，恐怕没有比人类所创造的社会更为错综复杂的组织了。很多被认为已经完全搞清楚的问题，如果走近前去仔细考察的话，会发现原本没有想到的原因在背后发挥着长久的影响。至少我们现在所掌握的知识，在很多事情上都只能够解决问题本质中一个很小的部分。当然，并不能乐观到认为马上就可以取得成绩，但是无论如何，至少有余力的日本女性们，可以通过平时的注意，得到更多的知识，能够解释更多世间的问题，尤其是以日本现代的疑问为目标，推进这种脚踏实地的史学，这应该是她们能够贡献社会的途径之一。

这是作为例子引用也会令人痛心的事，近四五年来突然显著增加的母子自杀事件，即母亲由于些许之事弃世而去之时，将尚不知世事的幼儿一起带走。在从正面预防这种悲惨之事之前，必须首先试着去探究为什么只在日本才会有这么多这种死法的问题，即便是不可能的，也要试着去找到答案。因为，如果不这样做而只是叹息的话，无论何时也看不到这种事件有停下来的可能。这不能不说是一种传染，但会不会在此之外它还是以家庭的连带感，也就是除了我们小小的家，没有其他地方会爱这个孤儿，父母的不幸孩子也应该分担这样的想法为基础的呢？又或者是，会不会是因为过去认为幼小的生命和灵魂属于家庭这样一种想法，对孩子独立性的否认仍然存在呢？又会不会是因为对人生的幸福和死后的世界的特殊信仰无意识地留存至今呢？总而言之，不能说不是各种古老的想法和新的错误感情交错起来，导致了这样残忍的决定。而且，会不会是在这些心理现象底下潜藏的消极的决心，又或者应该称之为女性的勇气，受到以柔顺无抵抗为本位的江户期以来的道德束缚，除了唯一的“生命”以外，再没有其余交予她自由处置的东西，从而将她指向了这样一种有悖人性的道路呢？如果这些推测是正确的，那么就必须从历史中找到证据。不将这些推测仅仅当作某种想象而弃之不顾，带着这样的念头去查找，那么这些推测到底是假是真，就一定会搞清楚。古老家族的教养方式，很久以来都秉持着将女子的勇气和胆力，仅仅向死的方向显露出来这样一种莫名其妙的方针，只要家中不发生令人丧命的不幸，烈女的名字就不会有为世人所知的机会，因而作为榜样的前代妇人，大多数都命丧剑下。将这样的旧时的教科书，不作思考地继承下来的结果，不正是将思虑浅薄的人都往这个方向引导吗？如果是这样的话，这是对女性勇气最为可惜的滥用。如果现在还不能断定的话，无论如何，我都希望男子也能参与其中，更加深入探寻其根本，穷究其理，重新构造伦理教育的书本。

## 四

这是相当大且困难的问题，人们恐怕无法从一开始就期待确定不变的答案，但是我想，至少注意到长年的风习中存在意外地被束缚的人之后，人们将会渐渐获得正确认识这些问题的能力。为此，所谓若干修炼的积累，更多地从身边日常的小问题开始观察也是一个方法，这种问题我还可以提出好几个来。若举一例的话，比如日本人的体质，在这一点上我们自己和别人都会感到，即使现在和很多民族相比，我们也是处于劣势的。事实上，这到底是自古以来就是如此的，也就是说这是日本人的特征之一，还是近世以后才变成现在这样呢？这就是眼前的一个问题。古老的记录中不时会写到伟人的身高，常有他们是小个子的记载，但是一般大概是多高，这一点却无法明确知晓。从中世武人用过的精美且尺寸很大的头盔，以及看起来长可及地的甲胄来看，似乎他们当中很多人都比现在的人在体格上更为优越。至少，在腕力和臂力上有充分的记录，此外在记录以外还留下了很多足以成为证据的痕迹。作为村中青年休息日的娱乐，扛起来试力气用的力石，在北陆地区被称作 banbuchi 或"番持石(ban mochi ishi)"的，有一些大得令人吃惊，现在能够将之举起来的人已经越来越少了。因为这些都是最近的事，问一下当地的老人马上就会知道。也就是说，以前力气大的人比现在多。老人们的口头禅里经常会有过去的人是如何有精神和有勇气的内容，其中多数指的是这种对腕力的自信。另外，在过去，力量就是信仰。旧时人们相信力量是对神祈祷而获得的，并认为力量从父母传给子孙也是神意，也有力量的遗传脉络如果传给女人的话就会转到别人家的说法。另外，被称为眼力的能看得很远的能力，一直盯着某个东西让对手气馁的能力，这些特点原本也多出现在杰出的人身上，但是自从开始阅读书籍上细小的字以后，这种力量突然就衰退了，现在都市里的年轻人一半都戴着眼镜。跑得快和大吃一顿就可以顶很久之类，旧时也曾经被视作优点。饱饱地吃一顿就可以两三天不用吃东西而坚持劳动，这靠体力和单纯的忍耐是无法做到的。现在这些优点应该还有一点残存，在前一天晚上无法充分睡眠的人，第二天照常劳动而看不出疲劳的样子，以及病了或受伤了，能够马上痊愈而且不会感到丝毫虚弱的自愈力等，都在近世出现了严重的退步。这些和今天的日常生活的变化，恐怕有着非常密切的关系。不知道有没有人从生理学的角度去思考这个问题，但是很多人并没有注意到这些如我们所认为的严重的退步。

关于衣食住的变迁，最近的部分应该谁都知道，但是这种变迁是在更早之前的时代，经过很长时间，在不同地区一点点变化而来的结果，则恐怕谁都没有思考过。这个问题在《三省录》①之类的书籍中有少量记载，但是如果将之与我国现在的事实比较一下的话，将会对其更加清楚。平民的生活方式并不会像政治的历史那样，发生一次性清晰、完全的变化。由于地区不同、环境不同，一部分变化得比较早，其他各部分则在其后按顺序发生变化。即使到了今天这样新文化如此普及的时代，将各方面不同的生活状态放在一起比较的话，变迁的各个阶段就会呈现出来。例如，我们家在父母那一代就已经不办的仪式，邻村却至今还在继续。如果再往内地深处的乡间去的话，我们这里只能从老人嘴里听说的食物和衣着，很

① 《三省录》，江户时代后期随笔，作者志贺理斋（1762—1840）、原德斋（1800—1870）。

多情况下在这些地方却仍然在使用。如果进一步将这个比较拓宽的话，则日本人生活方式陆续变化的历程，就可以相当清楚地被知晓，人们就会知道这些变化绝不是到了明治、大正时期才突然发生的。

如果将这些例子一个一个列出来的话，那就是浪费时间，再者，各人通过自己的努力去了解这些变化是最好的。但是，大体上日本人的食物，进入近世以后逐渐变得柔软，变得更甜、更温暖、汤水更多。我想，这四个变化在胃的功能和牙齿的健康方面，不会不带来任何影响。其中，牙医到近世以后才出现，金牙的普遍则是近二三十年来才出现的现象，那么以前是不是包括盛年男女在内，大家都缺着牙大口大口地嚼东西呢？其实并非如此。年纪大了后牙齿脱落，这也是事实，但是壮年者的牙却很结实，流传下来的关于把什么东西咬开咬断的故事，多得令现在的人吃惊。如果是烹调方法的变迁导致不知何时牙齿不好的人多起来的话，那么最重要的事就是要将烹调方法改回原来的样子，但是要确认这一点，碰到的第一个问题就是没有人去研究食物近世史。这样的问题确实非男性所长，虽然动手去查证并不是多么困难的工作，但是至今为止却几乎一直都被弃之不顾。只要女性不参与其中，恐怕短时期内这个问题都不会被搞清楚。虽然说我们的生活技术进步了，但是这些变化却不一定全都是改善的。因为，有的时候会由于不知道其中隐藏的弊害，又或者是完全不思考其结果，抑或是模仿和流行，就开始了错误的做法。虽说事到如今再这样那样地指出来已经没有意义了，但是至少由此而注意到社会也和每个人一样会犯错误，会失败，会后悔，将来人们就会对这些做法更加注意。历史上最大的教训就在这里。这和政治、战争一样，并不仅仅是男人的事，实际上由于食物充斥于每天的生活，无疑它对人生的幸与不幸影响更大。仅仅作为今后的参考，它作为学问的作用也是无限的。

## 五

同样的，第二个问题是，我们可以就衣服的变迁进行一下思考。在近世，人们变得更容易感冒这一点，实为更在金牙之上的大事件。kaze① 曾经是流行病之一，又被想象为是眼睛所无法看见的恶灵所为，仅从“风邪”这个名称即可知道。简言之，当时感冒并不像现在这样是普通疾病，而且其变迁又似乎和衣服有关。若说我们的衣服如何变化，那就是变得柔软，线变细了，织得更为细

① kaze，汉字写作“风邪”，即感冒。

密了。我在《木棉以前》中，曾经就这个问题做了一些思考。虽然麻线也有粗细之分，但因为这原本是手工制品，普通人的衣物都是线粗布硬，向外撑起，在人体表面之上会形成很多小小的三角形空间。日本和欧洲相反，是少见的夏天湿热之地，居民又惊人地容易出汗。出汗应该是为了散热降温，而扇子让水蒸气从衣服下面排出来。穿着麻布和栲布的时代，即使不用扇子，汗液也会立即蒸发，但是改穿棉布以后则几乎不再可能。正因如此，夏天皮肤总是湿漉漉的。

那么，为什么大家又如此被棉布所吸引，穿起了棉布衣物呢?这方面的理由，一是由于其外观美丽。表示穿着质感的 kigokoro 一词是伴随着棉布普及起来的。虽然在平安朝初期就有昆仑人携带棉花种子漂流而来的记录见于古籍记载，但是并没有棉花普及的痕迹。棉布的舶来品在很长时期内受到珍视，但在国内得到大量制造则是两百年左右之前开始的，而直到明治才终于得到普及。棉布的特征是无论什么颜色都可以被染在其上，以及对麻布而言不可能的鲜艳的多色印花、图案，都可以一个又一个地通过加工对制品进行自由的改良。从远处看，棉布和丝织物很相似，而且皮肤触感也很柔软，而在此之上比任何都令女性欣喜的是，衣服的轮廓变得漂亮起来，能够表现出身段和姿态，如果是穿麻布衣服的话，这些会被掩盖，而穿棉布衣服则可以清楚地表现出来。无论是哭是笑，女性都变得美丽起来。芭蕉翁的时代刚好是棉布流行的初期，像“精雅艳丽的朱纹晕在郁金色”“特意染就初冬新夹衣却是鼠灰色”等句子，常常能在《七部集》的俳谐中看到。

另一个原因是——这是一个稍微有点讽刺的看法——麻布衣服有点太过耐穿了。友人从伊豆的新岛拍来的照片上，有些七十二三岁的老妇人还穿着嫁过来时做的蓝色素底单衣。棉布与此相反，很快就会坏掉，只要便宜(实际上也确实便宜了)，人们就可以一件又一件地换新的，得以享受变化的乐趣。这也是织花和所谓印染用花版发达起来的原因，与年龄相配合，女性穿花哨或寡淡之类的棉布衣服，又频频更换，因而愈发细致起来，终于不得不依赖于仅凭自己的手工无法做出来的工厂制品。即使是在家里有织布机的时代，至少夏天也有很多人会穿买来的棉布所做的衣服。即便如此，男人们也还是会给衣服上浆，使棉布衣服保持些许接近麻布的触感和蒸发区域，而女性则一点都不喜欢这种感觉。其后机器出来了，不仅纱线变得极度之细，男性也渐渐地穿起了用小仓织这样质地极其细密的布做的竖领衣，这种衣服紧紧地贴在身上，人们浑身是汗，又或者是想马上脱光衣服。棉纱吸水的特质和皮肤的抵抗力之间，似乎很有关系。

# 六

欧洲人所经历过的一个悲惨失败，在太平洋诸岛已经被承认了。自从菲律宾女性服装上所见的细布开始使用以后，当地人的体力较之前大为衰弱。这些地方的传教士中，有很多是英国人。因为他们本国夏天干燥，我们在那里也会在三十五六摄氏度这样的暑天，穿着夹衣走动而忘记扇扇子。很多国家看不到赤身裸体的人。很多女性在丈夫面前也不会展示自己的裸体。因此，他们对东南亚当地人的裸体非常厌恶，牧师的夫人们率先使细布流行起来。当地人对此相当喜欢，现在这种风习已经在很多岛屿上普及开来，但是有一件麻烦的事是，他们不习惯将这种衣服时穿时脱。即使是傍晚暴雨突降，他们全身都淋湿了，仍然像裸体的时候一样和衣躺倒就睡，让衣服在身上自行干燥。在 1918—1919 年的西班牙流感中，很多人罹患急性肺炎而死去，甚至有一座村落因此而彻底被消灭，白人的调查委员也承认原因可能就在这里。在日本也曾经由陆军对脚气病和食用白米之间的关系进行调查，而这件事又刺激了今天的维他命研究。但是，前面所说的棉布中细斜纹布的流行是最近的事，它和呼吸器官疾病之间有什么关系，还没有人进行深入研究。

看到各位的夏天衣服都甚是精简，像我这样爱担心的人也松了一口气，但是还有鞋子的问题没有解决。一定要将这些和健康好坏结合起来，无疑有武断之嫌，但是至少我们的注意必须达到这样的程度。这两者的变迁，也就是衣食种类和国民健康之间，至少是并行着变化的，可以说，应该对过去历代的生活改善之类的做法是否正确进行批判和检讨。至今为止，人们所做的事如果从结果来看的话，既有有益的也有无益的。如果对此不能清楚了解，那么就无法对新的改善负起责任。像我这样基本上和家政学无缘的人只要稍作思考，就能有这么多发现。如果由细心观察和有同感的人去探究的话，即使是被视作古往今来命中注定之类而被放弃的，又或者被叹作人生常态中的不幸，也不会有必须忍气吞声的情形。当然，我要说的并不是既然如此则从今以后只嚼干燥食物，夏天干脆赤身裸体去上学之类没有头脑的做法。即便是说返本复始，文化也是复合性的。很显然，单独将某一部分割离开来，也无法回到大量使用棉花以前的状态。我要说的只是，就制定社会对策者而言，在很多情况下都应该预先了解历史再去着手，而这些历史直至今日仍然像荒野一般无人关心。

# 七

政治上一直以来的大问题，最后都会归结于贫穷。贫穷的原因极为复杂，而意欲找到其根本原因的人已经有很多。即使这个原因是毫无疑问的，我们也并不认为仅仅消除这一个原因就能够灭绝贫穷，因为围绕这个问题至今还有大量未知的历史。日本的人口自明治初期以来，在仅仅七十年间就增加了一倍以上。然而，在此之前只不过是增加程度没有如此明显而已，即便是有大的天灾或战争，人还是在一点点增加。因为人口总数不减少，也许有人会很简单地认为，国民全体都平安无事地生存下来了，但似乎事实并非如此。也就是说，只有繁荣的家族一门极度增长，原来逐渐衰落的家族则很快就走向崩溃。今天的富人和穷人，都是其中一方的生存者的子孙，而在此之外完全断绝的家系，可以想象有很多。若要究其原因的话，虽然现在其中很多已经无法打听，但是如果对最近的老人记忆所及之事用心调查的话，还是可以了解的。将来也许会找到更为总括性的方法，但是现在只能先暂时以此为基础对以前进行想象，除此以外别无他法。这一点现在也处于完全无人着手的状态。我也一直进行着尝试，但也只能做到其中极小的一部分，继续下去也已经感到相当困难。

就这一点实验的结果而言，家庭的生存力量似乎和个人的体格与健康情况相反，即过去家庭的生存力量比现在要弱得多。一旦发生损害或出现失误，如主人去世或得病，又或者是离家出走，造成的问题就很难恢复，不久就会变成家系终绝的原因，这种现象与现在相比恐怕远为显著。去年在相州的某个山村里查阅寺庙檀家①死者名簿时，我注意到同一家以三年、五年的间隔一直有人过世。这很可能是由于营养来源单一，随着劳动力的减少而越来越缺乏食物。明治二十九年日本东北海岸海啸的痕迹之类也是很好的例子。鳏寡孤独在平常年份可以得到周围的支持，但是一旦发生了什么异常的大事变，首先被扫荡的就是这些抵抗力弱的人。贫困之家中难以得到配偶的人，在平和之时也有很多。终生不离开父母家的独身劳动者，被称作 taneoji 的人就是这一类。也许在现实中他们是有子孙的，但是死后既得不到祭祀，也没有人记得。也就是说，家已经由此断绝了。与这种工蜂制一般的生产组织相对的，是后来出现的分家制。与古来的小分家相对，这种情况下会特别设置新的住宅。

① 檀家，属于一定的寺庙，向该寺进奉布施的家，亦作“檀越”。檀家与寺庙结成永续性的丧葬与祭祀关系，向寺庙布施，供养僧人。

也就是说，新设立一个与本家几乎同等级的家。这种村内新宅的风习是在近世才开始出现的。也就是说，当时有这样使村落繁荣起来的余力。此外还有入赘或招夫的制度，这是当发现一家之中只有女性时，将剩余的 onji 配发下去的制度。村内管理者的一个重要工作，就是奉命这样到处搜寻缺少男劳动力的家，减少一家断绝的情况出现，以防村内户数减退。但是，从大体上来讲，由于身份不同、家风相异等原因，这样从外部获得补充的事常常难以指望，渐渐地女性当家和寡妇独居这样不适合水田经营的家庭就多了起来。另一方面，积蓄了资力的家则只要有田地，便堂而皇之地分出新家，离市镇近者开店与之，让有天赋的儿子修习医生、僧侣之业，又或者是让他争取成为武士，也有的让儿子带上本钱，到都市里的商户家中成为将来要持家的赘婿。不具备以上任何一个条件的人，会到其他村子去当雇工，住在雇主家里，又或到年纪比自己大的寡妇家作为招夫忍耐度日。结果是，现在增加的户口，大部分是近世的获胜者的后裔，虽然说起来令人悲哀，但是过去的失败者的子孙，已经几乎不存在了。

这并不是日本固有的独特现象，也有可能是支配着人类社会的法则。贫穷重新开始成为我们的问题，换言之就是家的衰弱与个体的健康同样开始得到注意。这是大家不再认为各自思考自己的生存问题就可以的结果。我们开始进入这个问题的根本，将支持一家生活能力的外部条件也纳入检讨范围的做法是一种进步，这是仅看统计总数增减不会注意到的情况。我们的繁荣必须是全面性的。必须让谁在某个角落忍饥受冻，自己才能活下去的冷酷经验成为过去的噩梦，如果这样的时代不能到来的话，那么哪怕解决了一个弊病，马上就又会产生第二个弊病。现在提出来的各种对策中，很多只是试验或者有失败的危险。堪称万全的，大多是微温之法，实行下去，应该就会渐渐找到有效的方法。但是，为此有必要对现在尚未明确的各种原因，尽量多地进行确认。历史的实际性未来，正在此处有非常之重要性，而女性每天的关注，最后化为人类一体的恩惠，社会家政学的唯一可能性也在于此。文化批评的说法，因为好听而得到所有人的共鸣，但是迄今为止所进行的文化批评主要是演绎性的。我认为，应该同时从另一个方面，就一个一个问题，为此前的生活方式的拙劣，长远看来则发现其聪明之处这一点，创造反省的机会。即使知道衣食及其他每天的消费生活绝不是末端的小问题，各位的学问也总是迟迟不能推进，对这一点我实在不能不感到焦急。

# 八

女性和历史的问题，大概可以从以下三个方面去思考。第一，女性参与这个研究的意义和效果。关于这一点前面已经说过，要尝试研究的话，不仅仅是要读别人写的书、听男性演讲时发表的观点，还必须以发现迄今为止的研究者尚未注意到的问题为目标。也就是研究的独立性。第二，这确实令人期待，然而到底女性能不能做到的问题。这并非认为女性的素质不适于研究、是看不起人的失礼的表现，而是女性是否有这样的余力的问题。这个问题应该纳入思考之中。“女性还有其他应该做的事情”，这样的话也常常挂在各位的女性先辈口上。毋庸置疑，当然会有，但那到底是什么呢？要回答这个问题就会涉及第三个观察点，也就是在前代社会中女性的地位如何，这个问题现在仍然有认识的必要。这些问题，归根到底不是等待外部者的成果，也就是“拜读大作”就可以解决的。实际上，至今为止这些问题被误导之处就有很多，只能由自己再一次去作出思考和判断。

就我所见，有一个重要的问题一直被忽视了。用一句话说，就是一直以来都没人注意到，女性的地位实际上自古以来就有两种。

这是思考一下就会马上注意到的问题，但是却由于某种意想不到的原因而被掩盖了。年轻时淑静温柔，而且又非常害羞的女性，年纪一大就必然会变成啰唆而苛刻的人，就是其中一种表现。川柳里有“媳妇变婆何其快哉”这样的句子，后者所代表的是概念上的“婆婆”。婆婆是江户时代文学作品的主要人物，通常文学作品的读者是年轻女性，所以很多婆婆是以丑恶的形象出现的。在中国的文艺作品中，对这一点有更强烈的表现。“惧内”一语是笑话的主要题材，甚至与英文的 curtain lecture 偶然相吻合，有“帐中说法”这样的妙辞。她们手上有鞭子，一步踏错，连丈夫也要挨打。这些令人畏惧的老妻，都是由曾经胜过罗绮的美少女变过来的。但是，这种事并不限于中国，在每个国家的传统里，主妇的一些权力都是得到承认的。想想一家之长到山野打猎，渡海打仗又或是经商的时候，这是比女人耕作更为自然之事，而且可以想象，其力量越向前追溯越是强大，并且今天仍然一定程度上被认为是必要的。西洋称之为 matron 或者 matronly，日本古语则称之为刀自。在刀自当中，也偶尔有像内侍所的刀自那样不结婚的，此语的本来意义恐怕只是指独立的女性之意，也就与男性的刀祢相对的说法。通常使用这一说法时仅指的“家刀自”，也就是今天所说的主妇。现在这一词语仍然在生活中使用的是冲绳县诸岛，在这里有称觅妻为 tojimutomi 或是 tojikamiyun 的说法，而在其他地方则仅仅作为书面语存在，实际使用中则又诞生了各种代用语。其中稍为古风的有 gozen 或者 goze，九州南部等地一般称娶妻为 gozenke、“迎御前（gozen mukae）”。有的情况下也称之为 omae，可能这是更为古老的说法。同样的迎亲在熊本县等地，也被称为 omyatori 或者 omyamotsu 等，如果用汉字书写的话，这也是“御前”，原本是第二人称敬语这一点，从这里就可以看出来。其他府县，尤其是东日本地区的所谓 okata 也是指主妇，这也绝不是新的说法。中世的记录中武家的母亲和妻女，如足利尊氏的母亲即被称为“大方殿”，这种说法很可能是在 okata 上冠之以“大”而成的。即使这是乡下武士从故乡带来的说法，但也不是与京都话的“北方”和“东对”①不同的词汇，其起源无疑是与御前的“前”同样，“御方”也是敬称。也就是说，应该是从丈夫这样称呼妻子开始的，儿童逐渐模仿其父亲的话，开始出现了 kakasama、kachan 等一系列称呼。人们称其他人的妻子为 okaka 或 okka 等，到底也是模仿这种口齿不利索的发音，kaka 绝对不是 haha 讹转而来的。

---

① 北方、东对，公卿、大名等身份高贵的人对妻子的敬称。

# 九

这个 okaka 以及刀自的地位，是由风习规定好的，包含了任务和权能以及与之相应的尊敬。所有年轻姑娘的前途，也就是到达点，如果用更加夸张的说法来讲的话，女性修养的目的即在此，这一点和所有年轻男性都以获得家长的地位为目标是相同的。然而过去的一个家庭远比现在大，无论男女，即使是劳动一生，也并不能保证成为主人或主妇。再者，当时刀自的任务，在某种情况下可能比现在的贤妻良母更为繁重。我打算将其作为非常普通的日本家庭进行思考，但是在其之前要先说明的是，主妇和媳妇，也就是 okata 候补之间的界限，渐渐变得模糊起来这一点，似乎是完全随着一般的经济情况而发生的婚姻制度变化，具体而言就是以如今实行的出嫁婚风习的普及为基础的。现在的出嫁婚，是在婚姻甫一成立，尽管对方的家里现在的 okata 还好好地君临着，便马上将出嫁之女送到夫家的形式。其结果是，产生了身为妻子却不是刀自，不被称为 okata 而被称为 ane-sama 或 anee 的家庭成员。不用说，极为平凡的近代家庭悲剧，全是由此而起。对权力的争夺，不仅需要制定新的道德标准去预防它，而且在普通女性的气质之上，增加了一些过去所没有的东西。

## 一〇

为了避免这种麻烦，人们进行了很多努力。其中之一是隐居。长子结婚的同时，其父母就将家交给年轻人，带着次子以下的孩子分开居住的风习，在伊豆诸岛和九州的海岸都有，在很多地方这种做法成为同列分家的原因之一。与此相反，在本家附近建起规模略小的房子，暂时让新婚夫妇居住的风习，这在最近的都市生活中也有少许痕迹。由于长崎市周围的渔村等地也存在相同的做法，可见这并不是新发明。在信州的诹访湖附近的例子，现在中川和盐田二君正在调查，其程序也完全相同，只是最后的幼子留在家中，直接继承住宅这一点与前例不同。在彻底调查之前无法断言，但是由于存在幼子继承的风习，我想应该不是因为其兄长夫妇搬出去，而是因为父子两代夫妇不同住，幼子自然留在本家。总而言之，由于在很多情况下父母夫妇无法在下一代结婚之时马上搬出去，因而不得不采用婚舍，也就是暂时分居的做法。在未开垦地很多、家可以自由迁移的时代，新出现像诹访这样完全分家的特殊例子，也是有可能的。

这种婚舍的名称，三韩的古老记录中也有，日本的做法则像前述长崎茂木浦等地的例子那样，属于女婿家的例子并不多。在此以外，有应该称为村落共同婚舍的形式。一对年轻人在住进家中、继承主人主妇的地位之前，夜晚到这里住宿。较这种形式更为古老的，是婚舍属于媳妇家。这种形式现在还在备中西部诸岛、伊予的上七岛等很多地方实行。也就是说，在女儿进入女婿家中完全成为主妇之前，女婿有一半是作为女儿家中的一员。一半的说法听起来略有些奇怪，女婿白天在自己家的田亩或渔场劳动，只有休息的时间在女儿家中度过。当然，两人的关系是得到双方家长公认的，女儿自己的家也为女婿准备餐具和夜寝被褥。

这是中世以前在京都上流社会实行的婚姻方式，这一点不仅在《源氏物语》及其他文学作品中有明确表现，而且在历代的公家日记中也很常见。婚姻缔结的同时，出嫁女由夫家接走是少见的做法，最近才出现此等记录，在镰仓时代的日记中也能见到这种做法。也就是说，迎亲一事早晚必然要举行，但这是当男家需要新主妇时的事，而在此之前，即使是有了孩子，妻子仍然在自己娘家居住。在伊豆诸岛等地，直至最近都是普遍的风习，即使婚礼在夫家举行，仪式结束后新娘马上就回自己娘家。其后，只在每天早上来到婆家挑水和打柴各一担。听说，这个状态有时会持续三年。也就是说，除了每天早上的水和柴薪以外，媳妇所干的都是娘家的活。岛屿上似乎大体会保留古老的规矩，在对马岛和种子岛，都有很多在最初举行婚礼后即离开夫家，新娘穿着日常衣裳来夫家的说法。其后，在公婆葬礼的日子，儿媳才第一次穿上一生中唯一一次礼服。这种说法在这里也有，在伊豆大岛也有。也就是说，这一天是主妇的就职仪式。媳妇的用品在婚礼当天完全不被带来夫家，全部放在娘家，在其后五年、七年的时间里，一点点搬过来的地方，也不仅限于岛上。作为其反面，有坚守古风的家不准媳妇进入库房风习的地方，在近江的高岛郡也存在。简言之，妻子进入夫家和婚姻缔结，在过去是完全不同的两件事。但是，后来在迎娶新娘时不大摆筵席的婚姻，反而被视作不合法。如果确是如此的话，不得不说在过去是并没有正式的婚姻的。

## 一一

连婚姻这样自古以来就是人生重大礼仪的大事，也在不知不觉间发生了这么大的变化。论其原因，至少可以举出两个。其一是我们所说的远方婚姻，也就是村落以外的结亲开始出现，而这又是以交通改善为前提的。这种做法先从武家和上流社会开始，其后逐渐发展到普通之家，不再仅仅在村落内缔结婚姻。如此一来，首先丈夫就无法频繁地到妻子家中来。媳妇到夫家后再回娘家也变得困难起来。随之出现了用扫帚把新娘扫出家门，在家门口燃火送行之类，以恰似葬礼一般将女儿送走，新娘哭着离开等做法。但是，比这更重要的一个原因是，娘家不再指望姑娘的劳动。在女性的劳动很重要的地方，父母会舍不得轻易将女儿送到女婿家中。现在海边的村落里仍然保留着古老的婚姻形态，就是因为这个原因。女儿对娘家而言是不能以将来的主妇权作为交换的重要劳动力。在北九州诸岛的有些地方，女婿家若有必要，无论如何都希望尽早接走媳妇的话，必须将与媳妇在娘家劳动两三年所能创造的价值相当的财物和订婚礼金一起送来。相邻的中国所说的聘礼，意思似乎是作为至今为止的养育费用的补偿，与之相反，这里则是作为带走今后有用的人的补偿。无论哪种做法，如果将其视作人身买卖的话则实在残酷，但总而言之，其意义都是对家中失去的东西进行补偿。因此，即使女儿留在家中也没有什么特别作用，如果只是以确保将来的地位作为主要目的的话，娘家反而会以“来吧来吧，快点接走”这样的姿态，急着把女儿送走。这对年轻女性来说并不是什么有面子的事。也就是说，这意味着她留在家里也不过是吃白食，并没有什么用。而对接走她的那一方来说，则是明明有一位健康能干的主妇正在主持大局，却来了要动摇主妇的王位的人，虽然应该说是可喜可贺之事，但是也并非没有不安之感。另外，有的情况下家风之间的差异也会很大。这也是过去没有的问题，但是随着职业分化，如零售商人之类，新的任务主要归于男子，既出现了女性的权能被显著削弱的家庭，也出现了从男主人的角度考虑，不管什么事都交给妻子去处理的家庭。在日向海岸盛行白天打鱼的村落里，男主人疏远世事，甚至会将印章交给妻子代行其在政府部门办理公务。虽然武家看起来也大多属于这一类，家中事务全部交给女性，但实际上由于男主人的气质、前代的事例之类，不同的家有很大差异。但是，女孩子大多只知道自己在家中学到过的事，并不会注意到其他地方是什么样的。这些具体而言就是所谓家风，从家风与夫家完全不同的人家嫁来的媳妇的不幸，绝非寻常。很多被以与家风不合的理由遣送回娘家的媳妇，大抵是见惯娘家母亲非常利索能干的模样，于是在婆家也独断决事或对本分以外的问题发表意见。对克制的家庭的婆婆而言，这是相当令人不舒服的事。但是，大多是来日方长的媳妇做出让步或忍耐。在这种情况下，如果婆婆是出自长命家系的话，则女性必须在人生中最好年华的一半里过着名副其实的雌伏生活，有的甚至会歇斯底里或抱着奇怪的社会观。能够让这些不幸最大程度减少的修养，为从所谓 anesama 走向 okata 的女性的一生量身定造的教育方案，并非那么容易设计。让女儿做好准备，女儿刚开始时老实到面向某个方向就朝着那个方向半天不动，后来又成为能够清爽明利地内外都照顾到，将家中一应事务处理得不差分毫的妇人，绝不是容易的事。在此之外，选择配偶所需的资格也还必须要有其他的准备和表现方法。如此耗尽心思的教育方案极少有意识地被施行，因而大多是东抓一把西抓一把毫无计划的修养被施行，其中尤其是如何才能将自己做媳妇时的痛苦经验，用在让女儿适应那个阶段的生活的教育上的问题。坦率地说，已经出现了贞淑和无能在某种地方颇为相似的现象。

## 一二

社会上尽量不让女性劳动的意图，直到现在仍存在。究其动机，不用说是出于爱护之情，有很多法令会将妇人和小儿放在一起进行保护，因为不忍看到她们为男性很容易即可做到的工作辛苦不已。实际上，直到最近体育运动流行起来，坊间所喜爱的都还是柔弱惹人怜惜的女性。kawaii 一语只要稍作变化，就可以作为怜悯之意使用，也可以用作“小”之意。地方方言的 megui 和 menkoi、mugoi，以及 muzoi 和 mujokenai、muzoya，都是从这一个词分化而来，包括了爱恋和哀怜两方面。现在的精力旺盛的年轻女性当然会反抗这样的态度，而上溯不过百年，地方的女性，尤其是主妇们，也绝不会期待这样的关照。在一些地方，即使今天也依然不认为女性比男性弱。听闻在土佐等地的农户，直到最近在结婚时，与容貌相比，更欢迎体格健朗的女性。这样的例子在其他乡间还有很多，只是承认对女性而言既有适合的工作也有不适合的工作，在这一点上男性亦是如此，并不会被认为是什么特别之处。但是，新的劳动大抵是适合男性的，如果女性去做的话就会很显眼，即使如此仍然不时会有女性参与其中。例如，东京直到二十年前，在目黑、涩谷仍然会有女孩子穿着劳动用的衣服，理所当然地推着肥料车进市里来。但是，今天女性在田间工作的越来越少，各位偶然到郊外去散步时，也会看到女性在田间劳动的样子，但这些都不过是遗存而已。虽然原本是比现在远为常见的状态，但是近世的倾向是，每当有什么新的生产方式出现，便必定会从女性手上将其拿走，转交到男性手上。我想这一点应该是各位在历史研究的初起步时可以试试去注意的练习课题。

山上和海上的作业，自古以来就是以男性为主，但是其中也有女性的分工。例如，采蘑菇、摘野菜等就是这种工作，但自从不再摘野菜，蘑菇也转为栽培以后，所谓的 nabashi 都是男性。在《万叶集》中也有“采海藻的海边少女们”的歌句，将海藻采来，使其干燥之后用作水田和旱地的肥料。但是，一旦用上非常简单的装置——不过是在小船上用一根开杈的小棍子——马上就都交给男性，女性就不再沾手这项工作了。挑起生活重担的海女虽然是由来已久的工作，但是男性潜水员也越来越多。农业方面，在马耕、牛耕开始之前，翻田时开始用大的马锹以后，使用这种工具的都是男性。过去，也曾经有过被称为“贩女”的到市场上做生意的女性，但是由于女性必须当日回到家中睡觉，一旦行商要到一天日程以上的区域去，用牛马作畜力的商队就都是男性。要到更加远的地方去做买卖的话，也曾经有过被称为“高野圣”的游方僧人参与。高野圣也曾经被称作“吴服圣”，在《庆长见闻录》①一书中曾经写道，江户的吴服町就是吴服圣开拓的。无论如何，市镇是由男性打理的，女性就算走到前面也已经没有用武之地，若非很不幸的女性是不会做兼职的。

## 一三

不仅是需要与外部交涉的生产事业，在供家中直接消费的生产

① 《庆长见闻录》，江户时代初期见闻记，三浦净心（1565—1644）作，1614年刊，10卷。

方面，女性的分工也是逐渐减少的。例如，舂女曾经参与将谷子精制成米的作业。三人各持一根手杵，唱着统一节奏的歌谣，精制仪式之日所用的米，将这些米细细地捣成粉末也是女性的工作。谷物在后来用石磨去磨以后，也仍然是女性的劳动，但是一旦捣米用的杵变成装横柄的大杵以后，在使用水车之前，这就已经是完全由男子完成的工作了。因为捣米的歌词和"捣"这个动作有关联，后来变成了小姑娘拍球玩的歌而被保留了下来。在家里做的食物，除了米饭还有数不完的种类，这才是主妇的秘诀和手段散发光芒之所在。正如哥尔德史密斯所作《荒村》[①]的诗中所见的那样，世家有独特的美味渍菜，因大受好评而流传下来。将这些变成无比平凡的食品店的商品的，是近代的文化。比食物有更为显著变化的是服装，手工织机和纺车现在都已经成了到博物馆里才能见到的东西。欧洲的情形也与此相同，女性参观者面对这些东西时，有拍照片的，有通过绘画观赏的，议论纷纷。但是，这并不全是最近的产业革命的结果，日本在棉花被引进之际，服装就已经有过一次激烈的变化。棉花在我国只能在温暖的地方栽种，关东地区可能就是其最北限。也

---

① 《荒村》(The Deserted Village，1770)，英国18世纪中叶散文家、诗人、戏剧家奥利佛·哥尔德史密斯(Oliver Goldsmith，1703—1774)的长诗。

就是说，只有东北一隅的三分之一是购买棉花或者旧棉布衣服的。在中央部栽种棉花的地方，从摘棉桃开始就是女性的工作，而且家中都持有小型轧花机，但是打棉花的工作却只能交给男性的职业工匠。他们带着打棉花用的大弓，在村落和村落之间游走。这些专家们打好的去籽棉花，由家中勤劳的女性卷在被称为篆卷的筒子上制成被称作 yoriko 的松纱。这种 yoriko 也有的地方称之为棉花糖，在关西也被称作 jinki。在无法栽培棉花的地方，人们购入这种 yoriko，各自纺成纱线。纺纱完成后，由于蓝染无法由自己手工完成，则又交给当时零星出现的职业蓝染作坊染色，到上机纺织时才终于成为女性的手工作业。在东北出现了一种被称为“交换棉布”的风习，将织好的布拿到商店，换来线或者是 yoriko，女性在当时已经为了这点极少的差额，开始为他人代工。总之，从这个时候开始，棉制衣服就已经不能再说是全部都在女性的管辖之下了。

与此相反，麻质衣物是完全的手工制品。其家庭作业从收割的那天开始，到若干的对外销售商品，全部都是由女性一手生产的。从“穿上麻布衣便想起，令人怀恋的纪伊国妹山上播撒麻种的，我的爱人”这样的古歌的存在可见，从烧山开垦播种麻种那天开始，女性就一直参与其中。苎麻丝的纺制和将棉花卷在篆筒上制作 jinki 比起来，是远为琐碎枯燥的作业。因为，必须将制成一件衣服的所有线的总长，全部用手指尖捻出来。这固然丝毫不是令人羡慕的工作，但是女性生涯的一半以上，无论晚上还是雨天，始终做着这种纺线的工作，被称为 oboke、ogoke 的用来放苎麻丝的桶，无论早晚都不离她们身侧，因而成了意指女性私有财产的名词之一。所谓“三根麻”的习俗，现在在日本东北，年长的女性仍然记得。在一般的劳动之外，另外再每天用心地多纺三根白麻线积攒起来，用以制作年老的父母往生他界时穿的衣物。有时候，父母对此并不会感到很高兴，似乎觉得当刚好织出一身衣服的布时，自己可能自然就会很快死去。历史上，女性为自己的孩子或丈夫倾心尽力，想着这是他要穿的衣服，用心纺线的情形，并不难想象。若非如此，便无法理解在遥远的过去侍奉神明的纯洁女性，在泉边建起忌机殿，在里面闭关两三个月，织造神穿的衣服的传说。与此相同的想法，现在还隐约留存在乡间。出嫁的新娘为丈夫织好衣服带着去的风习，现在仍然见于南方的岛屿。虽然说是织的，但因为是相当于结绳一样的东西，所以无论带到哪里都可以不停地织。我也曾经在二十多年前，在日向的山村旅行时见到过这样的情景。恰好在盆的休息期间，女孩子们聚集在三五户人家所在之处，人人手上都拿着什么白色的东西。走近一看，她们正在织宽不到三寸的棉带子。据为我做向导的老村长说，她们正在织将来送给丈夫的腰带，并说，要是能得到这个我们也会很高兴。这位村长如今已经七十余岁，身体健康。他这样说，应该是因为这不仅仅是在织一根衣带，而是将中世京都的贵妇淑女们曾经用三十一字短歌表现过的热情和感觉，都织进其中的缘故吧。

## 一四

过去大多日子都在劳动的女性，即使体面衣服用素净的深蓝色或者靛蓝色，工作时穿的衣服也很早就喜欢用鲜艳的颜色。五月插秧的日子里的打扮之类，近世时是白色草帽配上挽起袖子用的鲜红的襷，头上罩着粉蓝紫色的手巾，身上穿着深蓝色织花的单衣，但在更早之前似乎是在布上绣上白线的。这是一种和舞台上看到的被称作“肩裾”的，腰部留白的熨斗目衣服之类相反的做法，特地缝上白线让肩部和下摆更加结实。这种风习现在在乡间还保留着，秋田地区称之为 tijimisashi，津轻通常称之为 kogin。kogin 就是小衣，也就是劳动时穿的比较短的衣服，在有些地方也被称为 kogino 或者 koino，中央部固然是如此，直到九州地区这都是共通的方言。但是，其中津轻的 kogino，甚至被认为是古锦的音读，很多做得特别精巧美丽。它的制作也不是简单的技术，繁忙之家的媳妇和女儿，一天最多只能做五分到一寸左右的长度，以一件需要耗费十年才能做好为荣。再也看不到这些情形是最近的事，现在要找 kogino 的话，还可以从箱底翻出来看。据说，制作这种衣服的女性，哪怕是在田间野外的劳动最繁忙的日子，也会将这种衣服带到田边地头用布包着放好，在男人们喝茶抽烟的时间里，哪怕绣上一针也好。此外给男人穿的 shibohappi，萨摩的下甑岛称之为 ninbu 的裂织粗布等，虽然材料都很粗糙，但是在色彩配合和织造上，女性投入了全副身心。也许只是某个地方的审美和流行，但是一般而言，越是往荒凉冷寂的乡间，女性越是在劳动服装上用心。现在要看到这样的劳动服装，已经必须到远离火车可到之处的地方了。东京近郊的女性虽说是相当勤劳之人，但是在很早以前就已经不知道劳动服装的存在了。之所以如此，是因为日常穿着的衣服破旧以后，就直接用在劳动时穿着。但是，如果是正规而且剧烈的劳动的话，就无法穿这样在手脚上纠缠不清的衣服了。半天时间待在家里，中午过后再稍微出去一下，为此换衣服太麻烦，于是将长长的衣服卷到臀部，而因为袖子无法卷起来，所以用襻挽上去，要是以为这样一来就浑身上下清爽的话，那就错了。襻自古以来就是女性服装的一部分，但原本是附属于体面衣服的。其目的与今天的领带相近，特意将颜色纹样都很鲜明的带子，从脖子处垂下来。经常可以在净琉璃、琵琶曲等听到“襷上织成十字纹”的句子，因为这是为了女性在突然需要的情况下可以临时参与劳动准备的，平常并不会用到襷，所以才会特地织成十字形的花纹。简言之，这是形容贵妇人突然站起身劳动的情形的句子。但是，住到市镇里以后，女性全都以这样权宜的形式劳动，用襷挽起袖子变成了大为活跃的意思，这就是变化。关于日本的 kimono 不便于劳动这一点，先有外国人的评价，很多日本人也跟着这样主张起来，大概世间没有比这更理所当然的了。因为不管怎么说，这本来就是不劳动时穿的衣服。正如百人一首中的高贵小姐毫无活力一样，看到穿着这样衣裳的样子，就认为日本的女性不知道劳动为何物，那是这样想的人的错。哪怕有一个人想象这三千年漫长而辛苦的历史上，所有日本女性都是穿着这样的衣服度过的，那就是赫颜掩面也难以抵消的令人羞耻的无知。为了不再出现这样的人，各位必须钻研学问。

## 一五

但是，要了解这样的事实，单单读书恐怕会一无所得。要做到这一点，应该对现在实际上留存在各地的生活情状，用自己的眼睛和耳朵去观察。如果做不到的话，也可以比较由各自身边的事物所引出的事实，就会逐渐明白。总而言之，除了向现实学习以外，没有其他办法。将这些问题一个一个说清楚，既没有足够的时间，我也没有这样的能力。只要在这里用简单的话，就我们至今为止还有很多事没有注意到这一点向各位力陈，这次演讲的目的就达到了。接下来，我相信各位将会用心观察。但是，我想在这里再说一句的是，我国女性所完成的主妇之责，无论是多么贫穷的家庭，自古以来就绝不是简单之事。因为，并不是说只要手脚勤快，不惜汗水就算尽到了 okata 的责任，必须用头脑思考，又或者是需要决断之能的任务，无论在哪个时代都有很多。育儿之法自不待言是其中之一，丈夫不在时操持家事也是很重要的任务，此外还有一部分丈夫不闻不问而完全交给妻子的工作，和生产比起来，更多的是在分配方面。如果将这些从女性的工作中剔出来，家庭就会发生不幸，但是为了减轻女性的工作，一定比例的减少也是情非得已。"世带"一语为何成为女性所属单位的意思，今天几乎已经无法探寻，但越是往前追溯，亦即回到单纯自给经济时代去看的话，其理由就会逐渐明晰起来。世带和今天所说的会计的不同之处在于，它将家中的生产所得按照不同用途分别安排，更简单地说，就是为家中所属众人提供衣食住。在因为需要而生产这样一种过去的经济形式下，这是特别容易理解的理由。其中只有"住"，在一次生产以后其用途就基本上固定下来，只要不留宿旅人，其可贵之处就不会显现。而衣服虽说是耐久之物，其中一部分还是会每年经主妇之手分配给家中各人的。进入棉花的时代以后，就形成了被称为 oshikiya 或 sobutsu 的，春秋各一度领取衣服的规律。至于食物，则是每天仅以各人所需分量，以不浪费为度由主妇进行分配。这也就是所谓世带的分配和安排。如果只是子女或孙辈这样的最爱之人，依仗与鸟兽一般的自然想法也可以处置，但是前代一个家族的构成远比现在复杂得多。既有上一代、再上一代遗留下来的单身汉，又有养子、寄子、佣工，另外不时还有帮忙的或者互助的人会来。如果没有让这些人吃饱，而且如果没有拿出饼、面等与日子相应的食物，主妇不仅会被嘲笑和遭到恶评；而且即便发出指令，这些人也不会照她说的去做。不仅青年男子，即便是大男人在其少年时代也经常会由主妇指派做事。又或者是主人对手下的男性发出命令时，也常常会有一些是由细君提出的要求。女性就更是如此，媳妇也好女儿也好佣妇也好，让手下人心情愉快、好好劳动，全靠分配时的一点斟酌。所谓“给食客爽快盛出第三碗饭”这样的狂句产生于江户的近世时代，对劳动的人来说，这是主妇器量和气性的表现，能够最为巧妙地使用这一权能的主妇，实际上确能将家带往明朗和繁荣。不难想象，她们倾全力于这种研究当中，而且各有其发明和习惯。

因此，即使是对计划明年就将家中主妇之权交予其继承的正当年的媳妇，现在也断不能让她代行这种权限。奥州等地村落之间相距甚远，家与田亩之间相距七八町的情况很常见。看着日光感觉午饭时间已近，飞快地跑回家炊煮准备的，就是主妇。在被称作 keshine bitsu 的米柜中有量米的升，这是不会让别的女人动的。虽然这个量米升常常被旧碗代替，一碗大约是二合五勺，在关西各地也有被称为"一合"的。这就是"一食"，也就是一个人一次的食物，包括稗、粟、燕麦之类和米混在一起洗净同炊的谷物，主妇需要将当天劳动的人数所需的食物量出来。乘法是新技术，所以寻常主妇并不会使用，只是将在外面劳动的人一个个想起来，同时毫无遗漏地按照人数用升量出来。这样的事看起来交给媳妇或女佣也可以，但是据说规矩严的家是绝对不会让她们去做的。

## 一六

家中围炉周围的座位也是固定的。里面正向前方，座席横着铺的座位被称为"横座"，这是主人盘腿而坐的地方。横座右手边的座位是"客座"，没有客人的日子，长子和女婿可以坐在此处。与客座相对的座位是"kaka 座"，又被称为"腰元"或"棚元"，在九州也被称为“茶煮座”，无可争议是家中主妇的座位。在夫妇间的一个角落，通常会有一个垫着垫子的锅，里面有炖蔬菜。盛这些菜当然是主妇的权限，让出主妇权的老母亲也不能插手。如果女儿比较多，老母亲会稍微后退一点，坐在主妇周围，媳妇当然也在其中。甚至有某户人家在婆婆稍微离开座位的时候，媳妇擅自盛了菜而离婚的故事。这种事情很少见，是因为媳妇绝很少会这样做。要言之，勺子是主妇的所有物，相当于笏之于大臣①和大纳言②，指挥棒之于指挥一般，也就是主妇权力的象征。因此，有将妻子称作山神的说法。江户时代在祭祀山神时，扮演神的舞者一定会手持勺子。按习惯，这个勺子是由山中劳作的人做好献给山神的。据说正因此，闾里之间家家户户掌握勺子的女性，也被称作山神，但其实并不知道哪一方才是源头。也有可能是因为山神是女神，被认为是整座山的主妇，后来形成了供奉勺子的习惯亦未可知。总之，将世带交给媳妇继承，现在在东日本仍然被称作“交勺子”或“交饭勺”。

---

① 大臣，古代在律令制以前大和朝廷的最高官之一，大化改新后随着大臣苏我氏灭亡，大臣之位被废止，同年起设置的左、右大臣开始执掌天下政务。

② 大纳言，律令制下大政官的官职之一，次于左、右大臣，大臣不在之时掌管政务。大纳言为天皇近侍，掌管奏上、宣下之责。

相伴七年已有子，求将勺子交与媳

这句歌谣在佐渡岛甚是有名。在山本修之助的《佐渡的民谣》①一书中，除这句以外，还有很多歌咏媳妇的各种心情的名句。这里的交勺子一语，我原本以为是形容的语句，最近才从岩手县的友人那里听说事实就是如此。据说其形式是，母亲年长，在终于要将一家的管理权交由媳妇继承的日子，会准备一个新锅，在其盖子上放一个新勺子，双手捧着交到媳妇手上。在信州的北阿尔卑斯地区，也还有老人记得这种做法。据说男性一方也有在钱包中放进若干钱，交到长子手上这样一种继承仪式，但是伴随着这种仪式举行的交勺子仪式，我想很可能更为古老。因为，在几乎没有什么东西可以卖了换钱的时代，钱包没有任何用处，而勺子则在其之前，就无论在什么场合都是很重要的。

## 一七

话题更进一步，主妇的分配权当中特别有意义的一点，在于只提

① 《佐渡的民谣》，山本修之助(1903—1993)编，1930 年出版。

供给成年男子的酒上面。如果这个权力在男子的手里，那么家庭肯定更早就分裂了。提供酒的日子随着时代发展逐渐增加。最初只限定于朝廷所说的恒例临时庆典，特别是新年和祭礼的日子，以及固定的人生大事，也就是被称为喜事的，人心须与常日不同的日子。iwau 一语的本来意义，只要查一下字典就马上会明白。“忌讳”一词很可能原本也是同样，既是特别情绪高昂的日子，也是需要特别戒慎之日。如果没有酒，男人们就无法得到这样的心理状态。但是，酒并非随时都有的东西，造酒作坊变得普遍起来，在京都附近都是要到足利时代中期，而且在奈良、河内的天野等，说起来有点奇怪，酒是由寺庙酿造的。后来，逐渐被附以 inaka 之名，变成了将农家所酿者储存起来，又或是用于赠答的酒。寺庙以外的造酒管理，初时全部属于女性。秋末之时要举行秋祭，加之作为原料的米又很丰富，将米在瓮中酿好，其中一部分留作新年之用，又留有一定量的酒准备作为上京时的礼物，除此以外大多数人家都是全部在当次庆典里将酒喝完。祭礼和宴会的次日曾经有所谓喝瓶底、残酒之类的说法，有连女人也聚在一起饮食的习惯，简言之就是酒若非当时需要就不会被酿造的证据。

女性掌握酒的酿造这一点，在不久前的文学当中，有狂言《姥酒》为例。无赖的外甥戴着鬼面，威胁老伯母，喝掉了她储藏的酒。此外还有加贺的白山菊酒由来传说，称很久以前一位美女在路旁的家中卖酒，男人们全都为之着迷，村里的女人一气之下放火烧掉了她的家。作为古代的例子，还有《日本灵异记》①中纪州造酒女子的故事。不仅民间如此，在《延喜式》中所见的宫中造酒司里，造酒的工作也是由女性承担，还留下了这种催马乐②的祝酒歌：

今晨匆扫酒殿，舍人女今朝已用裙裾清扫过

这里的“舍人女”应该就是刀自。“刀自”这一叫法，作为造酒司的三个大酒瓮的名称被保留下来，在后三条院时代的火灾里崩裂的事，确实在《古事谈》③中有所记载。直到现在，在滩④仍然经常

① 《日本灵异记》，平安时代的佛教说话集，日本说话文学的始祖性作品，正式书名为《日本国现报善恶灵异记》，通称《日本灵异记》，略称《灵异记》。奈良药师寺僧人景戒（生卒年不详）撰述，最终成书时间为822年。上中下三卷，共收说话116条。

② 催马乐，日本雅乐的种类之一，平安时代在贵族间盛行的声乐曲，大多是由传来的唐乐、高丽乐的旋律与日本民谣、童谣的歌词相配合而成的。

③ 《古事谈》，说话集，共6卷，平安后期到镰仓时代公卿源显兼（1160—1215）编，1212—1215年成书。收录数量众多关于宫廷、贵族、僧侣的说话，多有对旧有文献的引用，对其他说话集也有较大影响，在说话传承上起到重要作用。

④ 兵库县神户市滩区、东滩区及同县西宫市的西乡、御影乡、鱼崎乡、西宫乡、今津乡共五乡被合称“滩五乡”，为著名的日本酒产地。

将造酒的藏人[1]和百日男[2]称为toji，汉字写作杜氏的理由是被捏造的。[3]毫无疑问，这原本是独立女性的工作，但是由于刀自一名的含义无人知晓，男子也开始用这个说法了。也就是说，造酒本来是凭刀自之力，而在各家各户中又若非借由称作“家刀自”的主妇之手，则酒的分配就无以实行。

## 一八

这种现象，只能认为隐藏着某种信仰方面的理由。也就是说，这种对喜事而言不可或缺的特殊饮料，被认为非女性不能制造，又或者是只有女性才具备酿造的能力。kamosu这一日语词，在古代也被称为kamu。在冲绳的岛屿上，直到最近，只有用于祭神的酒，仍然在使用由年轻漂亮的姑娘细细咀嚼洁净，再将嚼过的米吐进器皿中盖上盖子发酵的做法，还留下了kamizake一词。也就是说，这

---

① 藏人，在造酒作坊(日语作“酒藏”)工作的人，平时在家劳作，造酒季节离家住进酒坊造酒。

② 百日男，雪乡、山区在冬季期间农事空闲，恰逢酿酒业最为繁忙的季节，外出前往酒坊务工者甚多。江户幕府因恐酒坊务工导致劳动力过度集中而采取许可制，规定外出务工时间在百日之内，故有此称。

③ “杜氏”与“刀自”皆读作toji。

种最为贵重的酵母，看起来只能从纯洁的处女口中方可求得。与此相同的例子也存在于塔西提等其他太平洋岛屿。波利尼西亚在引入洋酒之前，kava 是其唯一的催醉饮料。这也是将某种植物的根由女性咀嚼以后吐在木的器皿中的东西，过一段时间后她们也参加酒宴，大家一起轮流传着喝。

女性参加到酒席当中，在我国不用说是法则，在九州的两三个岛屿上，至今仍有只将女性参加的场合称为酒宴的做法。我们的婚礼喜宴上，酒不可或缺的远因，我认为就在这里。如果没有这样宏大的历史，则无法解释酒与女性这两者之间像今天这样，尽管伴随着如此之多的弊害，但仍然互相提携的现象。酒的害处，今天即使饮酒者自己也已承认，采取某种计划抑制其恶果，已经成为政治上的问题。但是，世间抵抗禁酒运动的论调，总是靠以下这个问题让不了解历史的人无言以对：神的祭礼怎么办？以及，婚礼的庆祝不是自古以来都要喝酒吗？不用说，酒的弊害与这两者完全没有关系。他们自作主张地忘记掉的主要历史是，过去并没有酒坊这一点。无论是睡前酒还是晨酒，只要想喝无论何时都可以得到，这是过去绝对没有的事。加上时代的变化，无论什么弊害都可能发生。与酒相伴随的信仰全部衰退了，只剩下酒后昂扬兴奋的乐趣被记住。在此之上，无处不在，而且其美味程度大为提高的，正是原本以让我们忘记自己为目的的酒。出现大量的酒鬼和由此而遭逢不幸的人，应该也是当然的结果。如果没有弊害的话，也就没有必要去思考。而且它的弊害，全部都是现代的事，也是各位面对的问题。

这个问题未必仅限于酒这一点。可能没有带来酒这种程度的破坏，但是女性用的红白粉也和酒一样，化妆之事，原本是祭礼或仪式之类，大概是必须用到酒的日子，使女性成为与平常不同的女子而施行的。在非洲内陆、澳洲的原居民居住区，今天仍然认为化妆和戴面具有同样效力。我国的女性为了传达神的话，或者是以神的姿态舞蹈，都必须以化好妆的姿态出现。后来，这种以神舞为业行游四方的女性出现后，她们为了生活而受人邀请，即便不是在祭礼或仪式的日子里，只要有人提出要求便在脸上施以红粉白粉，歌之舞之。朴素的村民，看到她们的模样而以“上臈”称之。所谓“上臈”只是高贵女性的别称，原本是值得尊敬的妇人之意，这一点和代表站街女郎的“辻君”“立君”的“君(kimi)”是相同的。然而，这个“上臈”的说法现在已经沦落到什么程度了呢？仅仅是在我们的婚礼之日，将涂了白粉的女性称为待客女郎、同行女郎之类，都因为会引起不好的联想而令人厌恶，很多所谓能为人着想的人都不用这个说法。女性由于对酒极为反感而抛弃了分配供给的任务，将其完全交由身份低贱者的结果是，今天酒的消费变得愈发没有节制。这完全是世人不顾历史沿革而带来的不幸后果。当酒的供给成为某种职业，只要说想买，当然就无论多少都卖，尤其是在以货币统一的家庭世带中，酒不知何时已经脱离了主妇的管辖，在衣食住的分配和供给方面，她们甚至连咨询机构都已经算不上了。在国民之间的分配的正义，其议论如此喧嚣的当下，家中的分配却极为不公，甚至出现了男主人将所有收入全部用于饮酒的家庭。即使是这样的权能已经恢复无望，但是我想，至少将以前这种确实存在的事实搞清楚，让对这些事实尚有思考之力的男性，如儿子或是年轻的弟弟等了解并重新思考，不正是主妇们的任务吗？

## 一九

时间不足，已经无法再详细地谈另一个重要问题了，但是所谓女性的忠言，至少在我国曾经具有相当高的价值。不仅在家里贡献内助之力，在对外的场合，女性也经常成为丈夫的商谈对象。当然并非牝鸡司晨，而是有着在一定范围内得到承认的权能。在古代日本人当中，女性被认为比较接近神，或者是与祖先的灵魂比较亲近。即使是仅仅靠女性一生的经验无法发表意见的问题，某些女性由于对先例的明确记忆，又或者是基于神秘的神示，屡屡使迷惘的男性顿悟或是给以启发的事迹，虽然原则上并不会记载在记录上，但是却有相当多被记录了下来。这原本也与酒同样，是各家各户内部劳动的产物，但是其后由于出现了外部的专业人士而将之托付给她们，因而产生了一些弊害。关于这一点，我此前曾经在长论文《巫女考》①中论述过。神托、灵示之类，对不相信的人来说，将其视作空言而抱以轻蔑态度，也是无可奈何之事。但是，即使是从今天的合理科学角度考虑，女性的忠言后面，也有着诚实的支援之心和无意识的人生经验，因此又常常在家庭的生活原则上有所贡献。无论她们所说的是多么超自然的话，其想象也是受到制约的。也就是说，梦话到底是无法在对时代和社会的了解或经验以外凭空产生的。要提出新的方案，必须从现在就进行准备，首先增加相关的资料知识。而且，与仅凭灵感将这种过程单纯化相比，更希望各位尽量建构起这些知识的系统，有意识地对其自由使用。要做到这些，也需要修炼或是技巧，但是，如果女性能够注意到这些是自己自古以来的地位和任务，认识到现在自己的领域被不正当地收缩了，我想这已经是很大的进步。关于过去的普通人的生活，已经发现了很多新的事实。时代的知识正在增加。已经不再是只有女性退避一

① 《巫女考》，柳田国男从 1913 年起分 12 期在《乡土研究》杂志连载的长篇论文。

旁，感叹自己的不满境遇的时代了。在此之前，首先必须自由地接触时代的学问，在时代学问的氛围中充满活力地飞翔盘旋。无论是什么样的贤母或贤夫人，就我所见，都还仅仅只是爱护孩子、关心家庭而已，对一般的人生尚未有足够的关爱之情。也可能总体来讲并非如此，但现在还总归是尚未有所行动，因此令人很容易产生这样的看法。

（昭和九年七月　实践女学校演讲）

# 附录一　日本历史时代及分期[①]

<table>
<tr><th colspan="3">历史时代</th><th>起始年代</th></tr>
<tr><td rowspan="3">原始</td><td colspan="2">旧石器时代</td><td>数十万年前—1 万年前</td></tr>
<tr><td colspan="2">绳纹时代</td><td>1 万年前—公元前 3 世纪</td></tr>
<tr><td colspan="2">弥生时代</td><td>公元前 3 世纪—3 世纪</td></tr>
<tr><td rowspan="4">古代</td><td colspan="2">古坟时代</td><td>3 世纪后半叶—6 世纪末</td></tr>
<tr><td colspan="2">飞鸟时代</td><td>6 世纪末—710 年</td></tr>
<tr><td colspan="2">奈良时代</td><td>710—794 年</td></tr>
<tr><td colspan="2">平安时代</td><td>794—1192 年</td></tr>
<tr><td rowspan="3">中世</td><td colspan="2">镰仓时代</td><td>1192—1336 年</td></tr>
<tr><td rowspan="2">室町时代</td><td>南北朝时期</td><td>1336—1392 年</td></tr>
<tr><td>战国时期</td><td>1467—1573 年</td></tr>
</table>

① 王京制表。明治时代以前，不包括北海道及冲绳地区。

续表

<table>
<tr><th colspan="3">历史时代</th><th>起始年代</th></tr>
<tr><td rowspan="2">近世</td><td colspan="2">安土桃山时代</td><td>1573—1603 年</td></tr>
<tr><td colspan="2">江户时代</td><td>1603—1868 年</td></tr>
<tr><td rowspan="3">近代</td><td colspan="2">明治时代</td><td>1868—1912 年</td></tr>
<tr><td colspan="2">大正时代</td><td>1912—1926 年</td></tr>
<tr><td rowspan="2">昭和时代</td><td>昭和前期</td><td>1926—1945 年</td></tr>
<tr><td rowspan="2">现代</td><td>昭和后期</td><td>1945—1989 年</td></tr>
<tr><td colspan="2">平成时代</td><td>1989 年至今</td></tr>
</table>

# 附录二　日本古国名及其略称与都道府县对应表[①]

<table>
<tr><th>五畿七道[②]</th><th colspan="2">令制国名</th><th colspan="2">略称</th><th>都道府县</th><th>大区名称</th></tr>
<tr><td rowspan="12">东山道</td><td rowspan="7">陆奥</td><td rowspan="2">陆奥</td><td rowspan="2"></td><td rowspan="7">奥州、陆州</td><td>青森县</td><td rowspan="10">东北地区</td></tr>
<tr><td rowspan="2">岩手县<br>(秋田县)</td></tr>
<tr><td>陆中</td><td></td></tr>
<tr><td>陆前</td><td></td><td rowspan="2">宫城县</td></tr>
<tr><td rowspan="2">磐城</td><td rowspan="2">磐州</td></tr>
<tr><td rowspan="2">福岛县</td></tr>
<tr><td>岩代</td><td>岩州</td></tr>
<tr><td rowspan="3">出羽</td><td rowspan="2">羽后</td><td colspan="2" rowspan="3">羽州</td><td>秋田县</td></tr>
<tr><td rowspan="2">山形县</td></tr>
<tr><td>羽前</td></tr>
<tr><td colspan="2">下野</td><td colspan="2">野州</td><td>栃木县</td><td rowspan="2">关东地区</td></tr>
<tr><td colspan="2">上野</td><td colspan="2">上州</td><td>群马县</td></tr>
</table>

① 王京制表。

② 五畿七道按701年《大宝令》，国名按927年《延喜式》，陆奥、出羽分割为1868年。

续表

<table>
<tr><th>五畿<br>七道</th><th>令制国名</th><th>略称</th><th>都道府县</th><th>大区<br>名称</th></tr>
<tr><td rowspan="4">东山道</td><td>信浓</td><td>信州</td><td>长野县</td><td rowspan="11">中部<br>地区</td></tr>
<tr><td>飞驒</td><td>飞州</td><td rowspan="2">岐阜县</td></tr>
<tr><td>美浓</td><td>浓州</td></tr>
<tr><td>近江</td><td>江州、近州</td><td>滋贺县(关西地区)</td></tr>
<tr><td rowspan="7">北陆道</td><td>越后</td><td>越州</td><td rowspan="2">新潟县</td></tr>
<tr><td>佐渡</td><td>佐州、渡州</td></tr>
<tr><td>越中</td><td>越州</td><td>富山县</td></tr>
<tr><td>能登</td><td>能州</td><td rowspan="2">石川县</td></tr>
<tr><td>加贺</td><td>加州</td></tr>
<tr><td>越前</td><td>越州</td><td rowspan="2">福井县</td></tr>
<tr><td>若狭</td><td>若州</td></tr>
<tr><td rowspan="13">东海道</td><td>安房</td><td>房州、安州</td><td rowspan="2">千叶县</td><td rowspan="7">关东<br>地区</td></tr>
<tr><td>上总</td><td rowspan="2">总州</td></tr>
<tr><td>下总</td><td rowspan="2">茨城县</td></tr>
<tr><td>常陆</td><td>常州</td></tr>
<tr><td rowspan="2">武藏</td><td rowspan="2">武州</td><td>埼玉县</td></tr>
<tr><td>东京都</td></tr>
<tr><td>相模</td><td>相州</td><td>神奈川县</td></tr>
<tr><td>伊豆</td><td>豆州</td><td rowspan="3">静冈县<br>(东京都)</td><td rowspan="6">中部<br>地区</td></tr>
<tr><td>骏河</td><td>骏州</td></tr>
<tr><td>远江</td><td>远州</td></tr>
<tr><td>甲斐</td><td>甲州</td><td>山梨县</td></tr>
<tr><td>三河</td><td>三州、参州</td><td rowspan="2">爱知县</td></tr>
<tr><td>尾张</td><td>尾州</td></tr>
</table>

续表

| 五畿七道 | 令制国名 | 略称 | 都道府县 | 大区名称 |
| --- | --- | --- | --- | --- |
| 东海道 | 伊贺 | 伊州 | 三重县 | 关西地区 |
| | 伊势 | 势州 | | |
| | 志摩 | 志州 | | |
| 南海道 | 纪伊 | 纪州 | | |
| | | | 和歌山县 | |
| | 淡路 | 淡州 | 兵库县 | |
| | 阿波 | 阿州 | 德岛县 | 四国地区 |
| | 土佐 | 土州 | 高知县 | |
| | 伊予 | 予州 | 爱媛县 | |
| | 讚岐 | 讚州 | 香川县 | |
| 畿内 | 大和 | 和州 | 奈良县 | 关西地区 |
| | 山城 | 山州、城州、雍州 | 京都府 | |
| | 河内 | 河州 | 大阪府 | |
| | 和泉 | 泉州 | | |
| | 摄津 | 摄州 | | |
| | | | 兵库县 | |
| 山阴道 | 但马 | 但州 | | |
| | 丹波 | 丹州 | | |
| | | | 京都府 | |
| | 丹后 | | | |
| | 因幡 | 因州 | 鸟取县 | 中国地区 |
| | 伯耆 | 伯州 | | |
| | 隐岐 | 隐州 | 岛根县 | |
| | 出云 | 云州 | | |
| | 石见 | 石州 | | |

续表

| 五畿七道[①] | 令制国名 | 略称 | 都道府县 | 大区名称 |
|---|---|---|---|---|
| 山阳道 | 播磨 | 播州 | 兵库县(关西地区) | 中国地区 |
| | 美作 | 作州 | 冈山县 | |
| | 备前 | 备州 | | |
| | 备中 | | | |
| | 备后 | | 广岛县 | |
| | 安芸 | 芸州 | | |
| | 周防 | 防州、周州 | 山口县 | |
| | 长门 | 长州 | | |
| 西海道 | 筑前 | 筑州 | 福冈县 | 九州地区 |
| | 筑后 | | | |
| | 丰前 | 丰州 | | |
| | 丰后 | | 大分县 | |
| | 肥前 | 肥州 | | |
| | 壹岐 | 壹州 | 佐贺县 | |
| | 对马 | 对州 | 长崎县 | |
| | 肥后 | 肥州 | 熊本县 | |
| | 日向 | 日州、向州 | 宫崎县 | |
| | 大隅 | 隅州 | 鹿儿岛县 | |
| | 萨摩 | 萨州 | | |

# 译者后记

关于本书，我最尊敬的福田亚细男老师的评价是“在柳田浩繁的著作中被誉为名著”，认为可以被列入柳田国男的十本最重要著作之中。然而在中国，无论是民俗学者还是学界以外的读者，恐怕即使知道柳田国男，对本书也是十分陌生的。有机会参与此次柳田国男代表作丛书的翻译，并得到翻译《木棉以前》的机会，对我来说确是荣幸至极。

柳田国男被称作“日本民俗学之父”，著作繁多，每个版本都有30余册，就篇幅而言，《木棉以前》的日文原文只有区区十二三万字，在其诸多作品中所占比例无疑是极小的。打开这一页的诸位，应该都已经读完了前面的正文。若说印象，想必是各有不同，然而感到此书与“名著”应有形象相去甚远的，恐怕不在少数。首先是形式，本书除“自序”外，共由19篇互相独立的文章构成，最早的《以前穿什么》作于1911年，最晚的为1939年所作的4篇。其次，从内容来看，大多是关于服装和食物等零星琐碎之物，正如柳田本人在“自序”中所说的那样，是一些会被人说“一个男人却关心这些问题”的话题。再次，就文章的行文和结构而言，由于大多以讲座或演讲的手稿为基础，既有细致到几近烦琐的考据，也有提纲挈领式的主张，非常不统一。然而，这样一本看来缺乏理论价值，甚至像闲话家常一般的著作，实际上却充分反映了柳田国男的学术思想和学术特点，给后来的日本民俗学带来了深远的影响，完全当得起“名著”的评价。

首先，可以说是柳田民俗学的特色之一，就是对方言的重视，从方言入手，或以方言为资料去建构论述逻辑，梳理事物的流布和变化轨迹。恐怕在一本由日文翻译而成的中文书籍中，读到如此多的罗马字表记，对大多数读者来说都是第一次。而且，我相信这种做法带来的阅读体验，应该远远算不上愉悦。实际上，作为译者，这种情况在我算不上丰富的翻译经历中，也是第一次遇到。在日本民俗学中，以片假名标注民俗语汇的通行做法，就是从柳田国男开始的，但是要翻译成使用表意文字的中文，就碰上了难以逾越的语言壁垒和文化壁垒。为了充分体现柳田的学术特点，最大限度体现他的论述逻辑，在翻译的时候牺牲了部分易读性，实在是不得已而为之。

其次，是柳田民俗学的历史取向。如果用一句话总结本书的“中心思想”，那就是，柳田反复强调民俗，或者说是文化，是不断变化的。现在我们所看到的文化是变迁的结果，将来还会在这个基础上继续变化。追寻文化变迁的轨迹，就是柳田民俗学的目的。这种历史取向可以说是柳田民俗学最为重要的特征，在后来的很长时期里都为日本民俗学有意识地继承，并形成日本独具特色的历史民俗学方法。关于这一点，已经被翻译成中文的柳田本人所著《民间传承论与乡土生活研究法》和福田亚细男著《日本民俗学方法序说——柳田国男与民俗学》(以下简称《序说》)已有充分论述，无须在此赘言。就具体方法而言，本书是其中样板式的一例。这就是“偶然资料”的使用。所谓“偶然资料”，是日本民俗学的说法，指非由计划性调查而来，偶然留下的民俗记录。这些资料与有目的、有计划的田野调查所获得的资料不同，在漫长的历史中，人们出于各种目的所撰写的文字记录里，偶然有当时当地的民俗，后成为我们进行民俗学研究的重要资料。在本书中，除笔记、檀越寺死者名录等偶然记录外，作为本书的最大特色，柳田还大量使用了江户年间松尾芭蕉翁等人的俳谐作品。当然，这也是在翻译过程中最令人头疼的部分。俳谐作为一种文学形式，很早就以“俳句”之名被翻译介绍到中国，其中芭蕉翁描绘青蛙跳入古池塘的名句，恐怕是最为中国读者所熟悉和喜爱的作品。然而，柳田所珍视的，是俳谐中零星散布的民众生活情景。如果将研究方法做一横向比较的话，很容易就会发现，柳田国男对这些“偶然资料”的运用，与中国的社会史学界将被传统史学排除在外的民间文献纳入史料范畴，是极为相似的。而在《序说》中，福田先生在论述柳田民俗学与社会史的关系时，正是以本书作为典型一例的。

如此，就要谈到本书所反映的柳田民俗学的第三个特点，那就是作为社会史的柳田民俗学。关于这一点,《序说》中有充分论述，在此也没有赘言的必要。就本书的特色而言，尤其值得注意的，是其讨论基本上围绕着衣食住行等日常物质文化展开这一点。各国民俗学各有其血统，而像日本民俗学这样几乎从发生之初就将日常生活纳入研究对象，给予大量关注的，恐怕在世界范围内都不多见。对日常生活的学术化观照，从世界范围的学术史来看，其发生与现象学多有关系。除民俗学外，社会学在 20 世纪中叶就进行了现象学理念在社会学研究上的实践及理论整理。但可以肯定，柳田对日常生活的关注和探究并没有受到现象学理念影响的痕迹，恐怕很大程度上是因为他本人的细腻感性和敏锐直觉。然而，从本书中，我们仍然可以看到柳田民俗学的时代和社会基础所在。从“序”开始，到最后一篇“女性史学”，仿佛都可以听到柳田在提醒读者主动去观察和思考现实生活，能够感受到柳田想通过民俗学对当前的社会问题提出解决方法的迫切。这正是柳田民俗学的另一个特点，即“经世济民”的民俗学。柳田曾经明确表示学术以济世助人为目的，“不以学问成为实用的奴仆为耻”，且正如他在“序”中所说的那样，他“对那些只把对眼前毫无用处的事物向别人宣讲的职业表示蔑视”，毫无疑问，他是以学问不成为实用的奴仆为耻的。

本书还有一个在总结柳田的民俗学时不常被提及的特点，用福田先生的话来说，就是“对女性的温暖目光”。柳田自己也承认，作为四个女儿的父亲，四个孙女的祖父，必须要站在她们的立场，与她们一起思考未来。同时，这些思考必须不仅适用于一个人、一个家庭。尽管整体而言，柳田是把女性放在从属于男性的地位的，并不鼓励女性掌握与男性相同的知识，从事与男性相同的工作，但是谁还没有一点时代局限性呢？而且，从学术的立场而论，将女性放在社会结构与分工的框架下，重视和强调女性在历史中的作用，同时并没有忽视她们作为有血有肉的人的欲望与自主性，其意识的超前与时代穿透性仍然是令人钦佩的。

以“译者后记”的简短篇幅分析和总结这本名著，显然是不可能的。除了前面列举的几个特点外，本书在学术史上的重要性，还体现在很多方面。其中，通过日语中的一些表达，建构“特别(晴)”与“平常(亵)”这一对概念来把握纷繁复杂的生活文化，可谓天才式的创造，其细腻与敏锐也实在令人称羡不已。此外的种种贡献，由于篇幅所限，只能留待各位读者自己去发现了。

从确定翻译此书开始，福田先生就一再提醒，柳田国男的著作即便是日本人读来也有很多难解之处，必须万分谨慎，切不可操之过急。然而，由于时间有限，更由于能力有限，最后呈现在读者面前的译文肯定存在很多问题，谨致歉意，并期望得到各位的批评和指正。其中，书中引用的大量俳谐，翻译时要兼顾文学性和资料性实在非我所能，只能舍前者而取后者，无法为读者带来更好的阅读体验。今后若有机会修改，希望能够弥补这个遗憾。

最后，对促成本书翻译出版的北京师范大学出版社，以及策划编辑宋旭景等诸位表示衷心感谢！在日本神奈川大学留学时的学长王京作为丛书的主编，一直居中多方协调，并承担了很多额外工作，实在令人不胜感佩之至，特致谢忱！

彭伟文

2017 年初秋于金华

**图书在版编目（CIP）数据**

木棉以前／（日）柳田国男著；彭伟文译．—北京：北京师范大学出版社，2018.7
（柳田国男文集）
ISBN 978-7-303-23295-6

Ⅰ.①木…　Ⅱ.①柳…　②彭…　Ⅲ.①风俗习惯-研究-日本　Ⅳ.①K893.13

中国版本图书馆 CIP 数据核字（2018）第 003115 号

营　销　中　心　电　话　010-58805072　58807651
北师大出版社高等教育与学术著作分社　http://xueda.bnup.com

MUMIAN YIQIAN
出版发行：北京师范大学出版社　www.bnup.com
北京市海淀区新街口外大街 19 号
邮政编码：100875
印　　刷：鸿博昊天科技有限公司
经　　销：全国新华书店
开　　本：130 mm×184 mm　1/32
印　　张：11.625
字　　数：246 千字
版　　次：2018 年 7 月第 1 版
印　　次：2018 年 7 月第 1 次印刷
定　　价：59.00 元

策划编辑：宋旭景　　　　责任编辑：荣　敏　王　亮
美术编辑：王齐云　　　　装帧设计：周伟伟
责任校对：段立超　陈　民　　责任印制：马　洁